João Penteado
O discreto transgressor de limites

FERNANDO ANTONIO PERES

João Penteado
O discreto transgressor de limites

alameda

Copyright © 2012 Fernando Antonio Peres

Grafia atualizada segundo o Acordo Ortográfico da Língua Portuguesa de 1990, que entrou em vigor no Brasil em 2009.

Publishers: Joana Monteleone/ Haroldo Ceravolo Sereza/ Roberto Cosso
Edição: Joana Monteleone
Editor assistente: Vitor Rodrigo Donofrio Arruda
Assistente editorial: João Paulo Putini
Projeto gráfico e diagramação: João Paulo Putini
Capa: Allan Rodrigo
Revisão: Iris Friedman
Assistente de Produção: Allan Rodrigo

Imagens de capa: Planta Geral da cidade de São Paulo, Passos e Emdio, 2009
Grupo de alunos da "Escola Nova", Acervo João Penteado, CME/FEUSP
Segundo edifício da Academia de Comércio "Saldanha Marinho",
Acervo João Penteado, CME/FEUSP
João de Camargo Penteado, Centro de Memória da Educação, FEUSP

Este livro foi publicado com o apoio da Fapesp

CIP-BRASIL. CATALOGAÇÃO-NA-FONTE
SINDICATO NACIONAL DOS EDITORES DE LIVROS, RJ

G869j

Peres, Fernando Antonio
JOÃO PENTEADO: O DISCRETO TRANSGRESSOR DE LIMITES
São Paulo: Alameda, 2012.
336p.

Inclui bibliografia
ISBN 978-85-7939-132-3

1. João Penteado. 2. Anarquia e educação. 3. História do Brasil.
I. Título.

11-2202. CDD: 155.4
CDU: 159.922

025915

ALAMEDA CASA EDITORIAL
Rua Conselheiro Ramalho, 694 – Bela Vista
CEP 01325-000 – São Paulo – SP
Tel. (11) 3012-2400
www.alamedaeditorial.com.br

SUMÁRIO

Prefácio   7

Introdução – Revisitando a trajetória de João Penteado   15

Os conceitos: sociedades de ideias e ambiência   21

O fio e os rastros: fontes e métodos de pesquisa   34

Capítulo 1 – Um espírita em Jaú   47

Uma cidade no centro da economia cafeeira   50

Homens de ideias grandiosas e generosas   78

Os novos campos de possibilidades   104

Capítulo 2 – O alargamento do campo de possibilidades: 131
anarquista no Belenzinho

Espírita e anarquista   142

O bairro do Belenzinho   161

Os anarquistas e a educação   168

O professor idôneo na Escola Moderna N. 1   172

Os anarquistas e o fechamento das Escolas Modernas   199

A posição de João Penteado   204

Capítulo 3 – Buscando a luz da instrução entre mil alunos endiabrados 221

Novo campo de possibilidades 224

O ensino comercial no Brasil e o controle estatal 241

As reformas no ensino comercial: Campos e Capanema 257

Práticas emancipadoras 265

Antigas e novas redes de sociabilidade 279

Considerações finais 297

Caderno de imagens 311

Referências bibliográficas e fontes 321

PREFÁCIO

O dia 13 de maio de 2012 registra o centenário de criação da Escola Moderna N. 1, mítico estabelecimento de ensino que funcionou no bairro paulistano do Belenzinho, entre 1912 e 1919. A data bem que poderia inaugurar um ano onomástico, todo ele dedicado à rememoração daquela que foi a principal iniciativa dos anarquistas paulistas no campo da educação escolar. Escrevendo esta apresentação nos primeiros dias do mês, no entanto, ainda não tenho notícias de alguma programação comemorativa. Afinal, hoje em dia, quando a educação é tratada como simples merca-doria por "gerentes de ensino" que atuam em estabelecimentos públicos e particulares como se estivessem à frente de balcões de negócios, quem ainda se lembra dela e dos generosos sonhos de seus instituidores?

Os historiadores dos movimentos sociais e culturais estão certamente dentre aqueles que podem fazer a ponte com esse pas-sado. De fato, ao rastrearem de tempos em tempos o campo em busca de um objeto de estudo, esses profissionais - por dever de ofício, mas com o vigor dos que crêem - se deparam com a saga dos libertários em terras brasileiras e revisitam os movimentos a eles associados, desencadeando um renovado interesse por suas figuras, ideias e estratégias de luta. Foi assim que, apoiados em ricas análises conceituais e abrangentes levantamentos documentais, autores como Luizetto, Foot Hardmann, Jomini e Giglio construíram narrativas já clássicas que vêm permitindo uma aproximação às iniciativas libertárias educacionais desenvolvidas ao longo da Primeira República, recorrentemente tematizadas por eles no interior de seus diversos campos investigativos.

Fernando Antonio Peres é um desses historiadores que, em seus trabalhos, não se esquecem da presença anarquista na educação. Além dessa característica, sua produção traz a marca da diferença. No seu mestrado ele dialoga com os consagrados defensores da estratégia do desterro, avançando a hipótese de que as ações libertárias podem ser entendidas também como tentativas de aproximação a outros setores da sociedade brasileira, enquanto estratégia de sobrevivência e propaganda num meio hostil. Por isso, neste momento de sua trajetória de autor, talvez seja ele quem possa funcionar para o desavisado século XXI como o intérprete da Escola Moderna N. 1, pois neste texto que tenho a satisfação de apresentar, originado de sua tese de doutorado, ele a aborda de um ponto de vista novo, inusual à historiografia da educação: em poucas palavras, provocando um estranhamento ao compreender a instituição pelo seu criador! Daí que o próprio João de Camargo Penteado (1877-1965) tenha se tornado o objeto de estudo preferencial de Fernando, quando este percebeu que a face anarquista do responsável pela Escola Moderna N. 1 era importante e basilar à sua existência histórica, mas também parte de um todo, uma dentre outras figurações assumidas por essa personagem "fascinante e multifacetária", certamente a mais conhecida e por isso mesmo a mais referida delas, mas não a única nem a primeira que ela experimentou em seus longos anos de vida...

Não pretendo me demorar nestas considerações e retirar do leitor o prazer de avançar em meio às descobertas que Fernando nos proporciona ao desenrolar sua narrativa sobre João Penteado. Mas é importante dizer algo a respeito. Primeiramente, que, para construí-la, ele percorre questões e procedimentos pertinentes à literatura historiográfica da educação, pois não se trata de uma biografia ou de uma história de vida e sim de um estudo sobre um educador, realizado mediante a pesquisa empírica de fontes documentais inéditas e o aporte de um quadro conceitual de referência, ou seja, segundo as regras do campo. Mas ao inscrever assim o seu trabalho na tradição historiográfica, ele avança ao trazer conceitos da história cultural (ambiência, sociedade de ideias, lugares de sociabilidade, círculos de convivialidade, indícios, fios e rastros) para a história da educação, e experimentando-os no seu fazer narrativo com delicada e amadurecida ousadia intelectual, de modo a, sem empregar generalizações abusivas, sugerir ao leitor o uso deles como promissores recursos analíticos para o entendimento de outros educadores desconhecidos.

E como Fernando faz render a sua proposta! Certamente ele foi capaz de efetuar a operação de desvelamento das outras múltiplas faces que João Penteado assumiu em sua trajetória, mas ainda mantidas na penumbra da historiografia: além daquela de professor e diretor da Escola Moderna N. 1, de orientação racionalista e moderna pelo viés anarquista (ou seja, baseada na obra do educador espanhol Francisco Ferrer), as de autodidata, jornalista-tipógrafo, espírita, colaborador da imprensa anarquista anticlerical, sindicalista, benemérito social, diretor de escola de comércio e – já nas considerações finais do seu texto, quando o avalia em relação à marca maior do período e de suas figuras proposta por Jorge Nagle –, de entusiasta pela educação.

Em segundo lugar, penso que mais importante ainda é o efeito que Fernando provoca de relacionamento e integração das faces da notável personagem que investiga. A via que tomou para operar essa inferência é exemplar e inédita: recompor pacientemente o cenário social e pessoal de João Penteado, esclarecendo acerca dos valores, crenças e propósitos dos seus coetâneos e destacando a tábua de valores comum aos diferentes grupos, e assim podendo explicar a movimentação por entre eles. Fernando sempre consegue situar João Penteado nos diferentes contextos históricos em que viveu e atuou e mostrar que a ambiência que neles se formava era favorável à emergência de tão ricas e "transitáveis" possibilidades de vida(s). Como ele não teme dar explicações sobre a psicologia dos seus sujeitos-objetos de estudo, ou tratar de fenômenos políticos e sociais estritamente locais, o leitor ficará deliciado ao perceber que nos singulares microcosmos das pequenas cidades como Jaú (ou dos bairros paulistanos) também circulavam as ideias modernas e as aspirações do século comumente associadas a movimentos sócio-culturais da capital paulista.

Enfim, Fernando se ocupa de como as personagens vão construindo esses contextos ora como limites, ora como oportunidades. No caso de João Penteado, ele evidencia que este permaneceu anarquista e espírita até o final da vida e conservou redes de convivialidade firmadas desde a sua juventude na virada do século XIX para o XX, mas não esteve prisioneiro delas: o enquadramento é da historiografia. Na sua perspectiva de autor humanista, os limites podem representar possibilidades, e é dessa maneira que ele olha para João Penteado, a quem acompanha nas suas movimentações pelo espaço e pelo tempo capturando os seus limites como outros tantos campos de possibilidades. Dentre outras, a linda imagem do discreto transgressor de limites certamente acompanhará o leitor a partir de agora, quando se referir a João Penteado.

Portanto, vida longa para este texto - e para seu autor, claro! Que tenha muitos leitores, que ganhe muitos prêmios e seja objeto de muitas resenhas acadêmicas na sua área de conhecimento, e, sobretudo, que cale fundo nos corações e mentes de todos os educadores (como queriam os libertários), pois foi construído com a rigorosa feitura da ciência histórica e a apurada sensibilidade de um jovem intelectual que, a uma centena de anos de distância, atua em ambiências e pratica misteres de vida muito próximos de seu objeto de estudo, lendo, escrevendo, pesquisando, dirigindo uma escola e posicionando-se cotidianamente no mundo com a mesma consciência social.

Maria Lúcia Spedo Hilsdorf[1]

---

1   Professora da Faculdade de Educação da USP.

INTRODUÇÃO
Revisitando a trajetória de João Penteado*

---

*   Este livro é a publicação de minha tese de doutorado, defendida na Faculdade de Educação da USP em 2010 e intitulada *Revisitando a trajetória de João Penteado: o discreto transgressor de limites*. São Paulo, 1890-1940. Agradeço a criteriosa orientação acadêmica de Maria Lúcia Spedo Hilsdorf e as sugestões dos membros da Banca Examinadora: Marta Maria Chagas de Carvalho, Luiz Carlos Barreira, Antonio José Romera Valverde e Waldir Cauvilla. Semelhante tributo deve ser prestado aos companheiros pesquisadores do "Grupo de Estudo e Pesquisa do Acervo João Penteado" – GEPAJP e do "Grupo de Estudos História da Educação e Religião" – GEHER, ambos vinculados à FEUSP. Evidentemente, os erros e imperfeições deste trabalho são de minha exclusiva responsabilidade.

Em 2004, ao defender a dissertação de mestrado intitulada *"Estratégias de aproximação: um outro olhar sobre a educação anarquista em São Paulo na Primeira República"*, estabeleci o ano de 1919 como o "ponto final" da experiência educacional escolar dos grupos anarquistas em São Paulo na Primeira República. Naquele momento da pesquisa, o fechamento da Escola Moderna N. 1 havia significado para mim o término das ações dos anarquistas no campo educacional escolar, pois nenhuma outra escola libertária[1] foi criada ou sustentada de forma razoavelmente perene no território paulista após 1919. "Na década de 1920, as escolas libertárias em São Paulo passaram a figurar nas notas de rodapé da historiografia da educação" (Peres, 2004, p. 193).

Estas conclusões preliminares da pesquisa sobre os anarquistas em São Paulo modificaram-se a partir da leitura da dissertação de mestrado de Tatiana Calsavara (2004). Esta pesquisadora havia estudado as Escolas Modernas de São Paulo numa perspectiva diversa daquela por mim adotada, inclusive com trabalho de campo no Colégio "Saldanha Marinho" antes de seu fechamento

---

1   Neste estudo, como a maioria dos autores, considero os termos "anarquista" e "libertário" como sinônimos, empregando-os indistintamente.

em 2002. Em seu trabalho de pesquisa ficava bastante nítido que o professor João Penteado (ex-diretor da Escola Moderna N. 1) havia continuado sua trajetória educacional neste estabelecimento escolar ainda influenciado pelo ideário anarquista após o fechamento das Escolas Modernas em São Paulo. Até que ponto, porém? Como a historiografia parecia afirmar o contrário, esta questão somente poderia ser respondida a partir de novas pesquisas empíricas, sobretudo se baseadas em documentação inédita.

Aliás, aqui convém que se coloque uma questão: quem foi João Penteado? Qual a sua importância para a história e a historiografia da educação? [Figura 1].[2]

João de Camargo Penteado nasceu na cidade paulista de Jaú, em 1877. Lá aprendeu a ler e escrever. Trabalhou no comércio, exerceu a profissão de tipógrafo e se tornou professor prático. Lecionou (por pouco tempo) em escolas municipais de Jaú, no Granbery (em Juiz de Fora) e em escolas dirigidas pela educadora espírita Anália Franco. Com um pouco mais de trinta anos de idade transferiu-se para São Paulo, onde assumiu, em 1912, a direção da Escola Moderna N. 1, principal iniciativa dos anarquistas paulistas no campo da educação escolar. Após o fechamento desta pelo Governo do Estado (em 1919), fundou e dirigiu uma escola de comércio no bairro paulistano do Belenzinho, por mais de quarenta anos.[3] Colaborou na imprensa anarquista e espírita e participou da Comissão Executiva que dirigiu a União

---

2   As figuras inseridas no texto encontram-se no caderno de imagens, a partir da página 311.

3   João Penteado morreu em 31 de dezembro de 1965, aos 88 anos de idade, no prédio do Ginásio e Escola Técnica de Comércio Saldanha Marinho. Afastou-se da direção da mesma em 1958, por problemas de saúde, em função da senilidade advinda da arteriosclerose que o acometeu nos últimos anos de vida. Sua residência, assim como a de seus irmãos Sebastiana e Joaquim, estava instalada no próprio prédio da escola. Um muro baixo e um pequeno portão separavam os espaços das práticas domésticas dos espaços das práticas escolares.

dos Trabalhadores Gráficos em São Paulo. Dirigiu uma associação dedicada ao ensino de cegos, também sediada no Belenzinho. A historiografia, no entanto, deixou registrada apenas sua face de diretor da iniciativa escolar anarquista – as demais permaneceram na penumbra. Por quê?

João Penteado foi uma figura multifacetária e fascinante. Ao circular pelo prédio da escola de comércio que ele dirigiu por décadas no Belenzinho, experimentei a mesma impressão que teve a pesquisadora Josely Muniz (2002) ao estudar a ação pedagógica da professora Anfrísia Augusto Santiago em uma escola particular na capital baiana:

> Ao adentrar pela primeira vez o espaço do colégio senti-me provocada tanto pela atmosfera de consagração que o envolvia, quanto pelo culto à memória da Professora e a atitude de reverência das pessoas que com ela privavam. (...) Adentrei a velha diretoria. A atmosfera era de consagração. A atitude das pessoas, de reverência. Do alto, pendendo da parede central, a figura da velha diretora, num quadro, monopolizava todo o ambiente. Ao ser atendida por uma senhora, funcionária muito antiga da casa, perguntei-lhe sobre a diretora, com quem desejava falar. Esta então solenemente apontou-me o quadro dizendo-me ser aquela a diretora. Na sua fala mesclavam-se reverência, respeito e saudade. (...) A referida funcionária completou em seguida a informação dizendo, já sem o tom reverente, que, D. Rita, irmã da Professora Anfrísia, respondia pelo colégio. Aquele *fato aparentemente sem importância* inquietou-me bastante posto que a referida diretora falecera havia então 22 anos (p. 6-7, grifos meus).[4]

---

4   Conheci o prédio da escola de comércio criada por João Penteado em 2007, ao participar, com outros pesquisadores, das tarefas de recolhimento de documentos doados ao Centro de Memória da Educação (CME – FEUSP) pelos seus

João Penteado foi simultaneamente espírita e anarquista; pôde sê-lo sem grandes dissabores porque estas duas manifestações do pensamento ocidental, que se espalharam rapidamente na segunda metade do século XIX, são fruto da difusão de sociedades de ideias em regiões que tinham a questão da modernidade na agenda do dia – como era o caso do Brasil nos anos finais do Império e nos iniciais da Primeira República.

Por não aderir explicitamente aos ideais do escolanovismo e se conservar em intensa atividade numa instituição particular de ensino dedicada preponderantemente ao ensino comercial, a única face de João Penteado percebida pela historiografia foi a de diretor da Escola Moderna N. 1, iniciativa dos anarquistas de São Paulo. Trata-se ainda de sua face que mais causa estranhamento, pelo inusitado das propostas educacionais dos anarquistas e pelas possibilidades de contraponto com as realizações hegemônicas da época – tanto a "declinante", dos republicanos históricos, quanto a que viria a se tornar o paradigma educacional escolar no Brasil a partir dos acontecimentos das décadas de 1920 e 1930, isto é, o escolanovismo. João Penteado parece então que foi imobilizado no tempo, emparedado nas tramas da história, como se nada tivesse acontecido antes de 1912 ou depois de 1919. O que me propus a fazer foi revisitar João Penteado, ao buscar outras de suas faces menos conhecidas, e como elas se formaram, para além do fato de ter sido o diretor da mais importante escola anarquista de São Paulo, procurando retirá-las da penumbra e tentando compreendê-las em sua complexidade, diante do quadro geral da educação brasileira.

---

herdeiros, Marly e Álvaro Alfarano. O prédio encontrava-se então sem uso, pois a escola havia encerrado suas atividades em 2002. Naquele momento, mudei o foco da minha pesquisa ao perceber que a instituição escolar era secundária em relação à figura de seu criador.

Nesta busca do desvelamento das faces de João Penteado relegadas ao esquecimento, vali-me de alguns conceitos explicativos, que permitem uma abordagem da figura histórica numa perspectiva enriquecedora e evitam os perigos de transformar este estudo numa biografia ou numa simples crônica dos fatos relevantes de sua vida. Os principais conceitos explicativos que empreguei neste estudo foram os de "sociedades de ideias" e de "ambiência".

OS CONCEITOS: SOCIEDADES DE IDEIAS E AMBIÊNCIA

As *sociedades de ideias*[5] foram o resultado mais palpável da nova sociabilidade que se constituiu na Europa ao longo do século XVIII e que recebeu um forte estímulo a partir da Revolução Francesa. Esta *nova sociabilidade* manifestou-se através de novas formas de associação ou centros de convivialidade (academias, salões, cafés, círculos e, principalmente, clubes e lojas maçônicas), que apresentavam algumas marcas em comum: baseavam-se na adesão voluntária de seus membros, estavam afastadas do controle do Estado e representavam a ruptura com as instituições tradicionais da sociedade (família, paróquia, corporação e ordem). Eram, sobretudo, "espaços de liberdade" e lugares de circulação de ideias e de aprendizagem de práticas modernas, marcados pela existência de relações igualitárias, sob a égide de princípios liberais e do ideário das Luzes.

Estes princípios de adesão voluntária de indivíduos a um conjunto determinado de ideias – e que constituíam grupos baseados em relações horizontais, sem fortes relações hierárquicas – difundiram-se para todos os setores da sociedade no século XIX

---

5   Este parágrafo e os seguintes foram elaborados com base nas reflexões dos seguintes autores: Agulhon, 1989; Aymard, 1991; Furet, 1989; e Bastian, 1989, 1990 e 1994. Uma primeira reflexão sobre este tema encontra-se em minha dissertação de mestrado (Peres, 2004).

e se mostraramparticularmente importantes para a afirmação da identidade das classes médias e, principalmente, das nascentes classes trabalhadoras. Estas souberam apropriar-se de elementos do meio social e cultural em que viviam e, com eles, criar poderosos instrumentos de luta contra as precárias condições de existência, traduzindo-os em verdadeira *experiência de classe*. Para além deste posicionamento, através de associações baseadas na *afinidade* entre ideias, preferências, posturas e concepções, forjaram *lugares de encontro* capazes de dar sustentação aos ideais de transformação da sociedade em que viviam, rompendo, inclusive com a lógica das classes.

Neste sentido, é possível dizer, por exemplo, que os grupos libertários que atuaram em São Paulo desde fins do século XIX forjaram associações compostas por atores sociais que embora originários de diferentes segmentos da sociedade, através da identidade com um determinado conjunto de ideias (uma agenda e pautas comuns), promoveram atividades conjuntas, sobretudo no campo educacional (tanto informal, quanto formal e escolar).

Além disso, as aproximações entre grupos sociais distintos são reveladoras de um fecundo processo de *reapropriação* de elementos da cultura universal (historicamente apropriada pela burguesia) por parte da nascente classe operária e também pelos grupos libertários. Este processo de apropriação de elementos culturais efetivou-se num contexto favorável para a circulação de ideias, num mundo integrado pela economia capitalista, no qual ocorriam fluxos de mercadorias (comércio mundial) e de seres humanos (processos migratórios). Livros, folhetos, opúsculos e jornais constituíam uma parte destas mercadorias, que atravessavam os oceanos, muitas vezes na bagagem dos imigrantes, ou eram produzidos localmente e serviam como suporte e subsídio para a difusão de ideias.

Neste contexto, as sociedades de ideias tornaram-se os principais mecanismos para a difusão das ideias avançadas, que se destinavam a toda a humanidade e, especificamente, aos trabalhadores, abarcando, dentre outras, as manifestações dos liberais, dos republicanos radicais, as de matriz libertária e as criadas por Allan Kardec em meados do século XIX.

A abrangência e a riqueza do conceito podem ser recuperadas a partir das reflexões de seus formuladores. A expressão "sociedade de ideias" – ou "sociedade de pensamento" – foi criada por Augustin Cochin (1876-1916) em um estudo que buscava compreender as origens da Revolução Francesa. Sua análise foi recuperada por François Furet na obra *Pensando a Revolução Francesa*, e o conceito daí resultante foi amplamente empregado por Jean-Pierre Bastian para investigar a campanha sistemática de sociedades missionárias norte-americanas que introduziram e difundiram as denominações protestantes no México entre 1872 e 1911. Simultaneamente, Bastian utilizou este conceito para explicar a difusão de outras formas modernas de associação (sociedades de reforma, círculos de artesãos e operários, lojas maçônicas, grêmios mutualistas, círculos espíritas kardecistas, sociedades protestantes, clubes políticos liberais, círculos patrióticos e de reforma) na América Latina, principalmente na segunda metade do século XIX.

Cumpre observar que Furet identifica dois fatores que justificam a multiplicação quantitativa e a força simbólica que as sociedades de pensamento adquiriram na segunda metade do século XVIII e, mais precisamente, entre 1789 e 1793: a existência de ideias-mães, produzidas no âmbito da filosofia política e ancoradas nas grandes obras literárias e filosóficas individuais; e a "disponibilidade de um corpo social que perdeu seus princípios tradicionais" (Furet, 1989, p. 209). Na mesma linha, para Bastian (1989), as "camadas sociais em transição" presentes no México

– assim como em toda a América Latina – nas décadas finais do século XIX foram o fator essencial para a grande difusão das sociedades de ideias. Ou seja, os fatores endógenos de uma sociedade devem ser compreendidos como determinantes para a difusão das novas ideias e para a grande aceitação das mesmas no conjunto desta referida sociedade.

O elemento aglutinador das sociedades de ideias pode ser identificado em sua *tábua de valores*. Esta, de um modo geral, centrava-se nos elementos seguintes: na valorização do indivíduo, na defesa da política democrática, na adoção dos princípios das Luzes, na adesão a uma conduta moral exemplar e na difusão do ideário liberal e das práticas e valores modernos.

Valorização do indivíduo significa partir do pressuposto de que a relação mais importante no seio da sociedade estabelecia-se entre os indivíduos e as ideias, exigindo-se assim, adesão pessoal e conversão individual dos atores sociais, que constituíam uma comunidade ideológica assentada no espírito de livre associação. A defesa da política democrática efetivava-se na adoção de modelos de democracia pura (centrados no sufrágio, no debate entre os pares e na deliberação) e de organização horizontal (isto é, de base federativa) e nos princípios da cultura cívica, isto é, na defesa dos direitos dos cidadãos. A adoção dos princípios das Luzes manifestava-se na primazia da razão e no emprego da racionalidade; na pedagogia ilustrada e ativa; na divulgação de ideias pela palavra (escrita ou falada), através de jornais, conferências e escolas; na universalização do ensino laico, garantindo acesso à leitura e à escrita para todos os cidadãos; e na separação entre Igreja e Estado. A adesão a uma moral exemplar significava a adoção de princípios de austeridade, fidelidade conjugal e combate aos vícios (sobretudo alcoolismo, tabagismo e jogos de azar) e à prostituição. A difusão do ideário liberal manifestava-se na crença absoluta nas vantagens da liberdade política e econômica, assim como na defesa do progresso econômico e da posição central das ciências na condução do progresso em geral. Ainda, a difusão de práticas e valores modernos significava: ética do trabalho; valorização dos esportes; defesa de valores republicanos e democráticos; práticas igualitárias e mutualistas e valorização do caráter, do esforço e da superação individual. De modo geral, as sociedades de ideias dirigiam suas críticas às corporações, às hierarquias, à Igreja católica em sua vertente ultramontana e ao Antigo Regime como um todo.

Os anarquistas identificavam-se com grande parte destes princípios que constituíam a tábua de valores das sociedades de ideias, como demonstrei em estudo anterior (Peres, 2004). Os espíritas também encontravam apoio à sua doutrina nesta mesma tábua de valores, como se verá adiante neste estudo. A partir da tábua de valores das sociedades de ideias, anarquistas e espíritas (dentre outros grupos) adotavam estratégias de aproximação para dialogar entre si e com amplos setores da sociedade.

Convém no entanto, observar que no processo concreto de luta social e de enfrentamento das dificuldades do cotidiano, os libertários estabeleceram para si verdadeiras *estratégias do desterro*, um conceito interpretativo fundamental presente na produção historiográfica sobre a temática anarquista no Brasil, criado por Francisco Foot Hardman (1983). Para este autor, *desterro* é o termo que melhor se aproxima da situação concreta vivida pelos operários brasileiros na Primeira República. A classe operária brasileira, surgida da combinação de tradições culturais originárias da Europa com experiências locais do trabalhador nacional – grupo este constituído de camponeses pobres, ex-escravos e artesãos urbanos – enfrentou desde cedo a experiência de confinamento e de segregação parcial diante de um Estado que se negava a ampliar os estatutos de cidadania da população. Esta situação derivava das necessidades do capital naquele momento histórico: a consolidação da riqueza industrial exigia a ampliação do exército industrial de reserva e a intensificação da exploração capitalista. Para o capital, a tarefa principal era converter o trabalhador em força de trabalho "pura", submetida ao estrito controle do patronato industrial. Configurou-se assim uma verdadeira *estratégia do desterro*, articulada pelo capital e pelo Estado.

Entretanto, ainda segundo Hardman, a classe operária nascente – principalmente aqueles setores sob influência da vertente anarquista e sindicalista revolucionária – incorporou a estratégia de desterro, transformando-a numa espécie de autoexílio na cultura operária. O operário então se definia como "apátrida" em dois sentidos: como imigrante, e portanto, trabalhador estrangeiro; e como força de trabalho segregada pelo Estado (a pátria) e pelo capital (o patrão). Por isso a recusa da pátria e do patrão e a auto-suficiência filosófica e estética preconizadas pelas lideranças libertárias aos operários. O que os anarquistas propunham era contribuir para desencadear a mudança nas condições de vida – tanto materiais quanto mentais – livrando a humanidade da necessidade e do dogma, ligados tanto à organização social capitalista quanto aos, assim chamados, "preconceitos" religiosos. Daí a importância das ações educativas.

Se por um lado as estratégias do desterro são fatos inquestionáveis, é igualmente correto afirmar que os anarquistas simultaneamente criaram *estratégias de aproximação*, negando o desterro a que estavam submetidos. Através dessas estratégias de aproximação, eles foram capazes de dialogar e aglutinar outros segmentos sociais, com base nas sociedades de ideias.

Esta forma de olhar, pelo viés das estratégias de aproximação, coloca a temática anarquista no enquadramento das sociedades de ideias, como querem os autores analisados, ao mesmo tempo em que permite uma releitura da documentação produzida na Primeira República. Como demonstrado em estudo anterior (Peres, 2004), um caso exemplar destas estratégias de aproximação, a partir das pautas anticlericais, pode ser encontrado no jornal anticlerical *A Lanterna*.

Pude perceber que o diálogo entre atores sociais marcados pelas posições anticlericais com os militantes das causas anarquistas, conforme aparece no jornal *A Lanterna*, foi possível em razão da natureza destes agrupamentos, constituídos nos moldes das sociedades de ideias, permitindo-se a adesão através das tábuas de valores. Estas, para os anarquistas, podem resumir-se nos seguintes itens: ênfase na autonomia individual do sujeito e da comunidade; importância da educação; busca da liberdade e da independência moral e física do indivíduo; prática cotidiana da solidariedade; comportamento ascético; rejeição do carnaval e do futebol e defesa de atividades recreativas sadias e solidárias (isto é, canto, recital de poesias, teatro, bailes familiares e, sobretudo, leitura). Trata-se do mesmo tipo ideal de trabalhador definido pelos anarco-sindicalistas mexicanos, conforme descrição apresentada por Jean-Pierre Bastian (1989) em seu estudo sobre a difusão do protestantismo no México, como aquele que apresenta: domínio da leitura e da escrita; rejeição dos vícios (alcoolismo, tabaco, jogos de azar, prostituição); família monogâmica; filhos calçados e frequentes à escola; casa limpa, com mobiliário e leitura dos jornais diários.

Percebi também que os espíritas, por seu turno, preocuparam-se mais com os mecanismos de legitimação social de suas práticas, o que torna as estratégias de aproximação muito mais visíveis se comparadas com a dos anarquistas.

Além destes dois conceitos – sociedades de ideias e estratégias de aproximação – neste estudo também emprego o conceito de ambiência.

Ambiência é uma palavra que pode ser definida tanto como a "qualidade do que é ambiente, do que rodeia os seres vivos", quanto como "o meio físico, material, em que vive um animal ou um vegetal" (*Dicionário Houaiss da Língua Portuguesa*); ou seja, trata-se de um sinônimo (biológico) de "meio ambiente".[6]

A palavra pode ainda apresentar dois outros significados, por extensão de sentido: ambiência pode ser o "conjunto de condições sociais, culturais, morais etc. que cercam uma pessoa e nela podem influir"; desta forma, trata-se de outra acepção (cultural) do termo "meio ambiente". Pode, ainda significar "espaço preparado para criar um meio físico e estético (ou psicológico) próprio para o exercício de atividades humanas", como sinônimo de ambiente, no contexto específico do jargão arquitetônico (*Dicionário Houaiss da Língua Portuguesa*).[7]

Apesar do amplo uso da expressão "ambiência dos espaços" nos projetos dos arquitetos, escassos são os estudos sobre a "conceituação de ambiência enquanto uma qualidade arquitetônica", como afirma Maria Lúcia Malard (1993). Esta autora chega a

---

6   Uma rápida pesquisa no acervo bibliográfico da Universidade de São Paulo apresenta títulos tais como: *Ambiência e instalação na avicultura industrial* e *Ambiência - eficiência e qualidade na produção animal*, o que demonstra o emprego do termo na área da zootecnia, com esta acepção "biológica". Cf. Simpósio Internacional sobre Ambiência e Instalação na Avicultura Industrial, evento realizado em Campinas, São Paulo, de 27 a 30 de junho de 1995; e Anais do V Congresso Internacional de Zootecnia, evento realizado em Uberaba, Minas Gerais, de 11 a 13 de maio de 2003, respectivamente.

7   Cheguei a este conceito de ambiência pela leitura de artigo de Claudemir Belintane (2002) sobre formação docente. Segundo este autor, a palavra "ambiência" é amplamente utilizada na arquitetura, apesar de não ser "novidade nas discussões sobre informática e educação". Assim, para os arquitetos, "uma ambiência é um meio físico, mas, ao mesmo tempo, estético e psicológico planejado para as interações humanas". Já na área da informática, a palavra, "em geral, implica a ideia de virtualidade", isto é, nos remete à noção de *virtual*, dos ambientes virtuais no campo das ciências da informação.

mencionar que é notável a impressão de que, para alguns arquitetos, a "ambiência dos espaços" ou é uma "qualidade sobrenatural" ou uma "dimensão desconhecida que o espaço construído possui". Negando estas impressões, a autora apresenta o conceito em seu sentido arquitetônico:

> O conjunto de qualidades que fazem de um lugar um domínio sagrado constitui a ambiência desse domínio. Pode-se dizer então que a ambiência é revelada no processo de apropriação do espaço. Habitar é cuidar, diz Heidegger [na obra *Poetry, Language, Thought*], portanto é um processo sem fim de construir, arranjar, arrumar, modificar, cuidar e embelezar os lugares. Nesse processo o homem se apropria dos espaços humanizando-os, modificando-os para dotá-los de sua própria natureza. Humanizar espaços significa torná-los adequados ao uso dos humanos; torná-los apropriados e apropriáveis. (...) [Esta] apropriação envolve a interação recíproca usuário/espaço, na qual o usuário age no sentido de moldar os lugares segundo suas necessidades e desejos. Os lugares, em contrapartida, tornam-se receptivos. Essa influência mútua entre usuário/espaço é a razão pela qual as pessoas e os grupos encontram – ou não – sua identidade nos diversos lugares em que vivem. Os lugares receptivos são aqueles com os quais as pessoas se sentem em perfeita harmonia e nos quais elas encontram sua identidade individual e coletiva. A ambiência do ambiente é o que possibilita esse processo comunicativo (Malard, 1993, p. 360).

Esta longa citação fez-se necessária para que seja possível nos situarmos num campo que é diverso daquele próprio do historiador da educação. Além destes aspectos subjetivos, continua a autora, a ambiência (do ponto de vista arquitetônico) também "engloba aspectos objetivos, os quais podem ser definidos como as sensações corpóreas que se experimentam num lugar", ativados pelas "condições térmicas, acústicas, lumínicas e dimensionais" dos espaços e que são "inerentes à condição humana".

O que Maria Lúcia Malard chama de "aspectos objetivos da ambiência" são menos aplicáveis no campo da história da educação do que seus "aspectos subjetivos". Do conceito tomado na perspectiva arquitetônica deve-se reter o processo de humanização dos espaços através de sua apropriação, o que permite a constituição da identidade e o processo comunicativo (entre homens e ambiente). Longe de ser uma "qualidade sobrenatural" ou uma "dimensão desconhecida" do espaço construído pelo homem, trata-se de sua qualidade central, do traço identificador da obra arquitetônica. Similarmente, num esforço de empregar o conceito na área da história da educação, a ambiência social permite a constituição de *identidades* e de *processos comunicativos* entre grupos e setores sociais numa dada realidade histórica.

No campo da história, o conceito de ambiência foi empregado por Ângela de Castro Gomes (1999), que buscou compreender a atuação dos intelectuais que "viviam e teciam suas redes de sociabilidade na cidade do Rio de Janeiro" (p. 10) nas três primeiras décadas do século XX.[8] Estes pensadores participavam de grupos que propuseram – e, segundo a autora, chegaram mesmo a implementar – projetos de um "Brasil moderno", numa perspectiva marcada pela busca de uma identidade nacional, num contexto de "multiplicidade de modernidades e modernismos" (p. 12).

Para além de um estudo sobre os modernistas cariocas, a autora destaca a inovadora abordagem que adotou para pesquisar estes

---

8   Nesta obra, Ângela de Castro Gomes referencia-se na vertente teórico-metodológica designada (pelo menos na França) por "história dos intelectuais" e, nesta perspectiva, utiliza-se de obras de Jean François Sirinelli.

intelectuais, centrada nos "lugares de sociabilidade"; isto é, lugares nos quais os participantes se organizavam, mais ou menos formalmente, para construir e divulgar suas propostas culturais, e mesmo políticas. Nesta trajetória investigativa, a autora enfatizou (simultaneamente como objeto e fonte de investigação) o trabalho com periódicos, correspondências, casas editoriais, cafés, livrarias, rodas literárias, associações culturais, dentre outras. Em suma, a autora buscou compreender a "lógica de constituição" dos grupos de intelectuais, investigando a "trajetória de indivíduos e grupos" e seus "esforços de reunião e de demarcação de identidades", em íntima relação com sua "produção intelectual" (Gomes, 1999, p. 11).

Ângela de Castro Gomes, portanto, utiliza-se da noção de "lugar de sociabilidade" como um conceito explicativo central. E toma-o em uma dupla dimensão:

> De um lado, aquela contida na ideia de "rede", que remete às estruturas organizacionais, mais ou menos formais, tendo como ponto nodal o fato de se constituírem em lugares de aprendizado e de trocas intelectuais, indicando a dinâmica do movimento de fermentação e circulação de ideias. De outro, aquela contida no que a literatura especializada chama de "microclimas", que estão secretados nessas redes de sociabilidade intelectual, envolvendo as relações pessoais e profissionais de seus participantes. Ou seja, se os espaços de sociabilidade são "geográficos", são também "afetivos", neles se podendo e devendo captar não só vínculos de amizade/cumplicidade e de competição/hostilidade, como igualmente a marca de uma certa sensibilidade produzida e cimentada por eventos, personalidades ou grupos especiais. Trata-se de pensar em uma espécie de "ecossistema", onde amores, ódios, projetos ideais e ilusões se chocam, fazendo parte da organização da vida relacional (1999, p. 20).

Convém destacar que, segundo essa autora, a palavra "ambiente" vem sendo empregada "na literatura que trabalha com história de intelectuais para designar esse microclima estético e afetivo que *une pessoas* e *conforma sua sensibilidade de expressão criadora*" (p. 71, nota 90, grifos meus), ao afirmar que, exemplarmente, o simbolismo pode ser entendido como um fenômeno muito mais amplo do que uma simples corrente literária, como um verdadeiro "ambiente espiritual" que explica não só a poesia de Cruz e Souza e a prosa de Graça Aranha, como também o pensamento filosófico e político de Farias Brito, Alberto Torres e Euclides da Cunha e ainda outras manifestações artísticas e literárias da época.

Em outro plano, a autora enfatiza a condição peculiar da cidade do Rio de Janeiro como capital da República e, simultaneamente, polo econômico, centro político-administrativo e "arena cultural". Na sequência, efetua uma pertinente generalização, ao afirmar que

> (...) refletir sobre as características histórico-sociais de qualquer cidade é refletir sobre o amplo conjunto de condições que delinearam o ambiente cultural em que se moviam e se "comunicavam" seus habitantes, fossem eles os chamados "homens comuns", fossem, de forma especial, as elites políticas e intelectuais (p. 23).

Neste contexto, qualquer cidade pode tornar-se um espaço que é "produto e produtor das ações dos atores sociais e coletivos que nela vivem" (p. 23).

Por último, a autora também trabalha o conceito de *geração*, entendido não como um grupo de idade, mas como "um grupo que constrói uma memória comum, referida a um 'tempo' e a 'acontecimentos' que conformaram certa maneira de experimentar, no caso, a vida intelectual" (p. 79, nota 105).

Ou seja, para Ângela de Castro Gomes, o termo ambiência nos remete aos "lugares" ou "espaços" de sociabilidade, entendidos na dupla dimensão de "rede" e de "microclima". Enquanto rede ou estruturas organizacionais mais ou menos informais (portanto, não como *instituições* no sentido estrito do termo), a ambiência configura-se na produção e/ou na circulação de ideias; já enquanto microclima, a relação entre os atores sociais ou coletivos parece nele prevalecer. Os espaços de sociabilidade são *geográficos* – e esta concepção justifica a ênfase dada pela autora na cidade como local privilegiado para a construção das citadas redes – mas, sobretudo, são *afetivos*, com a prevalência das relações entre os atores sociais, sejam "pessoas comuns", sejam "intelectuais". O termo "ecossistema" talvez seja o que melhor ilustre este entrelaçamento das duas dimensões da ambiência, isto é, da relação que pode ser estabelecida entre as redes e os microclimas que foram historicamente construídos. Em suma, os lugares de sociabilidade (isto é, a ambiência) são lugares ou espaços de comunicação, com destaque para a centralidade dos atores sociais e coletivos nesta feliz metáfora dramatúrgica tão bem empregada pela autora. No mesmo sentido, também são *lugares de memória*, a memória comum construída por um grupo de atores sociais que se identificaram mutuamente num lapso de tempo, que constituíram uma "geração" no sentido dado pela autora.

Como procuro demonstrar no presente estudo, esses conceitos utilizados por Ângela de Castro Gomes têm seu lugar também na área mais específica da história da educação.[9] Aliás, a combinação do conceito de ambiência com o de sociedade de ideias

---

9   Jorge Nagle, no seu clássico *Educação e sociedade na Primeira República* (1974) emprega pioneiramente a palavra, mas em sentido mais restrito. Por exemplo, neste trecho: "*É na ambiência da guerra paraguaia que se estrutura o Exército Nacional, e onde se devem buscar os primeiros elementos históricos*" (p. 93).

apresenta-se, no meu entender, como um procedimento bastante promissor para os estudos sobre os educadores, como o que ora empreendo a respeito da figura do professor João de Camargo Penteado. Desta forma, é possível alargar-se a compreensão histórica sobre os educadores no campo em que atuavam a partir das redes de sociabilidade por eles construídas (ou das quais participaram) e da circulação de ideias no interior dos grupos, que simultaneamente enriqueciam as discussões e suas práticas educativas, mas também traziam o conflito para o seio dos agrupamentos.

Em virtude de perquirir redes e lugares de sociabilidade, espaços afetivos e de ideias, identidades e espaços comunicativos, considero que os conceitos explicativos que comentei acima são poderosos instrumentos para empreender o desvelamento das faces de João Penteado ainda relegadas ao esquecimento.

Além disso, a busca em si por estas faces somente foi possível em função da pesquisa e do levantamento de fontes documentais sobre essa figura da história da educação brasileira.

O FIO E OS RASTROS: FONTES E MÉTODOS DE PESQUISA

Carlo Ginzburg, em obra recentemente publicada (2007), afirma que "Os gregos contam que Teseu recebeu de presente de Ariadne um fio. Com ele Teseu se orientou no labirinto, encontrou o Minotauro e o matou. Dos rastros que Teseu deixou ao vagar pelo labirinto, o mito não fala" (p. 7). Neste pequeno trecho, são mencionados três elementos fundamentais para o trabalho do historiador: o fio do relato, o labirinto da realidade e os rastros. Ou ainda: a forma como são apresentados os resultados da pesquisa histórica (como relato ou narração, indissociável da ideia de fio que o costura); a realidade que nos propomos a decifrar e compreender; e as fontes históricas ou documentos que nos sobram do passado – e dos quais "o mito não fala", mas que são o único liame entre o historiador e seu objeto de estudo. Na mesma obra, Ginzburg afirma ainda que "o passado nos é acessível apenas de modo indireto, mediado" (p. 37) e que o nosso conhecimento sobre ele é "inevitavelmente incerto, descontínuo, lacunar: baseado numa massa de fragmentos e de ruínas" (p. 40). Nesta discussão, o autor também afirma a importante relação existente entre os testemunhos do passado e a realidade testemunhada.

Trato em seguida das fontes históricas que empreguei no presente estudo, isto é, da "massa de fragmentos e de ruínas" que nos chegaram do passado, procurando repisar os rastros deixados por Teseu no labirinto, numa aplicação da inspirada metáfora de Ginzburg.

Agrupei as fontes históricas que pesquisei em cinco grandes conjuntos documentais.

O *primeiro conjunto de documentos* sobre João Penteado foi produzido de forma quase "antropológica". Refiro-me às informações prestadas – em entrevistas ou em conversas informais – por seus descendentes, a senhora Marly Alfarano (sobrinha-neta de João Penteado) e seu esposo, senhor Álvaro. Ambos foram alunos na Escola "Saldanha Marinho" na década de 1950 e conviveram com seu diretor. Já casados, assumiram a direção da escola de comércio em 1968, nela permanecendo até o encerramento das atividades da mesma, em 2002. Constituem, portanto, a memória viva da instituição escolar e, de certa maneira, também de João Penteado. Nas entrevistas efetuadas e durante o processo de recolhimento da documentação, efetuada pelos membros do CME – FEUSP entre 2005 e 2009, ficou nítida a grande admiração de Marly e Álvaro por João Penteado. Se, por um lado, esta grande admiração permitiu que informações preciosas sobre ele fossem preservadas e disponibilizadas para pesquisas, também contribuiu para mitificá-lo. Assim, mais uma vez, como outra Anfrísia Santiago, João

Penteado foi emparedado, desta vez nas tramas da memória; se a historiografia o fez ser apenas o diretor da Escola Moderna N. 1, seus familiares, efetuando operação semelhante, transformaram-no quase que exclusivamente no diretor da Escola "Saldanha Marinho", localizada no bairro paulistano do Belenzinho.

Outro conjunto de fontes amplamente utilizada neste estudo encontra-se custodiado no Centro de Memória da Educação – FEUSP desde 2005: trata-se do "Acervo João Penteado".

Este acervo foi constituído a partir da doação efetuada pelos herdeiros de João Penteado. Representa grande parte da documentação produzida pelo Colégio "Saldanha Marinho" e por seu diretor, em noventa anos de história da instituição escolar.[10] Divide-se em quatro grandes grupos: arquivo institucional; documentos pessoais; fontes iconográficas; e objetos museológicos.

O *arquivo institucional* do Acervo João Penteado apresenta a maior quantidade de documentos, produzidos entre as décadas de 1920 e 1960, geralmente por exigência legal, sobretudo os relatórios de inspeção e os dados estatísticos.[11] Os documentos

---

10 Esta doação também provocou a criação de um grupo de estudos no âmbito do Centro de Memória da Educação, composto por professores e pesquisadores da FEUSP (alunos bolsistas de Iniciação Científica, mestrandos e doutorandos). Este grupo de pesquisa, além das discussões teóricas, contribuiu com as tarefas práticas de recolhimento, organização, acondicionamento e referenciação dos documentos recebidos em doação dos familiares de João Penteado. Desta forma, o grupo de estudos colaborou para transformar "papéis velhos" em importante conjunto documental inédito sobre a história da educação em São Paulo nas décadas de 1910 a 1960, permitindo a concretização de inúmeros trabalhos de pesquisa acadêmica sobre diversas temáticas e a partir de variados objetos de estudo. A expressão "papéis velhos" tem uma referência no livro de Marilena Aparecida Jorge Guedes de Camargo (2000). A meu ver, trata-se de uma das tarefas do historiador: contribuir para transformar coisas e papéis velhos em documentos históricos, ao reuni-los, analisá-los e interpretá-los.

11 Além destes documentos, estão preservados: folhetos, panfletos, convites para os festivais e seus programas, correspondências diversas, circulares, programas das matérias, quadro de horários (de aulas e exames), resultado do concurso de

pessoais representam, principalmente, a produção literária de João Penteado, assim como sua correspondência particular, e ocupam sete caixas.[12] Os poucos manuscritos e os textos datilografados de João Penteado foram preservados em várias versões e raramente encontram-se datados. Muitos apresentam várias correções a lápis, com adições nas entrelinhas e trechos riscados. Alguns foram publicados na imprensa e outros permanecem inéditos. Muitos não trazem informações sobre o autor – e neste caso, a identificação de autoria precisa ser feita pelo estilo do texto.[13] As *fontes*

---

datilografia, registro de professores, lista de alunos, termos de posse, termos de promoção ou aprovação de curso, termos de conclusão de curso, termos de visita dos inspetores (federais e estaduais), livros de matrícula, atas de exames (parciais e finais), exercícios de alunos, provas, relação de livros didáticos adotados, requerimentos diversos, cópias da legislação (leis, instruções, portarias, circulares e outros), balanços financeiros e balancetes, listas de livros da biblioteca, relatórios de prestação de contas, regimento interno.

12   Os textos redigidos por João Penteado podem ser classificados em: textos dissertativos; textos literários; relatos de viagens; e discursos. Os textos dissertativos foram os mais numerosos: "13 de Outubro" (biografia de Francisco Ferrer); "A propósito das duas grandes guerras – As águias e os condores e seu espaço vital"; "O moinho e o confessionário" (anticlerical); "O Congresso de Lyon e o latim" (em defesa do idioma internacional Esperanto); "Pregando no deserto"; "Pela educação da infância – As balas baralho e sua nefasta influência"; "Entre operário e capitalista (diálogo curioso)"; "A Grande Guerra. Sonho de um tolstoiano"; "Casimiro Cunha – Biografia"; "Divagações"; "A esperança"; "Criticando... as modas"; "O carnaval – A exteriorização da estupidez"; "O que pensamos sobre o movimento constitucionalista"; "Guerra europeia. Aniversário do hediondo crime da burguesia"; "Herói"; "A Comuna de Paris – Conferência"; "A propósito do feriado de 13 de Maio"; "José Garibaldi"; "Algumas palavras a propósito da reforma ortográfica"; "A glória". Dois textos são descrições de viagens: "Itapuí" e "São José do Rio Preto". Os textos literários são: "A árvore e o livro" (fábula); "O cão e o soldado"; "Interessante conversação entre três cegos"; "Dinheiro"; "Gianini"; "Raciocínio infantil"; "As três irmãs"; "A máquina de escrever e a metralhadora"; "O filho ingrato"; "Sonhos de Jano"; "Um caso curioso e triste no 'Dia das Mães'"; "Que cristão!"; "Um caso característico"; "A cor da vida é a cor da morte". Estes textos foram estudados recentemente por Luciana Eliza dos Santos (2009).

13   Cumpre observar que um dos documentos mais instigantes do acervo documental – um poema intitulado "Nossa Escola", de autoria de um aluno da Academia

iconográficas são as fotografias – às vezes reunidas em álbuns – tiradas ao longo da existência da escola, constituindo-se em importante registro da história da instituição escolar.[14] Os *objetos museológicos* são peças que compuseram o acervo da escola com diferentes finalidades, tais como exemplares de pequenos animais empalhados, que serviam ao seu museu de história natural.

Além de sua produção literária, a correspondência pessoal de João Penteado é importante porque comprova que ele permaneceu anarquista até o final da vida e conservou as redes de convivialidade firmadas desde a virada do século. O que foi preservado representa apenas uma pequena parcela das cartas trocadas entre os membros daquele círculo de anarquistas, composto por João Penteado, Rodolfo Felipe, Adelino Tavares de Pinho, Edgar Leuenroth, Pedro Catalo, João Valente, Gumercindo Fernandes, José Oiticica, Pedrinho Galo, Nicola Albense, dentre outros, referidos nas cartas muitas vezes apenas pelo primeiro nome.

Um *terceiro conjunto documental* empregado neste estudo são as fontes primárias de natureza jornalística. Afinal, João Penteado foi tipógrafo (leia-se: jornalista) em sua juventude; além disso, escreveu para diversos periódicos ao longo de sua vida. Colaborou na imprensa espírita, anticlerical e anarquista, além de editar jornais escolares nas instituições de ensino que dirigiu. Participou, por algum tempo, da direção da União dos Trabalhadores Gráficos, entidade sindical criada em São Paulo.

No Acervo João Penteado do CME – FEUSP há a coleção completa dos jornais escolares editados nas escolas dirigidas por

---

de Comércio "Saldanha Marinho", como veremos abaixo – encontrava-se no arquivo "pessoal" de Penteado, indício da importância do mesmo para o professor. Decerto foi preservado "por acaso", o que nos leva a pensar sobre as vicissitudes pelas quais passam os arquivos históricos em nosso país.

14   Há também no Acervo rolos de filmes, que, entretanto, somente poderão ser consultados após tratamento adequado e restauração técnica.

João Penteado: *O Início*; o *Boletim da Escola Moderna* e o *Boletim da Academia de Comércio Saldanha Marinho*; *O Ensaio*; *O Iris*. O Boletim (tanto o da Escola Moderna quanto o da Academia de Comércio) e *O Iris* eram publicações da escola dirigida por João Penteado. *O Ensaio*, que veio à luz em 1930, era uma publicação de dois alunos da escola de comércio: Raphael Chaparro (diretor da publicação) e Gabriel Cianflone (impressor). Foram preservadas as edições de número 2, 3 e 4, respectivamente de 1º de março, 1º de abril e 1º de maio de 1930. Vali-me de todos eles, sobretudo d'*O Início*, em função deste jornal escolar ter sido publicado por décadas, de 1922 a 1958.

Cumpre observar que os jornais constituíam uma prática escolar comum na época tratada. Como exemplo, podemos citar o fato de que os alunos do Instituto "Joaquim Ribeiro" (da cidade paulista de Rio Claro, criado em 1926) passaram a editar o jornal *O Ribeirense* a partir de 1929 – prática que se estendeu até fins da década de 1950 com o aparecimento de outras publicações: *A Tesoura*, *A Mocidade*, *O Normalista* (Camargo, 2000). Maria Luiza Marcílio (2005) também menciona a existência de jornais infantis nos grupos escolares da capital de São Paulo, com o objetivo de "melhorar a capacidade de redação dos alunos" (p. 262).

O Início é o nome que recebeu tanto a publicação sob responsabilidade da Escola Moderna N. 1 quanto o órgão publicado pela escola de comércio, criada em 1920. São, portanto, dois jornais distintos que apresentam o mesmo título e foram publicados por João Penteado. O jornal *O Início* da Escola Moderna N. 1 teve três edições publicadas. Já o da escola de comércio apresentou pelo menos 88 edições, em três momentos: de outubro de 1922 a junho de 1929; de fevereiro de 1932 a janeiro de 1933; e de agosto de 1933 a março de 1958. Um relatório produzido na escola de comércio dirigida por João Penteado, no ano de 1952, mencionava uma tiragem de 1.000 exemplares para o jornal escolar em meados da década de 1920.[15] Na maioria das edições, *O Início* (da escola de comércio) apresentava-se em quatro páginas, no formato 24 por 33 cm, com impressão tipográfica primorosa.

João Penteado também colaborou com a imprensa anarquista, redigindo artigos sobre educação e sobre questões gerais da sociedade. Para a elaboração deste estudo foram consultados exemplares dos jornais *La Battaglia*, *A Plebe*, *A Voz do Trabalhador*, *Germinal!*, *A Terra Livre* e *O Trabalhador Gráphico*.[16]

Dos jornais anticlericais, o principal utilizado neste estudo, como fonte, foi *A Lanterna*, editado na capital paulista entre 1901 e 1935. Apresentou três fases de publicação: a primeira, na qual a folha foi dirigida por Benjamim Mota, estendeu-se de 1901 a 1904, com 60 números editados. A segunda etapa, sob direção de Edgard Leuenroth, durou sete anos, de 1909 a 1916, com a publicação de 293 números. O terceiro período, igualmente dirigido por Edgard Leuenroth, iniciou-se em 1933 e durou até 1935, com 49 números publicados.[17]

João Penteado também colaborou com pelo menos duas publicações espíritas, ambas vinculadas às iniciativas educacionais de Anália Franco: *Natalício de Jesus* e *Nova Revelação*.[18]

Além destes jornais, por assim dizer, "temáticos", também consultei periódicos que se propunham a dialogar com o conjunto da sociedade, como o *Commercio do Jahu* e *O Estado de S. Paulo*.[19]

---

15   *Relatório*. Sem data (provavelmente de 1952). AJP.

16   Estes jornais podem ser encontrados no Centro de Documentação e Memória (CEDEM) da Unesp e no Arquivo Edgard Leuenroth (AEL) da Unicamp.

17   *A Lanterna* pode ser encontrada no Centro de Documentação e Memória (CEDEM) da Unesp (alguns exemplares dos anos de 1911 a 1916 e todos da 3ª fase) e no Arquivo Edgard Leuenroth (AEL) da Unicamp (coleção completa).

18   Nas edições de 1910 e 1911, as únicas preservadas no Acervo João Penteado.

19   Neste trabalho, como de hábito, faço a atualização ortográfica das citações das fontes, por considerar irrelevante a preservação da grafia original neste tipo de

Estes jornais foram empregados de forma pontual; através deles, procuro traçar um quadro mais amplo do contexto ou extrair preciosos dados sobre a conjuntura das décadas finais da Primeira República. Lamentavelmente, não foi possível consultar o jornal *Correio do Jahu*, publicado na primeira década do século XX, exatamente na época em que Penteado estava se transferindo para São Paulo – e que poderia ajudar na compreensão dos motivos desta transferência.[20]

Outro jornal que se destinava ao diálogo com o conjunto da sociedade mais amplamente empregado neste estudo foi o *Jahu Moderno*. Esta folha foi publicada na cidade paulista de Jaú entre 1913 e 1915, sob a direção do advogado Tarso de Magalhães. Com 210 números publicados, afirmava-se como um órgão independente, "uma folha do povo e para o povo". Cumpre observar que se trata de um jornal relativamente desconhecido, pouco citado nas obras sobre a cidade de Jaú.[21]

Neste ponto, é possível também afirmar uma função da imprensa periódica na perspectiva das sociedades de ideias, comprovando o que diz a bibliografia internacional pertinente a este enfoque: a de ser um dos principais veículos de aglutinação e articulação dos adeptos das chamadas "doutrinas modernas". Isto explica a proliferação de jornais e a centralidade da questão da propaganda de ideias, tanto para os espíritas quanto para os anarquistas, o que torna imprescindível o emprego deste tipo de fonte primária.

---

pesquisa histórica. Os títulos dos jornais, entretanto, conservo-os na grafia original, pois se tratam de nomes próprios.

20 Os jornais citados neste parágrafo encontram-se no Arquivo do Estado de São Paulo, no Museu Municipal de Jaú, e na Fundação Dr. Raul Bauab (Jaú).

21 *Jahu Moderno*, 16/02/1913. Este jornal pode ser encontrado no acervo do Museu Municipal de Jaú. A coleção está quase completa, com algumas lacunas e alguns exemplares bastante deteriorados.

Um *quarto conjunto de fontes primárias* empregadas são os documentos impressos, mais precisamente os livros escritos por João Penteado que foram publicados[22] e duas obras de memorialistas – Sebastião Teixeira (com um livro sobre Jaú) e Jacob Penteado (com uma obra sobre o Belenzinho) – como se verá abaixo.

Por último, como *quinto conjunto de fontes primárias*, temos os livros e exemplares de periódicos reunidos pelo próprio João Penteado ao longo de sua vida. Esta coleção de obras impressas teve três origens diversas, mas intimamente relacionadas: os livros e periódicos pessoais de João Penteado; as obras pertencentes ao Grêmio escolar, entidade estudantil bastante ativa na Academia de Comércio "Saldanha Marinho"; e as obras que constituíam a biblioteca da escola citada, para uso e consulta de todos os alunos.[23] A *biblioteca* de João Penteado encontrava-se na intersecção destes três conjuntos, num movimento de duplo sentido: se por um lado

---

22 João Penteado publicou seu primeiro livro em 1944, com o título de *Pioneiros do magistério primário*. Com prefácio de Léo Vaz, traz informações sobre os professores Caetano Lourenço de Camargo, Pedro Balduino de Melo Castanho, Ernestina de Siqueira e César Prieto Martinez. O segundo livro foi publicado em 1953, reunindo duas obras: *Digressão histórica através da vida de Jaú e de seus pró-homens pelo 1º centenário de sua fundação* e *Esboço histórico da epopeia do hidroavião "Jaú" através do Atlântico Sul em seu sensacional reide de Gênova a Santos. Digressão* (1953) trata da vida de três "eminentes vultos alienígenas, isto é, não nascidos em Jaú", mas que muito haviam feito "a bem do progresso e da grandeza moral, espiritual e humana do povo jauense": Paulino de Oliveira Maciel, Júlio Speranza e Alberto Gomes Barbosa (p. 7). *Esboço histórico* descreve a façanha de João Ribeiro de Barros, o primeiro brasileiro a atravessar o Atlântico em um hidroavião.

23 Os livros reunidos por João Penteado não foram preservados (após sua morte) segundo o critério da origem das obras (grêmio, escola e acervo pessoal). O acervo misturou-se e atualmente encontra-se dividido em três outros conjuntos. Um deles, constituído de 1.699 títulos, acha-se desde fins da década de 1980 sob guarda da UFSCar, constituindo o Acervo João Penteado - trata-se da coleção de obras pertencentes a Penteado que foram recolhidas por Flávio Luizetto. Outro conjunto (objeto de recente recolhimento) encontra-se no Centro de Memória da Educação - FEUSP. E os demais livros – não catalogados nem referenciados – acham-se ainda no prédio do Colégio Saldanha Marinho.

João Penteado: o discreto transgressor de limites

sua ação determinava a formação dos acervos, por outro, muitas das obras podem ter resultado de presentes a ele destinados, de doações ou por exigência legal. Isto significa que, se Eduardo Frieiro pôde dispor, para análise, de um rol preciso das obras que o cônego Luís Vieira da Silva possuía no momento em que sua livraria foi sequestrada no processo da Inconfidência Mineira (e que constam dos *Autos da Devassa*), o mesmo não ocorreu em relação à biblioteca de João Penteado. Mas a falta desta listagem definitiva do que lá havia, sem dúvida, compensa-se pelo fato de muitas das obras estarem preservadas, tendo sobrevivido à sanha destruidora das autoridades policiais que não se cansavam de lançar ao fogo os livros dos anarquistas – e não só nos períodos de ditadura, como se pode comprovar na literatura sobre a Primeira República no Brasil.

Estes cinco conjuntos documentais aqui apresentados, quando necessário para a melhor compreensão da figura de João Penteado, são comentados detalhadamente no corpo da pesquisa.

Além disso, para a investigação de uma figura histórica, como neste estudo, no qual efetuo o desvelamento das múltiplas faces de João Penteado, uma massa de documentos institucionais pode representar um estorvo. Desta forma, procurei analisar essas fontes de natureza institucional valendo-me da metáfora da árvore e de seus frutos, empregada por Maria Lúcia Spedo Hilsdorf (1986), em seu estudo sobre Rangel Pestana: pelos *frutos* (as escolas em que a figura estudada atuou) procurei compreender a árvore que os produziu (seus ideários, suas redes de sociabilidade). Neste sentido, ao considerar a árvore, é necessário contextualizá-la em seu ambiente, levar em conta o solo de que se nutriu, as condições climáticas que enfrentou, a proximidade com outras árvores, as interferências externas que sofreu, dentre muitos outros fatores. Ou seja, é preciso que se olhe o objeto de estudo sem perder de vista a ambiência do contexto histórico estudado.

Considerando o método utilizado na pesquisa (na linguagem empregada por Ginzburg, o fio norteador no enfrentamento do labirinto da realidade), efetuei a análise das fontes primárias descritas acima, procurando empregar "o deslocamento sucessivo da lente em movimento horizontal e vertical sobre o objeto de estudo", na feliz imagem empregada por Maria Lúcia Hilsdorf para explicitar o método historiográfico que pratica (Vidal e Faria Filho, 2005, p. 1). Esta opção revelou-se extremamente profícua, ao nortear a pesquisa e possibilitar a interpretação e a crítica das fontes selecionadas. Com isso, foi possível enxergar a figura histórica atuando nos contextos em que vivia, e perceber os movimentos e as redes de sociabilidade que se criavam e que eram postas a funcionar.

Como resultado, efetuei no texto uma leitura analítico-cronológica das fontes, procedimento importante para nortear a narrativa preliminar dos resultados da pesquisa, a saber: João Penteado em Jaú, entre 1877 e 1909; sua saída de Jaú e a transferência para São Paulo (1909-1911); sua condição de diretor da Escola Moderna N. 1, iniciativa dos anarquistas no Belenzinho (1912-1919) e a criação da escola de comércio no Belenzinho (1920-1965). Nela imbriquei outra leitura, analítico-temática, das inúmeras faces que João Penteado assumiu ao longo de sua trajetória: autodidata, leitor, tipógrafo, conferencista, militante anarquista, professor, diretor de escola, ativista de entidades sindicais ou de benemerência, espírita, "patriarca" da família. Aquelas faces mais evidentes em determinados anos foram determinantes para a subdivisão do texto em capítulos: João Penteado espírita (capítulo 1); anarquista (capítulo 2) e diretor da escola de comércio no Belenzinho (capítulo 3). Além disso, optei em concentrar a análise na sua trajetória entre a década final do Império e os primeiros anos da Era Vargas, consciente da impossibilidade de dar conta de um período de tempo tão vasto quanto foi aquele coberto pela vida de João Penteado (1877-1965), isto é, quase noventa anos de história brasileira; mas, sobretudo, por considerar que as principais faces de João Penteado – espírita, anarquista, diretor da escola de comércio, autodidata e leitor – já estavam plenamente constituídas no período abordado.

Por último, alguns comentários sobre o "labirinto da realidade", cuja compreensão ampliada acaba por ser um dos objetivos deste estudo.

As faces de João Penteado foram construídas durante a Primeira República, fato este que certamente contribui para afastar a imagem azevediana da educação escolar no período como "um imenso platô de 'estabilidade e rotina'" (Hilsdorf, 2003, p. 79). Neste sentido, a análise do período permite que sejam resgatadas as ricas e diversificadas temáticas a partir das quais se pode abordá-lo, no interesse de uma história sócio-cultural: as fissuras que já apareciam no sistema oligárquico, a crescente participação social e cultural dos imigrantes, os efeitos da industrialização e da urbanização, os movimentos sociais dos trabalhadores, a organização institucional da Igreja católica, o embate tradição *versus* inovação, dentre outras. De interesse específico para uma história sócio-cultural da educação é o tema do *entusiasmo pela educação* como a marca maior do período citado – e de suas figuras (Nagle, 2001). Dele, a elaboração reflexiva das considerações finais pretende dar conta.

CAPÍTULO 1

Um espírita em Jaú

João Penteado nasceu na cidade paulista de Jaú, em 4 de agosto de 1877, filho de Joaquim Camargo Penteado e Isabel Arruda Camargo. Quando tinha 14 anos, assumiu a direção da família – composta pela mãe e mais três irmãos menores – por ocasião da morte do pai, que havia trabalhado como agente do correio em Jaú. Dedicou-se a esta família durante toda a vida, permanecendo, como ele mesmo fazia questão de proclamar, na "condição de celibatário".[1]

Convém então um breve relato sobre a história de Jaú, para que se possa compreender o ambiente em que João Penteado nasceu e viveu as três primeiras décadas de sua longa existência – local em que adotaria não só a doutrina espírita como também o ideário anarquista, aproveitando-se da *ambiência* criada naquela localidade, favorável a estas adesões.

---

[1] *Escola Moderna* ou *Um caso curioso*. Texto de João Penteado, datilografado, sem data, provavelmente de 1920. Acervo João Penteado do Centro de Memória da Educação – FEUSP, doravante designado por AJP.

Uma cidade no centro da economia cafeeira

A obra fundamental para a compreensão da história de Jaú, ainda hoje, é o livro *O Jahu em 1900: Repositório de dados, informações e documentos para a história do Jahu*, escrito por Sebastião Teixeira (morto em 1918). Publicado em 1900, em edição efetuada pelo jornal *Correio do Jahu*, constitui-se numa fonte preciosa para a compreensão da história da terra natal de João Penteado.[2] Os parágrafos seguintes, sobre a história de Jaú, foram escritos considerando-se esta obra como referência principal. *O Jahu em 1900* apresenta a visão de um habitante da cidade preocupado com a preservação de dados históricos sobre ela e, simultaneamente, com seu adiantamento e progresso, não só do ponto de vista material mas, sobretudo, da perspectiva moral, isto é, destacando os aspectos que considera positivos e prescrevendo-os enquanto um padrão de comportamento exemplar para a vida de seus habitantes.

A área em que se fundou Jaú foi habitada desde a época das monções, no século XVIII, como um pequeno entreposto às margens do Tietê - chamado então de Potunduva - que servia como pousada aos bandeirantes. Ali, seus poucos habitantes dedicavam-se ao cultivo de gêneros alimentícios. Com a decadência das monções, o povoado de Potunduva foi abandonado, certamente antes do ano de 1816. Algum tempo depois, em torno de 1830, um sertanejo fugitivo da lei, chamado Antonio Dutra, embrenhou-se pelo sertão e tomou posse das terras banhadas pelo ribeirão do Jaú. Estas propriedades, ricas em solos férteis (a terra roxa) foram posteriormente adquiridas por fazendeiros originários de Minas Gerais e de outras partes da província de São Paulo, nas décadas de 1830 e 1840. Este fluxo migratório de paulistas e mineiros pode ser compreendido

---

2   Esta obra foi republicada em 2010 pela VHK Editora, sob responsabilidade de Hamilton Chaves.

como parte do processo de expansão da atividade agrícola, mas que serviu também para garantir um refúgio seguro para os revolucionários de 1842, após a derrota daquele movimento liberal. Neste período, os habitantes das férteis terras jauenses utilizavam-se da capela de Brotas para cumprimento de suas obrigações religiosas, e da vila de Rio Claro como entreposto de comércio, para aquisição dos gêneros indispensáveis à sua sobrevivência.

Em 1853, os primeiros habitantes da localidade decidiram criar um povoado que atendesse às suas necessidades comerciais e fosse adequado aos atos da vida civil e religiosa, contornando a necessidade dos deslocamentos até Brotas ou Rio Claro. Assim, ergueu-se um cruzeiro e, posteriormente, uma capela dedicada a Nossa Senhora do Patrocínio, na margem esquerda do Ribeirão do Jaú. Neste centro urbano rudimentar foram distribuídas poucas casas, em duas ruas paralelas e duas transversais àquele principal curso d'água da localidade. Segundo o jornalista David Antunes (1953), que escreveu um opúsculo sobre as origens históricas de Jaú, a fundação do povoado ocorrera em maio daquele ano; a data de 15 de agosto foi adotada posteriormente, em função da santa padroeira escolhida para a localidade, Nossa Senhora do Patrocínio.[3]

A evolução político-administrativa do povoado foi relativamente rápida: capela curada em 1856, distrito de paz em 1858, vila em 1866, termo judiciário em 1868, comarca em 1877, e cidade em 1889, alguns meses antes da instalação do regime republicano no Brasil. Ainda, nos primeiros anos desse novo regime político no

---

3 David Antunes nasceu em Santa Branca, município paulista situado no vale do Paraíba, em 1891. Frequentou a Academia de Comércio de Juiz de Fora em 1914 e 1915, mas não concluiu o curso. Retornou a Jaú (onde estivera com a família quando tinha cinco anos de idade) e trabalhou como comerciário. Residiu no Rio de Janeiro e fez carreira no Banco do Brasil, exercendo o posto de gerente em Campinas, Piracicaba e Pirassununga, dentre outras cidades. Autor de contos e romances, colaborou em várias revistas e jornais do país (Melo, 1954).

país, o município de Jaú teria parte de seu território desmembrado, originando os municípios de Bariri (1890) e de Bocaina (1891).

Em termos econômicos, Teixeira afirma que os mais antigos habitantes do povoado dedicavam-se à criação de porcos e ao cultivo de fumo, milho, algodão e cana-de-açúcar, esta utilizada principalmente para a fabricação de aguardente, em função das dificuldades de transporte da produção açucareira. O café foi introduzido em 1846, tornando-se o principal produto agrícola do município em torno de 1860. Além destes produtos, o arroz também era cultivado e ainda havia espaço para a pequena lavoura policultora, geralmente em pequenos sítios e chácaras nos arrabaldes do núcleo urbano, nos quais eram plantados cereais, legumes e verduras para abastecimento da população local. Já o cultivo de frutas – ainda segundo aquele memorialista jauense – ocorreu tardiamente, em torno de 1900.

Teixeira ainda afirma que havia poucos estabelecimentos industriais em Jaú em fins do século XIX. Além da riqueza originária da cafeicultura, no entanto, a cidade era considerada um grande núcleo de comércio regional na virada do século. Tratava-se do centro de uma região caracterizada por grande prosperidade econômica. Segundo Sebastião Teixeira (1900),

> À três fatores diversos deve o Jaú o seu desenvolvimento, hoje extraordinário, assombroso, colossal. Deve-o à estrada de ferro, que aproximou-o [sic] dos centros populosos onde pôde haurir os indispensáveis elementos de progresso e civilização; deve-o à abundante produção e à alta do preço do café, que aumentaram-lhe a fortuna, base da prosperidade; deve-o, finalmente, à imigração estrangeira, que aumentou-lhe [sic] a população e contribuiu para a expansão de suas riquezas naturais (p. 119).

A estrada de ferro chegou a Jaú em fins de 1886. No triênio seguinte, a produção de café aumentou significativamente e seus preços tiveram uma grande alta no mercado; simultaneamente, intensificou-se o fluxo de imigrantes para a cidade, em particular italianos, portugueses e espanhóis. Os frutos deste desenvolvimento foram colhidos na última década do século XIX, com a expansão urbana da cidade: construção de novas casas no centro, estabelecimento dos serviços de telefonia, luz elétrica, água e esgotos, construção de prédios públicos, hospitais, matadouro e mercado, criação de um novo cemitério, calçamento das vias públicas e ajardinamento das praças da cidade. Mas cabe aqui a ressalva de que esta década de desenvolvimento foi em parte prejudicada pela epidemia de febre amarela que afetou Jaú nos anos de 1892, 1896 e 1897.

A estas páginas da história jauense, construída por um de seus habitantes na virada do século XIX para o XX, convém que se acrescentem algumas considerações feitas por pesquisadores da atualidade. Flávia de Oliveira (1997; 2008a; e 2008b), no campo acadêmico, observa que o povoado de Jaú foi fundado na região do "Oeste Novo" de São Paulo, área de fronteira agrícola, na retaguarda do cultivo do café, assim como Ribeirão Preto, São Carlos, Bariri, Santa Rita do Passa Quatro, Angatuba e São José do Rio Preto, dentre outras cidades paulistas; portanto, como parte de um processo mais amplo de expansão econômica. Ressalta ainda a autora que até a década de 1870, Jaú não passava de um "acanhado povoado", com cerca de quatro mil habitantes e as casas, geralmente de um ou dois cômodos – construídas de madeira ou taipa e cobertas com folhas de palmeira, sapé ou capim – distribuídas nas já citadas quatro ruas, duas transversais e duas colaterais à beira do rio. Para esta autora, Jaú na época do Império apresentava um aspecto físico marcado pela rusticidade e pela pobreza, com as moradias caracteristicamente provisórias das frentes pioneiras. O "acanhado povoado" tornou-se um polo de atração de pessoas originárias das áreas de economia decadente no país, como a Bahia, o sul de Minas Gerais e o vale do Paraíba; mas não apresentava as mínimas condições para absorver esta massa de migrantes. Para Flavia Oliveira (1997), estes novos habitantes do lugar permaneciam em situação de miséria e propensos à prática de contravenções, ou provocando atritos e violência: "(...) prostitutas, bêbados, autores de pequenos furtos e pessoas sem profissão definida que, à espera de qualquer serviço avulso, vagavam pela vila criando constantes tensões, muitas vezes geradoras de atos criminosos" (p. 46).

Flávia de Oliveira, ao mesmo tempo em que matiza o quadro de prosperidade descrito por Teixeira, também o reafirma, ao apresentar Jaú como uma área bastante promissora para o desenvolvimento da agricultura comercial do café, em função de solos de excepcional fertilidade, a tão decantada "terra roxa". A riqueza advinda com a substituição das lavouras tradicionais pelo cultivo da rubiácea em um momento de expansão econômica do produto no mercado europeu e norte-americano provocou inúmeras transformações na estrutura da sociedade jauense. "As novas necessidades, em especial de mão-de-obra para a lavoura, e as demandas do crescimento urbano situaram Jaú no patamar de importante polo de atração de imigrantes [sic], não só estrangeiros, mas também nacionais" (Oliveira, 2008a, p. 152). Fruto do crescimento e da riqueza do café, o município apresentava, em 1886, mais de 18 mil habitantes. Tais transformações também alçaram Jaú à condição de centro comercial regional, porque, além do mais, estava situado geograficamente na região central do território paulista.

Jaú – como afirmou Sebastião Teixeira – crescia amparado em três grandes bases: a riqueza do café, o transporte ferroviário e o fluxo migratório. Mas esse crescimento não era espontâneo, como faz crer a narrativa de Teixeira, contemporâneo dos fatos que narra e muitíssimo preocupado em criticar a "politicagem" que marcava o comportamento das autoridades públicas locais. Esse aparente lapso na narrativa de Teixeira tem sua razão de ser, como se verá na sequência.

Segundo Flávia de Oliveira (2008a), as elites agrárias jauenses, atentas às transformações acima descritas, trataram de propor "políticas de intervenção no espaço urbano visando a alterar sua paisagem" (p. 153). Jaú conheceu então a instalação dos serviços urbanos e a construção de edifícios privados e públicos, os descritos por Teixeira e outros, como os prédios da Santa Casa de Misericórdia e do Grupo Escolar "Dr. Pádua Sales", numa fase de desenvolvimento que se estendeu até a primeira década do século XX. Fruto destas melhorias urbanas e do progresso material, em 1912 a população do município era de aproximadamente 85 mil habitantes.

Foi neste Jaú em intensa transformação, no qual a prosperidade do café convivia com a marginalidade de grande parte da população local, que João Penteado nasceu e viveu sua infância, juventude e primeiros anos da vida adulta.

A infância e a juventude de João Penteado

Quase nada sabemos a respeito de seus pais, Joaquim e Isabel. Segundo o jornalista José Fernandes, em obra comemorativa sobre o centenário de Jaú (1955), os pais de João pertenciam a uma família tradicional na cidade paulista de Tietê e transferiram-se para Jaú por intermédio de Lourenço de Almeida Prado. Este era integrante de uma rica e numerosa família de fazendeiros originários de Itu, que se estabeleceram na região de Jaú a partir de 1859 (Chaves, 2006). Joaquim Penteado – pai de João – foi agente do correio de

Jaú, como vimos acima, provavelmente desde 1887;[4] dedicava-se, portanto, a uma atividade profissional urbana, talvez chamado à cidade para ocupar este cargo por indicação política.[5]

É provável que a vida da família Penteado em Jaú fosse bastante modesta na época do nascimento de João, apesar da proteção dos Almeida Prado, fazendeiros e chefes políticos da região. Não há indícios da participação de seu pai em atividades agrícolas, e o fato de residir na zona central da vila e dedicar-se a uma atividade urbana são elementos que parecem confirmar esta hipótese.

A infância de João Penteado se encontra quase totalmente perdida para o historiador na atualidade. Temos apenas os registros efetuados pelo próprio Penteado em seus escritos. Dentre eles, o livro *Pioneiros do magistério primário*, de 1944, sobre professores que atuaram em sua cidade natal. Trata-se de uma obra em que fica bastante evidente o processo de construção da memória de um daqueles professores, imbuídos do *entusiasmo pela educação*, promovendo uma homenagem aos que o teriam influenciado no passado – inclusive do ponto de vista da sua profissão futura. Mas cumpre observar que sua família consanguínea é pouco mencionada nesta obra, que reserva mais espaço para sua "família espiritual" – e talvez porque seu objetivo não fosse escrever um texto autobiográfico.

---

4 José Fernandes (1955) afirma que a agência do correio de Jaú, criada em 1867, só foi instalada em 1874, numa casa modesta na Rua das Flores (atual Marechal Bittencourt), a mesma em que viria a residir a família Penteado. Segundo este autor, de julho de 1887 a princípios de 1890 o agente do correio foi Joaquim Campos Penteado – certamente, trata-se do pai de João Penteado que teve o primeiro sobrenome grafado como Campos, ao invés de Camargo. No *Almanak da Província de São Paulo para 1873*, lê-se que o agente de correios de Jaú era José Valladão de Freitas.

5 Cumpre observar que, segundo a visão de Sebastião Teixeira, o serviço de correios em Jaú ainda era extremamente precário em 1900. No entanto, uma leitura do *Almanak da Província de São Paulo para 1873* revela que os principais municípios paulistas tinham um agente de correio.

Da escola em que aprendeu a ler e a escrever, no entanto, João Penteado deixou vivíssimas lembranças, ao descrever seu "primeiro e único mestre", o professor Caetano Lourenço de Camargo (Penteado, 1944, p. 47).[6]

Caetano Lourenço de Camargo (1863-1917) nasceu na capital paulista em 7 de agosto de 1863. Após a morte do pai, foi matriculado como interno no Instituto de Artífices de São Paulo, na condição de órfão pobre. Na juventude, cursou a Escola Normal, dela afastando-se sem concluir o curso em função de uma "desavença" com Silva Jardim, como faz questão de ressaltar João Penteado em seu esboço biográfico.[7] Mesmo assim, segundo Penteado, o jovem Caetano prestou exames e tornou-se "professor intermédio".[8] Uma forte crise de bronquite asmática fez com que seu médico e amigo – ninguém menos do que Caetano de Campos – recomendasse uma mudança para um local mais adequado à sua saúde, no interior da província. Caetano de Camargo transferiu-se então

---

6   Apesar da existência de um sobrenome comum (Camargo), não há indícios de parentesco próximo entre os Lourenço de Camargo e os Camargo Penteado.

7   Segundo Marcia H. Dias (2002), em sua pesquisa acadêmica sobre os professores da Escola Normal de São Paulo, Antônio da Silva Jardim (1860-1891), formado pela Academia de Direito em 1882, "já exercia o cargo de professor do Curso Anexo à Escola Normal de São Paulo, seção masculina, após apresentar brilhante desempenho no concurso para provimento dessa cadeira" (p. 105). Em outubro daquele ano, prestou concurso para a 1ª cadeira da Escola Normal (português), obteve o primeiro lugar e tomou posse da mesma em 1883. Silva Jardim era adepto da doutrina criada por Augusto Comte, tendo participado da fundação da Sociedade Positivista de São Paulo. A "desavença" de Silva Jardim com Caetano de Camargo deve ter ocorrido neste mesmo ano de 1883, sem que fique esclarecida a natureza do conflito.

8   Sobre este mecanismo, Leonor Tanuri (1979) observa, em sua obra clássica, que até a reforma da Escola Normal, em 1887, o aluno poderia diplomar-se prestando exames vagos, sem necessidade de frequência às aulas. A mesma autora relata que a maioria dos professores públicos ascendia ao cargo prestando diretamente exames para o provimento das escolas – os chamados "professores de palácio".

Fernando Antonio Peres

para Jaú. Nesta vila, em 22 de outubro de 1883,[9] tornou-se professor da escola primária masculina local (na verdade, uma cadeira de primeiras letras), instalada numa das salas do casarão da Câmara Municipal. Na mesma época, casou-se com a professora normalista Porfíria Elisa Franco de Lacerda, com a qual teve cinco filhos, quatro dos quais seguiram a carreira do magistério.

Caetano Lourenço de Camargo não foi o primeiro professor público de Jaú, como se pode pensar se tomarmos apenas as informações constantes no livro *Pioneiros do magistério paulista*, de João Penteado, uma literatura ao qual atribuo natureza memorialística e caráter laudatório – talvez motivada pela necessidade do autor (com quase setenta anos) efetuar um "balanço" da própria atuação como docente. Cabe aqui, portanto, algumas considerações a respeito da instrução pública naquela cidade no século XIX.

A instrução pública em Jaú na década de nascimento de João Penteado foi marcada pela precariedade, não incomum naquelas cidades na zona de fronteira. Esta afirmação pode ser confirmada pela leitura dos ofícios encaminhados pelo padre Francisco Ferreira Garcia, vigário de Jaú e inspetor escolar do distrito, ao Diretor Geral da Instrução Pública de São Paulo,[10] em 1869 e 1870. Encontrava-se, então, a vila sem professor, com "mais de cinquenta meninos vagando pelas ruas por falta de escola"; tampouco possuía professora para as muitas meninas, que assim estavam "crescendo como os

---

9   *Ofício* datado de 22/10/1883. Arquivo do Estado de São Paulo, doravante designado pela sigla AESP, CX 05067. *Jahu Moderno*, 23/10/1913. Curioso que João Penteado (1944) não apresenta a data de início das atividades docentes de seu professor, mas a mesma pode ser depreendida do contexto da narrativa, pois segundo Penteado, o professor Caetano aposentou-se em 1917 após 34 anos de serviços prestados à educação.

10   Pela reforma da instrução pública paulista em 1864, o cargo de "inspetor geral" passou a denominar-se "diretor geral". A lei, entretanto, não entrou em vigor, pois foi vetada pelo governador da província. Cf. Moacyr, 1939.

vegetais sem instrução alguma".[11] Algum tempo depois desta comunicação do vigário de Jaú, assumiram as cadeiras de instrução pública (masculina e feminina) os professores João Roldão de Lara e Margarida de Sá Brandão. Em menos de uma década, porém, estas cadeiras encontravam-se novamente vagas, a masculina em 1877 – provavelmente por remoção do docente para outra cidade – e a feminina em 1879, com o falecimento da professora.[12]

Sebastião Teixeira foi bastante lacônico ao descrever, no livro já citado, a situação educacional da "próspera" cidade paulista, referindo-se à existência de apenas duas cadeiras de instrução pública de primeiras letras em Jaú, na época do Império. A masculina foi criada em 1859 e a feminina, em 1870. Foram providas pelos professores intermédios supracitados, João Roldão de Lara e Margarida de Sá Brandão – que, como vimos, estavam vagas desde fins da década de 1870. Teixeira afirma que a estas duas cadeiras foram acrescentadas outras duas (sendo uma de cada sexo) em fevereiro de 1889 e mais vinte e oito (quatorze de cada sexo) ao longo da primeira década republicana; entretanto, destas trinta e duas cadeiras criadas em Jaú, apenas metade estava provida no ano de 1900. O autor também cita a criação de um curso noturno para adultos em 1895. Ao comentar o insucesso do projeto de criar um grupo escolar em Jaú, Teixeira defendeu a tese de que a "disseminação de escolas" era preferível à "reunião delas em um único prédio" (p. 52), afirmando que havia cerca de 1.300 crianças no município aptas a receber ensino primário, que seriam atendidas com o provimento de todas as cadeiras de instrução

---

11 *Ofícios ao Diretor Geral da Instrução Pública*, 30/09/1869 e 28/03/1870. AESP, CX 05067.

12 *Ofícios ao Diretor Geral da Instrução Pública*, 24/05/1877 e 12/09/1879. AESP, CX 05067.

pública naquele momento vagas, sem necessidade de criação de um grupo escolar.

Além disso, aqui cabe uma pergunta: por que Teixeira (em 1900), ao tratar do tema da educação, simplesmente ignora o professor Caetano de Camargo em seu livro sobre a cidade, já que este era regente de uma cadeira de instrução pública em Jaú havia quase duas décadas?

Como visto, Caetano Lourenço de Camargo assumiu a regência da cadeira masculina de instrução pública da Vila de Jaú em 1883. Dispunha, então, a escola de uma "grande sala", mas não possuía móveis, utensílios, livros e "materiais indispensáveis para o ensino".[13] João Penteado tinha seis anos de idade em 1883. Provavelmente começou a frequentar as aulas do professor Caetano no ano seguinte, ou mesmo em 1885, com sete anos completos.

Nas aulas do professor Caetano, o jovem João aprendeu a ler e a escrever, nos moldes da velha escola do tempo do Império. Léo Vaz, jornalista e amigo de João, que prefaciou sua mais importante obra publicada, sobre os pioneiros do magistério primário em Jaú, apresenta alguns detalhes sobre os primórdios do ensino no estado de São Paulo:

> Era o tempo das "cartas de nome", como então se chamava às folhas avulsas, em que o próprio professor dispunha, em letra de mão, as palavras e frases para a leitura dos principiantes; ou das "cartas de fora", isto é, autênticas cartas porventura recebidas pelo pai ou parentes, e que os estudantes já mais adiantados levavam à escola, para lhes servir de texto à leitura e à gramática... Pois livros didáticos adequados ao intento não existiam, e mesmo que por acaso algum houvesse,

---

13   *Ofício de Caetano Lourenço de Camargo ao Inspetor Geral de Instrução Pública,* 11/11/1883. AESP, CX 05067.

> na Corte ou na Bahia, nunca chegariam a vilarejos como seria o Jaú anterior ao magistério do professor Caetano de Camargo.[14]

Mesmo referindo-se a uma época anterior à chegada de Caetano em Jaú, a situação descrita por Léo Vaz certamente ainda fazia parte da rotina escolar durante o período em que João Penteado frequentou a escola. Afinal, como visto anteriormente, Caetano encaminhou ofícios ao Inspetor Geral da Instrução Pública tão logo assumiu o cargo de professor, solicitando-lhe móveis, utensílios, livros e outros materiais indispensáveis ao ensino. Portanto, é cabível supor que o jovem João tenha aprendido a ler e escrever através do uso das mencionadas "cartas de nome" e "cartas de fora".

Léo Vaz, no mesmo texto, credita também ao professor Caetano o fato de ter guiado João Penteado em seus "primeiros passos na senda da cultura". Tal expressão pode ser apenas um recurso de retórica, colocado ao lado do verbo "alfabetizar" para realçá-lo e indicar que o aprendiz foi além da simples decodificação das letras, que se encontrava, portanto, no razoável domínio da leitura e da escrita. As fontes consultadas não esclarecem se aquela expressão foi empregada com este intuito. Ouso afirmar - sabendo de antemão que não tenho como provar - que Caetano de Camargo, em relação a João, seu aprendiz, ultrapassou o limite da alfabetização, tendo-o conduzido ao mundo dos livros.

Em seu primeiro livro publicado, citado acima, João Penteado (1944) presta uma homenagem ao professor Caetano de Camargo e, simultaneamente, faz uma reflexão crítica sobre os métodos utilizados na escola da "época do Império", a única em que estudou. Afirma que "(...) nós e nossos colegas de bancos escolares

---

14   Léo Vaz, *Prefácio*. In: Penteado, 1944, p. 9.

costumávamos fazer esforços inauditos a fim de estudarmos bem as nossas lições e nos livrarmos de alguma remessa de bolos ou de outros castigos" e as escolas eram marcadas pelo "rigor férreo da disciplina" (p. 48). Na visão retrospectiva e matizada de João Penteado, a escola naquela época era "quase sempre um suplício" (p. 49); tratava-se de uma instituição dominada pelo regime da escravidão e que teria como "modelo" o Colégio do Caraça (em Minas Gerais) e o Barão de Macaúbas (na Bahia). Penteado, neste ponto, em um ímpeto generalizante, afirma que as poucas escolas então existentes estavam mal instaladas e faziam uso de métodos antiquados. Desta forma, o domínio da leitura e da escrita, o conhecimento científico e a cultura intelectual acabavam por se tornar "privilégio das classes aristocráticas". Para ele, esta situação somente sofreria modificações com a implantação do regime republicano e as ações de Caetano de Campos e Cesário Mota (em São Paulo) e João Pinheiro (em Minas Gerais), isto é, com a criação das escolas normais e dos grupos escolares e com a adoção de obras didáticas modernas. Neste último caso, Penteado corrobora sua afirmação citando os livros da série "Rangel Pestana" e da coleção "João Köpke", assim como a "Cartilha da Infância", de Tomaz Galhardo. Estas iniciativas dos republicanos, para Penteado, foram capazes de garantir tanto "a preparação de professores primários competentes", quanto dotar as demais escolas do "preparo" e do "aparelhamento pedagógico" necessário ao desempenho de suas finalidades.

Convém observar que João Penteado, em seu livro, faz a apologia da escola republicana paulista e resgata as ações de Caetano de Campos e de Cesário Mota, consubstanciadas através da escola normal e do grupo escolar. Sua experiência escolar na infância e início da juventude, entretanto, foi a velha escola dos tempos do Império (idealizada em negativo, mitificada, matizada pelas suas experiências pessoais posteriores), marcada pela férrea disciplina e pelos castigos físicos como "motivadores" da aprendizagem.[15]

Mas então, qual foi a real homenagem prestada por João Penteado a Caetano Lourenço de Camargo, mais de cinquenta anos após sua passagem pelos bancos escolares em Jaú?

João Penteado, mesmo frequentando apenas "a velha escola do tempo do Império", foi capaz de adquirir o domínio da leitura e da escrita, o conhecimento científico e a cultura intelectual, superando assim uma situação cultural, segundo ele, comum na época, pois era marcada pelo "privilégio das classes aristocráticas" no campo do saber. Portanto, na visão de João Penteado, seu professor fez o que era possível com os recursos que dispunha; neste sentido, a velha escola do Império cumpriu o seu papel. Na visão atual, é preciso considerar que João Penteado assumiu uma postura bastante próxima da enunciada por Denice Catani (1989), ao valorizar as realizações do período áureo das reformas dos primeiros anos do regime republicano, em detrimento da antiga escola do Império e das demais realizações da Primeira República, condenadas à meia-luz pela historiografia da educação. João Penteado, assumindo esta posição, procurava afiliar-se à obra dos grandes reformadores da década de 1890?

Garantida a aprendizagem da leitura e da escrita, outros elementos de natureza sócio-cultural, presentes na conjuntura histórica do agitado período, iniciado na década de 1860 – "montante liberal", Guerra do Paraguai, reorganização dos partidos Liberal e Conservador, fundação do Partido Republicano, campanha abolicionista, Questão Religiosa e outros – foram fundamentais para potencializar sua passagem pela velha escola do Império.

---

15 Esta imagem descrita por João Penteado, sobre a educação no Império, tem despertado o interesse dos pesquisadores da área acadêmica no campo da história da educação, produzindo trabalhos questionadores.

Fernando Antonio Peres

A condição de João Penteado, como auxiliar de seu pai no trabalho postal em Jaú, é uma delas. Uma agência do correio, por mais precária que seja, constitui-se num espaço dependente da cultura letrada. No caso de Jaú no final do Império, configurou-se como uma verdadeira *ambiência letrada* para o jovem João, iniciado no mundo das letras pelo professor Caetano. Além disso, o conhecimento adquirido com a leitura das "cartas de nome" e das "cartas de fora" foi amplamente empregado pelo jovem João quando este auxiliou seu pai nas atividades postais da cidade. Neste sentido, é cabível imaginá-lo percorrendo as ruas de Jaú, entregando a correspondência a seus conterrâneos, eventualmente lendo para eles e mesmo lhes servindo como escriba. Nesta tarefa, certamente criou e alargou suas redes de sociabilidade, ao mesmo tempo em que ampliava as possibilidades de contato com materiais escritos (livros, opúsculos, almanaques, jornais), tanto aqueles que eram distribuídos pelo correio quanto os que estavam em poder dos jauenses, em suas casas e nos locais de trabalho, cujas portas estavam abertas ao jovem João, não só entregador de correspondências, mas também ledor e escriba de muitos de seus concidadãos.

João Penteado, ao descrever sua experiência educacional escolar enquanto aluno, faz um relato sobre o cotidiano marcado pela férrea disciplina e pelos castigos físicos, mas também possibilita a percepção de que os bancos escolares que ele frequentou permitiram a formação de *círculos de amizade e convivialidade* nos "saudosos tempos da infância e da mocidade".

Ademais, havia outros elementos a conformar a relação e a convivialidade em Jaú na virada do século, numa possibilidade de ampliação desses círculos. Num contexto marcado pela presença quase onipresente do catolicismo, a sociedade jauense vivenciou a penetração de outras doutrinas religiosas, desde a década de 1870, no bojo das transformações econômicas e de modernização que a afetavam naquela época.

Uma destas doutrinas foi a dos protestantes. Sebastião Teixeira (1900)[16] descreve um fato, aliás, por ele considerado bastante reprovável: a expulsão de um ministro evangélico daquela vila, em abril de 1877. Segundo este autor, João Fernandes da Gama, pastor presbiteriano, foi agredido por uma multidão durante um culto particular que se realizava na casa de um alemão residente em Jaú. Após as agressões, o pastor e um *colportor* que o acompanhava – Belarmino Ferraz, segundo Lessa (1938) – foram expulsos da vila, sem que as autoridades esboçassem qualquer reação para coibir a ilegalidade do ato. Na década seguinte, a presença do americano J. B. Howell em Jaú contribuiu para uma grande difusão das doutrinas evangélicas na região, culminando com a organização da igreja presbiteriana em abril de 1889. O reverendo John Beatty Howell (1847-1924) criou o Colégio Agrícola de Capim Fino, – numa localidade denominada de Ortigal e, depois, de Vila Ribeiro, nas cercanias de Jaú – simultaneamente uma escola prática de agricultura e um Instituto Bíblico, para formação de pastores presbiterianos. Nesta escola estudaram, dentre outros, os futuros pastores João Vieira Bizarro, Herculano Ernesto de Gouvêa e Bento Dias Ferraz de Arruda (Lessa, 1938; Levorato, 2003; Matos, 2004).

Estes fatos comprovam a presença e a atuação das denominações protestantes na vila e nas imediações de Jaú desde meados da década de 1870. Além dos protestantes, também os maçons estavam se organizando na "capital da terra roxa": a primeira loja criada na vila de Jaú (em 1875) foi a *Marquês de Pombal*, de efêmera

---

16   Teixeira, nitidamente preocupado com a modernização de Jaú em seu livro, parece ser católico, pois nele dedica sete páginas a esta religião, enquanto há apenas algumas linhas tratando da "propaganda da religião de Lutero", mais precisamente do estabelecimento da igreja presbiteriana (e não luterana!) em Jaú (p. 94).

duração, pois em 1882 já se encontrava extinta. Outra loja maçônica, a *União e Caridade Jauense*, surgiu na cidade em 26 de setembro de 1898, permanecendo em atividade até a presente data (Teixeira, 1900; Fernandes, 1955; Barata, 1999; Levorato, 2003).

Além dos protestantes e dos maçons, os espíritas também se fizeram presentes em Jaú nas décadas finais do século XIX. Giumbelli (1997) faz menção ao espiritismo como parte de um "movimento mais amplo de pluralização e fragmentação confessionais" (p. 61), que incluía, sobretudo, as denominações protestantes. Tal fenômeno também pode ser percebido em Jaú nos anos finais do Império. Nunca é demais lembrar que estes três grupos muitas vezes articularam-se em oposição aos católicos, assumindo pautas comuns e atuando em conjunto, conformando uma verdadeira rede de acatólicos, apontando para uma dinâmica social e cultural muito expressiva. A forma de organização adotada por estes grupos, baseada nas *sociedades de ideias*, permitiu a formação de uma ambiência propícia à adoção de ideários comprometidos com a modernidade, permitindo a constituição de redes e de lugares de sociabilidade. Além disso, a partir de uma tábua de valores comum, era possível adotar simultaneamente mais de um conjunto de princípios; neste sentido, o maçom poderia ser também protestante ou espírita, contribuindo para a divulgação das ideias em outros círculos. No limite, estes grupos dialogavam entre si, apoiando-se em lugares de sociabilidade – por exemplo, os jornais.

Mas convém observar que, se a presença dos protestantes e dos maçons data de meados da década de 1870, o aparecimento dos espíritas em Jaú ocorre tardiamente, ao que tudo indica na virada do século XIX; talvez apenas alguns anos antes, como se verá.

Para João Penteado, Caetano Lourenço de Camargo aparece como o professor de primeiras letras que até então havia permanecido por mais tempo na regência de uma cadeira pública na cidade (de 1883 a 1917), marcando assim a aprendizagem de toda uma geração de jovens jauenses; e como um adepto da doutrina espírita. Certamente, esta adesão constitui forte razão para explicar a ausência do professor Caetano das páginas do livro de Sebastião Teixeira, como já apontei acima.

João Penteado (1944) afirma que seu "primeiro e único professor",[17] do qual foi "aluno e grande amigo", abraçou a doutrina espírita em 1900, por ocasião da morte da esposa; até aquela data, Caetano havia sido católico praticante. A adesão de Caetano à doutrina de Kardec se estendeu ao seu ex-aluno? Caetano contava então com 37 anos, enquanto João tinha 23. Pertenciam, portanto, praticamente à mesma geração e sabe-se que a relação construída na época da escola se prolongou nos anos subsequentes.

Em Jaú, além do professor Caetano de Camargo, outra figura que certamente deixou marcas em João Penteado foi Paulino de Oliveira Maciel (1847-1925). Como aquele professor, Paulino também era um migrante, atraído a Jaú em função da riqueza do café, como se verá abaixo.

Paulino de Oliveira Maciel nasceu em Areias, município paulista localizado no Vale do Paraíba, quase na fronteira com o Rio de Janeiro. Ainda jovem e "mais ou menos alfabetizado", mudou-se para Jaú em busca do progresso que acompanhava a marcha dos cafezais. Lá exerceu a profissão de "guarda-livros

---

17　José Fernandes (1955) afirma que João Penteado também foi aluno de Pedro Balduíno de Melo Castanho. João Penteado não confirma esta informação; apenas cita Pedro Castanho em seu livro sobre os pioneiros do magistério primário (1944), como sócio do colégio de João Carlos de Albertim Duarte e professor de uma modesta escola particular instalada em uma sala de sua residência. Tinha numerosos alunos, em sua maioria, "filhos de pessoas ricas e mais ou menos bem remediadas, economicamente" (p. 64), meninos, rapazes e mesmo adultos, no ensino primário e também no secundário e nos cursos de preparatórios.

prático" de diversas firmas comerciais. "Autodidata, amante da boa leitura, aproveitava sempre toda a oportunidade para ler e interpretar bons livros e, assim, adquirir conhecimentos generalizados a respeito da cultura do espírito e da inteligência, inclusive os de religião e filosofia" (Penteado, 1953, p. 30). Contraditoriamente, João Penteado afirma ainda que, nos anos finais do Império, as leituras de Paulino limitavam-se aos almanaques e a escassos livros, numa época em que – nas palavras de Penteado – havia poucas bibliotecas, jornais e revistas ao alcance das massas populares. Entretanto, é plenamente cabível afirmar que Paulino praticava a leitura *intensiva* das supostas poucas obras a que tinha acesso, o que muda substancialmente o alcance destas suas práticas.[18]

Quanto aos almanaques, estes traziam uma ampla gama de "informações úteis", biografias, contos, poesias, passatempos diversos, artigos com informações geográficas e históricas. Paulino, por exemplo, poderia muito bem ter lido no *Almanach Litterário de São Paulo*, de 1876, um conto intitulado "Uma aventura espírita", assinado por J. P. C., residente na cidade paulista

---

18 Célia Giglio (1995) desenvolve os conceitos de leitura intensiva ("repetida inúmeras vezes") e extensiva ("quando os sinais mapeiam o conteúdo dos textos e orientam o leitor de modo que possa passar por eles apenas uma vez, seguindo para os próximos textos") ao estudar o movimento anarquista tomando como fonte principal o jornal *A Voz do Trabalhador*, órgão da Confederação Operária Brasileira, editado no Rio de Janeiro a partir de 1906. Apoia-se em Roger Chartier, quando este critica a tese de Rolf Engelsing, que afirma o caráter unilinear da leitura, na direção da extensividade, isto é, o predomínio da leitura intensiva até fins do século XVIII e extensiva a partir desta época. Aquela autora afirma que a leitura "assumiu formas diferentes entre diferentes grupos sociais em épocas diversas". Além disso, no caso do operariado brasileiro, "A leitura intensiva dos impressos se dá principalmente na circulação, quando um único suporte material para os textos é cedido, emprestado, 'esquecido' para que outros deles tomem contato ou quando os textos se caracterizam por um discurso doutrinário, veiculador de teorias que pretendem explicar o real" (p. 58-9).

de Pirassununga. Neste conto, uma das personagens simulou, com o apoio de uma amiga íntima, uma "comunicação espírita" da mãe morta para desfazer seu casamento, que foi arranjado pelo pai. Mesmo tratando a questão dos espíritos sob uma perspectiva negativa – a credulidade do velho viúvo e a sagacidade da filha em aproveitar-se das crenças do pai (para o autor do artigo, crenças estas qualificadas como "equivocadas") – a leitura deste conto poderia ter despertado nos leitores, no mínimo, a curiosidade sobre as comunicações com o "além-túmulo" e a busca por informações sobre a doutrina espírita. Ainda outro exemplo: na edição de 1885 do mesmo almanaque citado, a leitura do conto intitulado "As ruínas da Glória – conto fantástico", de Luís Nicolau Fagundes Varela (1841-1875), escrito originariamente em 1862, poderia cumprir papel idêntico, de despertar o interesse do leitor pela comunicação mediúnica. A par desta temática que podemos caracterizar como "religiosa" em sentido amplo, os almanaques disponíveis ao leitor paulista nos anos finais do Império também ofereciam consideráveis possibilidades de formação do que poderíamos designar como pensamento crítico para a época. Por exemplo, a biografia de Luiz Gama (publicada na edição de 1881 do citado almanaque) e as informações sobre João Köpke e o método João de Deus para a alfabetização das crianças (na edição de 1884).

Mais amplamente, Roni Cleber Dias de Menezes (2006), ao estudar a sociabilidade republicana nos tempos de propaganda nas décadas de 1870 e 1880, afirma que uma destas publicações periódicas, o *Almanaque Literário de São Paulo*, editado de 1876 a 1885 (com a publicação interrompida em 1882 e 1883), trazia uma grande variedade de matérias: as destinadas à distração do leitor (charadas, piadas, logogrifos, enigmas etc.); as de caráter eminentemente informativo (cômputo eclesiástico, estações do ano, eclipses e fases da lua, calendário anual, preços das passagens e horários dos trens do sistema ferroviário etc.); as de caráter publicitário e as de natureza científica e literária:

> (...) poemas e trovas populares; notícias, memórias, contos e curiosidades históricas; ensinamentos morais, comentários de costumes, ensaios filosóficos, religiosos e científicos; defesa de personalidades e agremiações políticas; perfis biográficos e arquétipos paulistas; documentos e estudos históricos; contos variados, crônicas, reminiscências, narrativas de viagem e novelas; estudos botânicos, geográficos, geológicos e literário-artísticos; sinopses e estatísticas; lendas e orações (p. 46-7).

Ou seja, o referido *Almanaque*, editado por José Maria Lisboa, tipógrafo português radicado no Brasil,[19] era uma publicação rica e diversificada, que durante oito anos prestou-se a divulgar as "experiências culturais, sociais, intelectuais, políticas e institucionais de alguns membros da propaganda republicana" (p. 46). "Dono de uma narrativa ligeira, para um público leitor variado, de formação mediana", o *Almanaque Literário*, continua Roni Menezes, "atingiu considerável sucesso, verificado, sobretudo, na leitura que dele faziam inúmeros passageiros que afluíram às viagens de trem" (p. 123). Circulava em boa parte da então província e compreendia expressões das belas-letras, enquanto uma "rede de textos de conteúdo e estatuto narrativo diversificado" (p. 124).

---

19 Lisboa, nascido em Portugal em 1838, transferiu-se para o Brasil em 1856. Em Campinas e na capital paulista, foi redator de importantes jornais da época, como o *Correio Paulistano*, a *Gazeta de Campinas*, *A Província de S. Paulo*. Associado a Américo de Campos, fundou o *Diário Popular* em 1884 (Menezes, 2006).

João Penteado: o discreto transgressor de limites

Para além destas considerações, a citada escassez de bibliotecas, jornais e livros precisa ser matizada, pois Paulino tornou-se autodidata, guarda-livros prático e foi capaz de exercer diversas atividades que exigiam certos conhecimentos especializados de leitura e escrita naqueles anos finais do Império.

Afinal, Paulino de Oliveira Maciel foi, em Jaú, vereador, intendente municipal (cargo equivalente ao de prefeito) e escrivão de paz (por duas vezes, na época do Império e nos anos iniciais do século XX). Segundo Penteado, dedicou-se, ainda, ao trabalho agrícola, em pequenos sítios localizados na área rural do município. Associou-se, durante alguns anos, a José Antonio Barbosa, negociante português radicado na cidade, participando de um empreendimento comercial. Criou, em associação com Belarmino Ferraz, Sebastião Teixeira, Joaquim Augusto Viegas, José Maria de Ávila, João Francisco Teixeira e José Batista Viegas uma pequena tipografia na cidade. Nela, o mesmo grupo editou o jornal *O Jaú* (em 1891, segundo Penteado[20]), de efêmera duração.

No final da vida, prossegue Penteado em suas notas biográficas, arruinado por causa um período de seca prolongada e de uma praga bovina que assolou a região, Paulino abandonou o trabalho no sítio e foi nomeado pelas autoridades municipais para o cargo de contínuo do Grupo Escolar "Dr. Pádua Sales" (finalmente instalado em Jaú em 1903), nele permanecendo até sua morte, aos setenta e oito anos de idade.

João Penteado foi aluno de Caetano Lourenço de Camargo, provavelmente em meados da década de 1880. Com ele, havia aprendido a ler e a escrever. Algum tempo depois, deve ter estabelecido vínculos com Paulino de Oliveira Maciel, na condição de

---

20 Adão Levorato (2003) situa a publicação do jornal "O Jahu", de Paulino de Oliveira Maciel, em 1897-1898, informação que certamente tomou de Sebastião Teixeira (1900).

carteiro particular. Nesta circunstância, poderia ter se aproxima-do de livros sobre a doutrina espírita. João Penteado afirma que ele tornou-se adepto da doutrina espírita em sua juventude, a partir dos contatos com Paulino de Oliveira Maciel:

> A sua biblioteca, apesar de não ser lá muito rica, era entretanto bem regular e boa, possuindo livros de va-lor sobre assuntos dignos de apreço (...)
> As obras de Allan Kardec e de outros autores espíritas não faltavam nas suas estantes.

> E mesmo quem estas notas escreve [João Penteado] *leu e releu* na sua biblioteca os primeiros ensinamentos sobre a filosofia espírita (Penteado, 1953, p. 53-54, grifos meus).

O jovem João, alfabetizado por Caetano em meados da déca-da de 1880, aperfeiçoou sua prática de leitura e escrita nas lides de "carteiro particular" junto à agência de correio de Jaú e, ao tornar-se órfão de pai, aprendeu as artes tipográficas. Quando e com quem adentrou ao mundo da tipografia? Uma hipótese plausível pode ser encontrada também em Paulino, na condição de editor de um jornal local, e de quem João Penteado havia se aproximado pela biblioteca e pela doutrina espírita. Lamentavelmente, as fontes dis-poníveis são insuficientes para confirmar ou refutar esta hipótese.

Segundo José Fernandes (1955), João Penteado aprendeu a arte da tipografia com José Ferreira de Albuquerque, na cidade paulista de Pirassununga, situada a cerca de cem quilômetros de Jaú. Pouco se sabe a respeito da atividade tipográfica em Pirassununga na-quela época. Nesta cidade, em 1904, Xavier de Novaes havia edi-tado o livro *Apontamentos sobre a cidade de Pirassununga*, com im-pressão na Tipografia Minerva, oficina pertencente a Albuquerque e descrita no mesmo livro como uma "tipografia de obras", isto é, uma empresa tipográfica. Albuquerque, seu proprietário, publicou ainda o semanário *A Opinião*, que circulou em Pirassununga na virada do século (Novaes, 1904). Vinte anos antes, no *Almanach de Pirassununga para o ano de 1884* lê-se que havia uma única tipografia na cidade, a Rio-Branco, de propriedade de José Peixoto da Motta Júnior, o editor do almanaque.

De qualquer forma, os anos finais do Império e os primeiros da Primeira República foram cruciais para a formação de João Penteado, e para a manifestação de suas múltiplas faces. Segundo João Penteado, a cidade de Jaú padecia de uma crônica escassez de livros e de jornais. Sem elementos para confirmar ou refutar esta afirmação, pode-se supor que esta situação certamente alterou-se a partir da chegada do transporte ferroviário na cidade. A ferrovia, meio de transporte moderno que permitia o escoamento da produção cafeeira e trazia braços para a lavoura, também favorecia a chegada de livros e jornais. Também convém não esquecermos que os recém-chegados, fossem migrantes ou imigrantes, além da força dos braços, também eram portadores de ideias, algumas delas bastante avançadas para a época. Portanto, podemos afirmar que havia um clima de *fermentação* e *circulação* de ideias na sociedade jauense desde meados da década de 1880, do qual João Penteado participou ativamente. Esta propícia ambiência surgiu a partir da constituição das sociedades de ideias, que reuniam uma ampla gama de manifestações socioculturais, por conta de sua composição diversificada: tipógrafos, professores, maçons, protestantes, espíritas.

A atividade tipográfica de João Penteado pode ter sido um mecanismo para sua aproximação com o jornalismo, na medida em que, naquela época, os tipógrafos eram também editores e escritores e, frequentemente, sustentavam periódicos e publicavam jornais.

Mas não foi sempre assim. Carlos Rizzini, em sua obra clássica intitulada *O livro, o jornal e a tipografia no Brasil*, publicado em 1946, afirma que

> (...) do primeiro livro à primeira gazeta impressa transcorreram 150 anos, de onde se conclui que a relação entre a tipografia e o jornal é a mesma entre o tear mecânico e o pano: relação de aperfeiçoamento. E o mais extraordinário é que, nascendo na constância das letras móveis, quando já elas funcionavam por toda parte, o jornal nascesse manuscrito, e por dilatado tempo manuscrito ficasse, suplantando com o seu espírito propriamente jornalístico as nossas insossas folhas impressas, oficiais e oficiosas, que aos poucos foram brotando (p. 42).[21]

Rizzini explica esta longa distância entre a tipografia e o jornalismo a partir de dois fatores: a perseguição dos governos, que condenou à clandestinidade os primeiros jornais; e o elevado preço dos trabalhos tipográficos. Além disso, afirma este autor que foram os "correios, e não a tipografia, a determinante do periodismo". Ainda explica: "o que a informação precisava para atingir o seu fim não era ser escrita desta ou daquela maneira, mas ser regularmente transmitida do redator ao leitor" (p. 42), o que se aplica ao caso de João Penteado e do correio em Jaú.

A imprensa em Jaú, nos anos finais do Império e na primeira década republicana, acompanhando um fenômeno generalizado no país, conheceu intensa atividade, com a publicação de inúmeros periódicos, quase todos de efêmera duração. Sebastião Teixeira,

---

21 Segundo Rizzini, a *Bíblia de 42 linhas*, primeiro incunábulo, é de 1456; o primeiro jornal impresso, o *Nieuwe Tijdinghen*, de 1605; e o primeiro jornal escrito, do segundo quartel do século XVI, anterior a 1551.

João Penteado: o discreto transgressor de limites

que em seu já citado livro compreensivelmente identifica a imprensa como um dos principais fatores de progresso de uma sociedade, apresenta uma detalhada relação dos jornais publicados em sua cidade natal neste período. Os primeiros jornais de Jaú, ainda no Império, foram editados por ele mesmo e por João F. Teixeira, na época caixeiros de uma casa comercial; foram *O Pequeno Impresso* e *A Luz*. Nos anos seguintes, permaneceu em Jaú este vínculo entre o comércio e os jornais, numa demonstração da validade da percepção dos setores ligados ao comércio como o polo dinâmico da sociedade, nos termos propostos por Marisa Midori Daecto (2002) para a capital paulista e Flávia de Oliveira (1997), para a própria cidade. Em 1888 surgiram em Jaú *O Despertador*, de José d'Ávila e *O Jahuense*, editado na tipografia pertencente a Belarmino Ferraz. Em 1889 ressurgiu *O Despertador*, de José d'Ávila e João Teixeira, que durou até o ano seguinte. Em 1890 e 1891 foi publicado o jornal *Cidade de Jahú*, sob responsabilidade da Empresa Tipográfica e Jornalística de Jahú. Em 1893 surgiram: a *Gazeta do Jahú*, sob responsabilidade da mesma empresa e direção de Valentim Butler Browne e João Batista Viegas; e a *Cidade do Jahú*, editada em Campinas sob os auspícios de João F. Teixeira e João Costa e que durou até o ano seguinte. Em 1895 veio à luz o *Commercio do Jahu*, editado por Sebastião Teixeira, e o *Correio do Jahu*, de propriedade de Joaquim Augusto Viegas, impresso em oficina tipográfica própria. Em 1897 surgiu *O Jahu* (que durou até o ano seguinte), editado por Paulino de Oliveira Maciel, em oficina tipográfica própria, depois adquirida por José d'Ávila. Destes, apenas o *Correio do Jahu* ainda era editado em 1900, ano da publicação do já citado livro de Teixeira. Adão Levorato (2003) completa as informações sobre a imprensa jauense no alvorecer do século XX e em sua primeira década: em 1902 surgiram *O Município*, de Orlando Martins e *O Povo*, de Vitor Curvelo d'Ávila Santos e Américo Fraga; no ano seguinte, apareceu o *Diário do Jahu*, sob os auspícios de João Teixeira; em julho de 1908 foi relançado o *Commercio do Jahu* – sem vínculo com o jornal de Sebastião Teixeira a não ser a adoção do mesmo título – sob responsabilidade dos irmãos Álvaro e Gumercindo da Silva Floret; e em 1910 surgiram *O Imparcial* e o *Jornal do Jahu*. Destes jornais, apenas o *Commercio do Jahu* sobreviveu, sendo editado até os dias de hoje.

Neste quadro de uma imprensa local rica, diversificada, porém efêmera, dada sua própria natureza, de divulgadora de ideias, é provável que João Penteado tornara-se um aprendiz de tipógrafo, talvez em Pirassununga, e que tenha retornado a Jaú para ajudar na edição do jornal de Paulino, *O Jahuense*, em 1897-98.[22] Retomando a metáfora de Ginzburg, pelos rastros que nos chegaram, não há como sabermos muita coisa sobre as atividades tipográficas de João Penteado – só podemos levantar hipóteses.

É totalmente possível, porém, afirmar que João Penteado fazia parte de um círculo de pessoas que se dedicavam às atividades tipográficas e jornalísticas em Jaú, constituído (segundo ele mesmo, no seu livro *Digressão histórica através da vida de Jaú*) por Paulino de Oliveira Maciel, Belarmino Ferraz, Sebastião Teixeira, Joaquim Augusto Viegas, José Maria de Ávila, João Francisco Teixeira e José Batista Viegas, dentre outros.

Em segundo lugar, que Paulino foi um elemento de ligação de João Penteado nesse universo letrado dos tipógrafos. Segundo Léo Vaz,[23] que foi aluno interno do Ateneu Jauense e que, anos depois,

---

22 Embora José Fernandes (1955) afirme que João Penteado, nesta ocasião, tenha se empregado no comércio e tentado "as lides da lavoura" (p. 26), cita também que ele havia editado uma folha literária na cidade de Porto Ferreira, denominada *O Vento* e um jornal chamado *O Operário*, na cidade de Jaú.

23 Léo Vaz, como ficou conhecido Leonel Vaz de Barros, nasceu na cidade paulista de Capivari em 1890. Aos dois anos, mudou-se com a família para Piracicaba, onde frequentou o Jardim de Infância anexo ao Colégio Americano, mantido

escreveria o prefácio do livro *Pioneiros do magistério primário*, do amigo João, este foi um excelente tipógrafo:

> Conheço João Penteado desde mocinho, o que representa um bom rol de anos. Era ele já exímio tipógrafo, e neste mister, por onde igualmente começou o grande Machado, também ele, como emérito autodidata que é, lutando com não poucas nem pequenas dificuldades, e *cerceado por uma soma de nobres escrúpulos e princípios morais e filosóficos* que muito o dignificam, conseguiu ir *acumulando os elementos de uma bela cultura*, e fazer-se por seu turno professor e educador, que é a profissão que hoje com a maior proficiência exerce (Léo Vaz, *Prefácio*. In: Penteado, 1944, p. 8; grifos meus).

Que "nobres escrúpulos e princípios morais e filosóficos" eram esses, referidos por Léo Vaz, que naquele momento cerceavam as atividades tipográficas de João Penteado?

por missionários norte-americanos. No começo do século XX, veio para a capital paulista e matriculou-se na Escola Americana. Estudou também no Ateneu Jauense. Retornou a Piracicaba para matricular-se na Escola Complementar, diplomando-se em 1911. Exerceu, por algum tempo, o magistério: foi adjunto do Grupo Escolar de Itápolis (1914-18) e lente substituto de francês da Escola Normal de São Paulo (1921-23). Trabalhou também como bibliotecário da Faculdade de Direito e da Assembleia Legislativa de São Paulo. Fez jornalismo no interior do estado até 1912, colaborando na imprensa de Piracicaba, Rio Claro, Jaú, Amparo, dentre outras. Em 1918, entrou para a redação do jornal *O Estado de S. Paulo*, nele chegando ao posto de redator-chefe e diretor. Fundou a *Folha da Noite* (em 1921) e o *Diário da Noite* (em 1925). Foi o supervisor da *Revista do Brasil*, a convite de Monteiro Lobato. Escreveu para vários jornais e revistas do Brasil, além de publicar romances e contos (Melo, 1954). Na época em que foi interno do Ateneu Jauense (1906-7), Léo Vaz publicou seu primeiro texto literário, em capítulos, no jornalzinho *Ateneu* (Mattos, 2009). A temática do magistério, autobiográfica ou não, apareceu em seu romance mais conhecido, *O professor Jeremias* (1920), dedicado, entre outros, a Argymiro Acayaba, o que sugere a possibilidade de uma rede de sociabilidade aproximando estas figuras.

Fernando Antonio Peres

A meu ver, na virada do século, tratava-se da doutrina espírita. Esta, mais do que a prática da arte tipográfica, detinha condições de favorecer as aproximações ocorridas nos grupos de que tratei acima, através dos mecanismos das sociedades de ideias. Assim, neste sentido, daquele grupo de convivialidade em Jaú e cercanias, Paulino de Oliveira Maciel certamente também foi uma figura fundamental para a adesão de João Penteado à doutrina espírita, que era divulgada no Brasil desde meados do século XIX.

HOMENS DE IDEIAS GRANDIOSAS E GENEROSAS

Paulino pode ser considerado como o pioneiro na propaganda das ideias espíritas[24] em Jaú, apesar de não haver registro da data precisa e das circunstâncias que acompanharam esta difusão.

---

24 Há poucos trabalhos acadêmicos sobre a presença dos *espíritas* no Brasil, sobretudo no campo educacional, exceto se considerarmos a produção dos "historiadores espíritas" – ou "espíritas historiadores" – cujos escritos "historiográficos" encontram-se, muitas vezes, no campo da apologética, com pouca reflexão crítica. Além disso, como os próprios espíritas afirmam, há entre eles uma "falta de hábito e de esclarecimento sobre a importância de se conservar os documentos, dar a eles uma organização mínima e torná-los acessíveis para consulta" (Motta, 2003, p. 57), sobretudo nos milhares de centros e núcleos espíritas espalhados pelo país. Ainda não traduzidos para o português, temos os livros: *Radical spirits: spiritualism and women's rights in nineteenth-century America*, de Ann Braude (1989) e *La voix des esprits - ethnologie du spiritisme*, de Christine Bergé (1990). Em recente tradução (2009), temos *La table, le livre e les esprits*, de Marion Aubrée e François Laplantine (1990). No campo acadêmico brasileiro, temos os livros de Cândido Procópio Ferreira de Camargo, clássicos sobre o tema, que ainda conservam sua relevância: *Kardecismo e umbanda* (1961), *Aspectos sociologicos del espiritismo en* São Paulo (1961) e *Católicos, protestantes, espíritas* (1973). Há ainda: *O mundo invisível: cosmologia, sistema ritual e noção de pessoa no espiritismo* (1983); *Os intelectuais e o espiritismo: de Castro Alves a Machado de Assis*, de Ubiratan Paulo Machado (1983); *Vida e morte: o homem no labirinto da eternidade* (1993); *Luiz Olímpio Telles de Menezes: os primeiros momentos da edição kardecista no Brasil*, de Magali Oliveira Fernandes (1993); *Da elite ao povo: advento e expansão do espiritismo no Rio de Janeiro*, de Sylvia Damazio (1994); *A educação segundo o espiritismo*, de Dora Incontri (1997); *O cuidado dos mortos: uma história da condenação e legitimação do espiritismo*, de Emerson Giumbelli (1997); *O espiritualismo no século XIX*, de Eliane Moura da Silva (1997); *Ideias sociais espíritas,*

Em artigo publicado recentemente no jornal *Comércio do Jahu*, na coluna intitulada "Nossa história",[25] cita-se o fato de que as primeiras reuniões dos espíritas em Jaú ocorreram em 1904, na casa de Paulino, na esquina das ruas Edgard Ferraz com Riachuelo, o que de certo modo confirma as informações apresentadas por João Penteado. Neste ponto, é possível afirmar que o mecanismo das sociedades de ideias implica numa prática comum a vários grupos (protestantes, anarquistas, dentre outros): de que o acesso à literatura espírita tenha precedido e reforçado as adesões ou "conversões" (Caetano, em 1900, por ocasião da morte da esposa). As reuniões dos espíritas da cidade ocorreram em 1904, na casa de Paulino e, anos depois, em 1909, foi organizado o primeiro centro espírita de Jaú. A partir do microclima favorável à difusão de novas ideias, constituíram-se as redes de sociabilidade, que conjuntamente promoveram o aparecimento dos lugares de sociabilidade,

---

de Cleusa Beraldi Colombo (1998); *Entre dois mundos: o espiritismo da França e no Brasil*, de Sandra Jacqueline Stoll (1999); *Geografia do (in)visível: o espaço do kardecismo em São Paulo*, de Alberto Pereira dos Santos (1999); *Os espíritas e as letras: um estudo antropológico sobre cultura escrita e oralidade no espiritismo kardecista*, de Bernardo Lewgoy (2000); *Pedagogia espírita: um projeto brasileiro e suas raízes histórico-filosóficas*, de Dora [Alice Colombo] Incontri (2001); *Espiritismo: história e poder (1938-1949)*, de Fábio Luiz da Silva (2005); e *Eurípedes Barsanulfo, um educador de vanguarda na Primeira República*, de Alessandro César Bigheto (2006). Duas obras podem ser classificadas como publicações de documentos: *O espiritismo no Brasil (ecos de uma viagem)*, de Isidoro Duarte Santos (1960), memórias; e *Textos pedagógicos*, de Léon H. D. Rivail (2005). No campo dos espíritas fazendo história, cito três exemplos: *Grandes espíritas do Brasil*, de Zeus Wantuil (1969); *Grandes vultos do espiritismo*, de Paulo Godoy (1981); e *Nova história do espiritismo: dos precursores de Allan Kardec a Chico Xavier*, de Dalmo Duque dos Santos (2007). A este grupo acrescentaria ainda as obras de Eduardo Carvalho Monteiro, em que o ofício de historiador parece predominar sobre a condição de espírita: *USE: 50 anos de unificação* (1997); *100 anos de comunicação espírita em São Paulo, 1881-1981* (2003); *Anália Franco: a grande dama da educação brasileira* (2004); *Maçonaria e espiritismo: encontros e desencontros: as relações de Allan Kardec e Léon Denis com a maçonaria* (2007).

25 Edição de 18/11/2006. Esta coluna é escrita por José Renato de Almeida Prado, tendo como fonte principal de pesquisa a coleção do mesmo jornal, ainda editado em Jaú.

com o estabelecimento do centro espírita e das obras de benemerência, numa aplicação dos mecanismos das sociedades de ideias, característica dos espíritas em São Paulo.

Paulino de Oliveira Maciel, como exemplo de prática de benemerência, "de acordo com a sua consciência de espírita e cristão, que sempre foi neste mundo" (Penteado, 1953, p. 49), também manipulava e distribuía medicamentos homeopáticos[26] para a população pobre da cidade, além de ter participado da fundação da Irmandade da Santa Casa de Misericórdia de Jaú.

Paulino criou o primeiro núcleo espírita da cidade – o Centro "União, Paz e Caridade" – cujas reuniões ocorriam, segundo João Penteado, à noite, nas dependências do cartório em que era escrivão.[27] Faziam parte deste centro, além do próprio Paulino: Manoel Ferreira Paranhos, Damásio de Oliveira, José Condes, Antonio Bartelotti, João Penteado, Domingos Laprega, José Musitano,[28] João de Oliveira e Bento de Siqueira, dentre outros (Penteado, 1953).[29]

---

26   A medicação homeopática foi uma das práticas mais marcantes dos grupos espíritas no Brasil desde os primórdios da divulgação da doutrina kardecista. Ver, por exemplo, a atuação de Eurípedes Barsanulfo na cidade mineira de Sacramento (Bighetto, 2006) e as atividades da Federação Espírita Brasileira, criada em 1884 no Rio de Janeiro (Giumbelli, 1997; Silva, 2005).

27   As fontes divergem quanto ao local da reunião dos primeiros espíritas de Jaú: casa de Paulino ou cartório em que ele trabalhava? Talvez a questão possa ser resolvida ao se considerar que, ainda no início do século XX, muitas atividades públicas eram desenvolvidas nas casas dos funcionários, conforme indicado nos jornais.

28   Há fortes indícios que José Musitano, citado por João Penteado como um dos pioneiros da divulgação da doutrina espírita em Jaú, também tenha integrado a Loja Maçônica "União e Caridade Jauense", na condição de vigilante, na mesma diretoria em que atuou Tasso de Magalhães, diretor do *Jahu Moderno*. Sobre este jornal, comento adiante.

29   Curiosamente, João Penteado não cita Caetano Lourenço de Camargo como participante deste primeiro centro, fundado em 1904. Como o centro que surgiu cinco anos depois – e considerado pela literatura espírita como o primeiro da cidade – tem outro nome e foi dirigido por Caetano, é plenamente possível que fossem dois centros distintos, indício de que havia cisões entre os pioneiros do

João Penteado: o discreto transgressor de limites

Então, como já visto acima, João Penteado tornou-se adepto da doutrina espírita quando jovem, por conta dos contatos com Paulino. A *biblioteca* deste permitiu a aproximação de João Penteado com a doutrina espírita, num processo de circulação de ideias através de materiais impressos. Mas convém lembrar que esta aproximação também pode ter ocorrido no cartório que à noite era transformado em centro espírita, numa tipografia ou jornal em que o jovem João trabalhava ou através da prática da homeopatia, dentre outras hipóteses que evidenciam a formação de círculos de convivialidade e lugares de sociabilidade bastante ativos em Jaú entre os anos finais do Império e a virada do século. Convém observar que João Penteado, escrevendo meio século após os acontecimentos narrados, avalia a qualidade da biblioteca de Paulino em função da existência, nela, de literatura espírita, relatando ainda que ali havia livros sobre outros assuntos, "dignos de apreço", sem citá-los nem descrevê-los.

Portanto, a biblioteca de Paulino Maciel e os círculos de convivialidade que se criaram em Jaú foram fundamentais na formação do jovem João Penteado. Neste sentido, seria bastante promissor para a sua compreensão saber quais outros "livros de valor sobre assuntos dignos de apreço" constavam da biblioteca de Paulino, à disposição de sua leitura atenta, intensiva. No entanto, não há indícios sobre o que ocorreu com a biblioteca de Paulino, nem consta que a mesma tenha sido inventariada.

Talvez nas estantes de Paulino estivesse presente o primeiro livro sobre espiritismo publicado no Brasil, ainda que em língua francesa, no ano de 1860. Refiro-me à obra *Les temps sont arrivés*, de Casimiro Lieutaud,[30] considerada como o marco inicial

---

kardecismo em Jaú.

30   Lieutaud era diretor do Colégio Francês do Rio de Janeiro e autor de uma gramática francesa de ampla aceitação nas escolas do país.

das publicações de Kardec no Brasil (Monteiro e D'Olivo, 1997; Hallewell, 1985). Emerson Giumbelli (1997) já havia notado que *O livro dos espíritos*, primeira obra de Kardec, chegou ao Brasil em torno deste mesmo ano de 1860, na bagagem dos viajantes e imigrantes franceses que se estabeleceram no Rio de Janeiro, grupo constituído de professores, jornalistas e comerciantes, alguns dos quais imbuídos também de ideias socialistas.

Certamente, havia naquela biblioteca as obras básicas da codificação espírita, como os adeptos da doutrina costumam designar os escritos de Allan Kardec. *O Livro dos Espíritos* e *O Livro dos Médiuns* foram publicados em português no ano de 1875, em tradução de Joaquim Carlos Travassos (1839-1915). A casa publicadora foi a de Baptiste Louis Garnier, livreiro francês radicado no Rio de Janeiro e amigo de Travassos. No mesmo ano viria à luz, pela mesma casa editora, o livro intitulado *O Céu e o Inferno*; e no ano seguinte, *O Evangelho segundo o Espiritismo*. *A Gênese* foi publicada em 1882. Além desses livros, é possível que Paulino também tivesse conhecido e adquirido as publicações periódicas de conteúdo espírita: *O Echo d'Além Túmulo*, *Monitor do Spiritismo no Brazil*, impresso por Luís Olímpio Telles de Menezes,[31] em Salvador, a partir de 1869; a *Revista Espírita: jornal de estudos psicológicos*, editada em São Paulo a partir de 1858; e sua congênere carioca, publicada na Corte a partir de 1875 por Antônio Silva Neto (1836-1905). Estas duas últimas eram traduções da *Revue Spirite*, editada em Paris por Kardec. Outro poderoso instrumento de divulgação da doutrina kardecista e que talvez tivesse chegado às mãos de Paulino Maciel foi a revista *Reformador*, editada por Augusto Elias da Silva (1848-1903) no Rio de Janeiro desde 1883 e que se tornaria órgão oficial

---

31 Segundo Giumbelli (1997), Teles de Menezes era professor e jornalista; seu livro *O espiritismo: introdução ao estudo da doutrina espírita*, em 1866, foi uma das primeiras obras sobre o espiritismo publicadas em português no Brasil.

da Federação Espírita Brasileira – FEB, fundada na mesma cidade em 1884 (Hallewell, 1985; Monteiro e D'Olivo, 1997). É bastante provável, pelas razões citadas acima, que parte destas obras espíritas estivesse presente nas estantes de Paulino, constituindo uma parcela da coleção de "livros de valor sobre assuntos dignos de apreço", de conteúdo espírita, a qual João Penteado teve acesso em sua juventude.

Convém aqui que se resgate a compreensão de Emerson Giumbelli (1997) de que a introdução da doutrina espírita no Brasil deve ser percebida como parte de um contexto mais amplo, num momento em que várias outras correntes de ideias de origem europeia estavam "invadindo" a intelectualidade nacional. Este autor observa que os círculos espíritas mantinham. então. um diálogo com as três mais notáveis manifestações destas ideias de origem europeia: o positivismo, o cientificismo e o catolicismo. Assim, segundo este autor, os espíritas aproximaram-se dos positivistas através dos maçons, defendendo causas abolicionistas e republicanas; dialogaram com o cientificismo através dos embates com a classe médica brasileira; e conflitaram com o catolicismo de orientação ultramontana. Trata-se de "um bando de ideias novas [que] esvoaçava sobre nós de todos os pontos do horizonte", na frase de Sílvio Romero utilizada por Roque Spencer Maciel de Barros para analisar e buscar compreender a ilustração brasileira nos anos finais do Império. Assim Jaú, enquanto localidade permeada pela expansão econômica promovida pelo café, acompanhada da imigração europeia e da renovação cultural, também era muito afetada por esta efervescência de ideias.

Em Jaú, Paulino poderia também ter lido – e colecionado – os artigos que Adolpho Bezerra de Menezes, futuro líder dos espíritas no Brasil, havia publicado, de 1886 a 1893, sob o pseudônimo de Max, no jornal carioca *O Paiz*, dirigido por Quintino Bocaiúva.

Além disso, os materiais impressos que davam suporte à divulgação da doutrina espírita em Jaú poderiam ter sua origem no próprio território paulista.

Na então província de São Paulo. a mais antiga presença documentada dos discípulos de Kardec foi o Grupo Espírita "Fraternidade Areense", criado no município de Areias pelo coronel Joaquim Silveira Monteiro Leite, que em 1882 publicou o jornal *União e Crença* (Monteiro e D'Olivo, 1997). Esta folha espírita poderia ter chegado às mãos de Paulino de Oliveira Maciel, natural de Areias, que tinha então 35 anos e já residia em Jaú há mais de uma década.

Antonio Gonçalves da Silva (1839-1909), conhecido nos meios espíritas como Batuíra, atuava na capital de São Paulo, desde 1889, em prol da difusão das ideias de Kardec. A partir de 1890, Batuíra iniciou a publicação de um periódico intitulado *Verdade e Luz*, com tiragem inicial de dois mil exemplares, impressos na Tipografia Espírita, de sua propriedade.[32] Além da divulgação da doutrina espírita através da imprensa, também se dedicou às atividades práticas em um centro espírita (também denominado "Verdade e Luz", como o jornal que publicava), e atuou na área da benemerência, com a criação da Instituição Cristã Beneficente (1904). Batuíra foi responsável pela primeira ação com vistas a unificar os adeptos da doutrina espírita no estado, através da criação da União Espírita do Estado de São Paulo (1908), entidade que buscava congregar – sob regime federativo – centros e grupos familiares espíritas em todo o território paulista.[33] Estas ações de Batuíra poderiam ter ecoado

---

32　Aubrée e Laplantine citam uma publicação anterior na capital paulista a partir de 1886, a chamada revista *Espiritualismo Experimental*, editada por Santos Cruz Junior.

33　Um destes centros foi fundado por Cairbar Schutel em Matão, cidade paulista situada a cerca de 300 km da capital e a 60 km de Jaú. Filho de uma família católica de origem suíça, nascido no Rio de Janeiro em 1868, Cairbar Schutel, após passar por Araraquara e Piracicaba, estabeleceu-se em Matão em fins do século XIX.

em Jaú, contribuindo para a adesão de jauenses à doutrina espírita. O novo centro espírita que se constituiu na terra natal de João Penteado, fundado formalmente em setembro de 1909, recebeu a denominação de "Verdade e Luz", a mesma do periódico e do centro dirigidos por Batuíra na capital, o que é em si revelador de vínculos entre os grupos espíritas citados. Este centro era presidido por Caetano Lourenço de Camargo.

Em 1915, foram publicados os estatutos do Centro Espírita Verdade e Luz de Jaú, empregando a mesma denominação do centro e da revista de Batuíra.[34] Sua diretoria, eleita no ano anterior, era constituída por Caetano Lourenço de Camargo, Maria Barbosa Acayaba, Gabriela Barbosa Acayaba, Antonio Costari, Maria Castellini Millan, Vicentina Elisa de Camargo, Margarida Ferrari, Rosa Brunalti, Olympia Bueno de Camargo, Genebra Vecchi, Amália Poletto, Alzira Barbosa Acayaba, Abel Pereira de Macedo, Braz Miraglia, Antonio Diniz da Costa Guimarães e Argymiro Acayaba. Três observações podem ser feitas acerca dessa diretoria: a presença de quatro membros da família Acayaba, sete diretores com sobrenomes de origem italiana e dez mulheres, num total de dezesseis pessoas. Este centro centenário, ainda em funcionamento em Jaú, confirma a afirmação de Aubrée e Laplantine (1990) de que o espiritismo foi um movimento social característico das populações de migrantes e comprometido com a liberação da mulher, dentre outras propostas. Convém observar que Paulino de Oliveira Maciel ainda vivia nesta época, mas não fez parte da

---

Em 1904, converteu-se ao espiritismo a partir da leitura da revista *Reformador* e das obras de Kardec nela anunciadas. No ano seguinte, fundou o Centro Espírita "Os Amantes da Pobreza" e passou a publicar o periódico *O Clarim*. Aubrée e Laplantine (1990, p. 138) mencionam o fato de que as primeiras edições d'*O Clarim* foram impressas por um anarquista da cidade de Taubaté, até que o centro espírita de Matão adquirisse uma prensa.

34 *Diário Oficial de São Paulo*, 08/02/1915.

diretoria deste centro, indício de que havia dissonâncias entre os espíritas de Jaú.

O quadro descrito acima permite que se considere a hipótese de que o período compreendido entre os anos finais do Império e as duas primeiras décadas republicanas foi particularmente fértil para a difusão da doutrina espírita em São Paulo. As condições favoráveis que estavam postas manifestavam-se através de alguns elementos de grande visibilidade, tais como: a tradução e publicação dos principais livros de Allan Kardec; o fomento do debate através da grande imprensa; a edição de periódicos de orientação declaradamente espírita; a criação de centros e de grupos familiares, de instituições de benemerência e de órgãos que se propunham a promover a unificação dos aderentes ao ideário criado por Kardec. Num contexto de prosperidade econômica crescente e de conformação de meios de transporte e comunicação eficazes, como era o caso da malha ferroviária paulista, tais elementos sustentavam os círculos de convivialidade, particularmente em locais de grande efervescência social e cultural, seja a capital paulista, sejam as cidades que brotavam na região do Oeste Novo de São Paulo, como era o caso de Jaú entre 1870 e 1900. Esta efervescência social – elemento menos visível pelo que afirma a literatura tradicional – permitiu a mobilização de setores sociais médios, em *transição*, que buscavam romper com a sociedade do passado e avançar para outra conformação social. Afinal, como já visto anteriormente, nos termos propostos por Furet (1989) e Bastian (1989), a difusão das sociedades de ideias efetivou-se a partir da "disponibilidade de um corpo social que perdeu seus princípios tradicionais", isto é, ocorreu entre as "camadas sociais em transição".

Afinal, quais motivações foram mobilizadas, a ponto de lançar um punhado de homens e de mulheres a afastar-se da sociabilidade católica e abraçar uma nova doutrina, a partir da leitura de livros e de periódicos?

Neste ponto, com a finalidade de melhor compreender a propagação da doutrina espírita e a adesão de jauenses (entre eles, João Penteado), faço algumas breves considerações sobre a mesma, tal qual foi formulada por Allan Kardec e divulgada, em São Paulo, através da publicação de livros e de periódicos.[35] Destaco da doutrina espírita as questões que considero mais relevantes para este estudo.

A doutrina espírita segundo Kardec

O livro dos espíritos, publicado pela primeira vez na capital francesa, em 1857, constitui a obra básica da codificação kardequiana.[36] Utilizando-se do diálogo como gênero narrativo, expunha a seus leitores um conjunto de respostas dadas mediunicamente pelos próprios espíritos a partir de questões formuladas por Kardec. Este afirmava apenas ter organizado e comentado as revelações dos espíritos.

---

35 Kardec, para marcar posição e diferenciar a doutrina que estava "codificando" de outras semelhantes, cria as palavras "espiritismo" e "espírita". Neste sentido, a primeira frase d'*O Livro dos Espíritos* é: "Para as coisas novas necessitamos de palavras novas...". Aubrée e Laplantine (1990) apontam para a diferenciação histórica ocorrida entre o espiritualismo anglo-saxão e o espiritismo, motivado pela crença na reencarnação (Kardec) e pela sua negação (espiritualismo anglo-saxão). Há pesquisadores (entre os quais Cândido Procópio Ferreira de Camargo) que consideram a existência das "religiões mediúnicas no Brasil", que incluiria o "espiritismo kardecista" e as "religiões afro-brasileiras".

36 A codificação espírita foi completada por outras obras de Kardec: *O livro dos médiuns* (1861), dedicado à parte prática ou experimental da doutrina, obra metodológica voltada para os mecanismos de comunicação com os espíritos; *O evangelho segundo o espiritismo* (1863), coletânea de textos extraídos dos evangelhos e acompanhados de comentários de Kardec e dos espíritos superiores; *O céu e o inferno ou a justiça divina segundo o espiritismo* (1865) e *A gênese* (1868). *Obras póstumas* (1890) é uma coletânea de textos que Kardec havia publicado na *Revista Espírita* e de outros, inéditos à época da publicação. *O que é o espiritismo* (1859) é um pequeno livro de introdução à doutrina. Neste estudo, emprego as obras de Kardec publicadas pela Livraria Allan Kardec Editora (LAKE), casa publicadora de São Paulo. As traduções foram efetuadas por J. Herculano Pires.

O livro era, portanto, um compêndio dos ensinamentos dos espíritos superiores, que foi escrito "para estabelecer os fundamentos de uma filosofia racional, livre dos prejuízos do espírito de sistema".[37]

Em que consistia esta *filosofia racional*?

O espiritismo afirmava-se como uma doutrina que, mesmo tendo uma origem divina, foi elaborada como "resultado do trabalho do homem", a partir do emprego do método experimental, à semelhança do que ocorre com as ciências positivas, sem se valer de nenhuma teoria preconcebida, mas a partir da observação dos fatos. "Não foram os fatos que vieram posteriormente confirmar a teoria, mas foi a teoria que veio subsequentemente explicar e reunir os fatos". No mesmo sentido, Kardec afirma que a ciência e o espiritismo se completam um pelo outro, ao explicar, respectivamente, os fenômenos do mundo material e do mundo espiritual.[38]

Além disso, Kardec também eliminou o maravilhoso e o sobrenatural da vida humana: "As comunicações entre o mundo espírita e o mundo corpóreo pertencem à Natureza e não constituem nenhum fato sobrenatural". Justificou então, as sucessivas encarnações dos seres humanos (pluralidade das existências) apontando-lhe como finalidade "pôr o Espírito em condição de enfrentar a sua parte na obra da Criação", seja como expiação de faltas cometidas seja como uma missão, através da qual haveria sua progressão moral. Assim, a reencarnação tinha como finalidade a expiação das faltas humanas, para proporcionar o "melhoramento progressivo da Humanidade"; e como fundamento, a justiça divina, pois "um bom pai deixa sempre aos filhos uma porta aberta ao arrependimento". Para os espíritas, "não há muitas espécies de homens, mas apenas homens, seres humanos cujos espíritos são mais ou menos atrasados, mas sempre suscetíveis de progredir".

---

37 *O livro dos espíritos*, Prologômenos.

38 *A gênese*, 1, 14.

Segundo a doutrina de Kardec, todos os espíritos foram criados simples e ignorantes; mas ao escolherem o caminho que desejam trilhar, mediante expiações e missões sucessivas, eles adquirem experiência e poderão assim progredir. Desta forma, a lei natural contribui para o progresso da Humanidade. Em outras palavras, o progresso intelectual conduz ao progresso moral na medida em que o desenvolvimento da inteligência provoca o desenvolvimento do livre arbítrio e permite, aos seres humanos, maior responsabilidade sobre seus atos. "A Humanidade progride através dos indivíduos que se melhoram pouco a pouco e se esclarecem; quando estes se tornam numerosos, tomam a dianteira e arrastam os outros". Neste sentido, "a liberdade de consciência é uma das características da "verdadeira civilização e do progresso"; a liberdade de pensar conduz à liberdade de agir, reforçando o livre arbítrio e contribuindo para o melhoramento de toda a sociedade humana.[39]

Ao afirmar o estatuto científico da filosofia racional que se divulgava ao mundo, Kardec proclamava a nova doutrina como "o mais poderoso auxiliar da religião". A doutrina espírita não era, portanto, uma nova religião; sua principal contribuição para o progresso humano situava-se no combate ao materialismo e na categórica afirmação da sobrevivência do espírito após a morte do corpo físico. A vida do ser humano deveria basear-se no cumprimento da lei natural e dos princípios morais. "A lei natural é a lei de Deus", que se encontra escrita "na consciência" das pessoas e a moral nada mais é do que a "regra da boa conduta", da "distinção entre o bem e o mal". O bem é tudo que se encontra de acordo com a lei de Deus e o mal é o que se afasta desta mesma lei. A justiça divina manifesta-se então na medida em que o homem descumpre a lei de Deus: "A lei natural traça para o homem o limite das suas necessidades;

---

39   *O livro dos espíritos*, itens 115, 132, 167, 171, 222, 776, 785, 837, 843.

quando ele o ultrapassa é punido pelo sofrimento".[40] Trata-se do que se pode chamar de *síntese ética* do ideário de Kardec, que se encontra na "parte moral" dos Evangelhos. Esta parte exige "a reforma de cada um", isto é, a mudança de comportamento e o aprimoramento de cada indivíduo. Trata-se de um verdadeiro "código de moral universal", uma "regra de conduta, que abrange todas as circunstâncias da vida privada e pública, o princípio de todas as relações sociais fundadas na mais rigorosa justiça".[41]

No aspecto social, Kardec afirmou o trabalho como sendo uma "lei da natureza" e, por causa disso, "uma necessidade". E mais: "O forte deve trabalhar para o fraco; na falta da família, a sociedade deve ampará-lo: é a lei da caridade". A coletividade, o social, encontra assim uma forte justificativa no ideário espírita: "O homem deve progredir, mas sozinho não o pode fazer porque não possui todas as faculdades, precisa do contato dos outros homens". Este sentido de coletividade exige o estabelecimento de regras para o convívio social: "A justiça consiste no respeito aos direitos de cada um", definidos tanto pela lei natural quanto pelas leis humanas. Além disso, como reforço deste sentido coletivo, Kardec também afirma que os espíritos simpáticos são "atraídos pela afinidade de suas inclinações" e "se aproximam pela similitude de seus sentimentos e que se sentem felizes de estarem juntos".[42]

Além disso, em termos práticos, uma recomendação de Kardec permite a compreensão da dinâmica das sociedades de ideias e dos mecanismos de constituição dos círculos de sociabilidade: "As reuniões espíritas podem oferecer grandes vantagens, pois permitem o esclarecimento pela permuta de pensamentos, pelas perguntas e observações feitas por qualquer um, de

---

40   *O livro dos espíritos*, itens 148, 614, 621, 629 e 633.

41   *O evangelho segundo o espiritismo*, Introdução.

42   *O livro dos espíritos*, itens 207-a, 211, 674, 685-a, 768 e 875.

que todos podem aproveitar-se", sobretudo se forem "reuniões instrutivas", animadas por assuntos sérios e úteis resultantes da comunicação com espíritos superiores e bons. Kardec afirma ainda apresentar a instrução espírita duas partes: o ensino moral e o estudo dos fatos; isto é, ela abrange a "teoria dos fenômenos", a "pesquisa das causas" e os limites e possibilidades da ciência espírita. Neste sentido, o médium deve submeter-se ao controle de "pessoas desinteressadas e bondosas", capazes de julgar as comunicações espíritas com "frieza e imparcialidade" e assim efetuar uma triagem das mensagens recebidas. Kardec exorta-os a conservar uma postura crítica permanente diante das comunicações espíritas.[43]

O que Kardec propõe, portanto, é a adoção do método científico para a prática espírita, animada pela busca do aprimoramento moral e do próprio mecanismo de compreensão da realidade através da comunicação entre os dois mundos (corpóreo e espírita). Além disso, o papel central do médium fica bastante relativizado, pois caberá sempre ao coletivo dos espíritas efetuar a avaliação das comunicações recebidas, discernindo as mensagens dos espíritos superiores, as únicas de fato instrutivas.

Kardec ainda recomenda "os pequenos círculos íntimos" – favoráveis à concentração e à comunhão de pensamentos – e a regularidade das sessões como dois elementos facilitadores para a ampliação da qualidade das comunicações espíritas. Também propõe que as reuniões espíritas devam "multiplicar-se mais pela constituição de pequenos grupos do que de grandes associações", constituintes de núcleos articulados entre si e irmanados no mesmo sentimento de fraternidade e caridade cristã. Os pequenos grupos dispensam locais especiais para as reuniões, são pouco custosos, exigem procedimentos administrativos mais simples e são

---

43 *O livro dos médiuns*, itens 324 e 327 a 329.

especialmente cuidadosos quanto à admissão de novos membros e conservação da harmonia interna dos participantes: "As pequenas reuniões necessitam de um regulamento disciplinar bem simples para ordem das sessões". Por fim, Kardec propõe algumas práticas que podem ser efetivadas nas reuniões espíritas, além das comunicações mediúnicas, tais como: conferências sobre o espiritismo (a favor ou contra) seguidas de discussão dos presentes e a leitura tanto das obras espíritas quanto dos jornais convencionais, pois estes trazem fatos, notícias e reportagens que propõem problemas morais a serem discutidos à luz da ciência espírita e uma forma de conexão a todos os aspectos da vida social.[44]

Neste sentido, como visto até aqui, a forma de organização proposta por Kardec aos espíritas aponta para a natureza das sociedades de ideias: pequenos círculos com funcionamento regular, muitos grupos articulados entre si, relações horizontais (no interior dos grupos e entre os grupos), organização simplificada ao máximo, liderança difusa e partilhada, autoridade dividida entre os iguais, atividades de pensamento (conferências, discussões, leituras). Estes elementos foram capazes de conformar uma ambiência propícia para a difusão do ideário proposto por Kardec e a adesão dos setores sociais "em transição" a partir de suas tábuas de valores. Em Jaú, como já apontado, esta era a forma de organização dos espíritas, que se reuniam na casa de Paulino, para efetuar as atividades de pensamento descritas acima, com base na tábua de valores presente no ideário proposto por Kardec em suas obras. E, antes deles, havia também os protestantes, que se reuniam na casa de um morador da vila para ouvir as preleções do missionário João Fernandes da Gama e entrar em contato com o universo letrado trazido na bagagem do *colportor* Belarmino Ferraz, que o acompanhava. Belarmino, anos depois, participaria das atividades de imprensa em Jaú.

---

44   *O livro dos médiuns*, itens 332 a 335, 338 e 347.

Por último, apresento os *ideais de sociedade* que alimentavam o pensamento do codificador do espiritismo, através do texto intitulado "Liberdade, Igualdade e Fraternidade". Nele, Kardec apresenta as três palavras do título como a síntese de um verdadeiro "programa de uma ordem social, que realizaria o mais absoluto progresso da humanidade". Das três, a palavra "fraternidade" é aquela que resume "todos os deveres do homem para com os semelhantes", além de ser a expressão da "caridade evangélica por excelência" e a base da felicidade social. Seu princípio oposto, maior obstáculo para sua concretização, é o egoísmo. Nesta perspectiva, prossegue Kardec, a igualdade nada mais é do que consequência da fraternidade, e seu maior obstáculo é o orgulho, alimento dos privilégios e das exceções existentes na sociedade. Ainda, a liberdade, filha da fraternidade e da igualdade, pressupõe confiança mútua entre as pessoas que vivem em sociedade. "Os homens, vivendo como irmãos, com direitos iguais, animados do sentimento de recíproca benevolência, praticarão entre si a justiça, não causarão danos e, portanto, nada recearão uns dos outros".[45] Caso contrário, afirma Kardec, por temor dos outros homens, a liberdade é rapidamente suprimida das relações humanas.

Afirma-se assim que liberdade, igualdade e fraternidade são três princípios solidários entre si e que se apoiam mutuamente. Mas Kardec simplesmente inverte os termos deste trinômio liberal, ao colocar a *fraternidade* em primeiro lugar, como base dos outros dois princípios. Desta forma, então, preconiza o estabelecimento de uma nova ordem social, alicerçada na fraternidade. Neste processo, Kardec destaca dois pontos: o valor dos "homens de ideias grandiosas e generosas, dominados pelo amor do progresso"; e um plano de ação para os espíritas. Este consistiria em

---

45   *Obras póstumas*, 1ª parte.

"trabalhar sem descanso para remover e arrancar o orgulho e o egoísmo" da sociedade, destruindo tanto os vícios existentes nas leis, nas instituições, nas religiões e na educação quanto os vestígios dos tempos da barbárie e dos privilégios e os obstáculos ao verdadeiro progresso. Assim, os espíritas deveriam assumir a condição de "homens do progresso", capazes de ativar este movimento de renovação através, principalmente, do estudo.

Este arrazoado das principais ideias presentes nos escritos fundamentais de Kardec permitiu-me a elaboração de uma *tábua de valores* aplicável aos espíritas (mas também, de modo amplo, aos protestantes e aos maçons): crença no progresso, na ciência e em seus métodos; rejeição tanto do sobrenatural quanto do materialismo; centralidade dos princípios morais e do convívio social; primazia da educação moral e valorização do pensamento racional, do trabalho, da caridade, da família, dos ideais da Ilustração e do aprimoramento moral do indivíduo. Em Jaú, como visto até aqui, João Penteado conseguiu empregar estes valores para dialogar com amplos segmentos da sociedade local, participando ativamente da efervescência social e cultural que caracterizava aquela cidade do interior paulista.

Em apoio a esta caracterização, Aubrée e Laplantine (1990) consideram a doutrina espírita como um movimento centrado na ideia do progresso social através da reencarnação e na migração religiosa, com um inédito deslocamento do sagrado (do sobrenatural para a natureza) e de sua gestão (das autoridades religiosas para as autoridades científicas). Além disso, a doutrina espírita encontrou seu mais forte desenvolvimento nas sociedades do Novo Mundo – particularmente nos Estados Unidos e Brasil – terra de imigrantes em busca de suas identidades e de suas raízes. Segundo eles, trata-se de um fenômeno (ou teoria) de *comunicação generalizada*, "entre os vivos e os mortos, o passado e o presente, a Europa e a América, numa população de imigrantes" (p. 17), expressão de uma sociedade em plena mutação técnica. O espiritismo – enquanto doutrina e moral – nasceu "do encontro de um homem (pedagogo formado segundo o método positivo – e mesmo positivista – preocupado com a objetividade dos fatos) e de um movimento social resultante de um contexto histórico determinado (o século XIX evolucionista)" (p. 23), fortemente marcado pela revolução nos meios de comunicação, com a invenção e o aprimoramento dos transportes ferroviários, da navegação a vapor, das técnicas de impressão, do telégrafo e da fotografia, e pelas descobertas nos campos da óptica e da acústica.

Segundo Aubrée e Laplantine, Léon Denizard Hippolyte Rivail, que estudou com Pestalozzi, muito antes de adotar o pseudônimo de Allan Kardec,[46] acreditava que uma ciência da educação fundada sobre a natureza era a pedra de toque da evolução harmoniosa da sociedade. Herdeiro da filosofia do século XVIII e da "moral helvética" (isto é, o protestantismo liberal praticado em Yverdon), Rivail era depositário do pensamento do século XIX, baseado nos ideias de tolerância, fraternidade e universalidade; nos ideais republicanos e anticlericais da burguesia liberal; no conhecimento científico e nas ideias progressistas do século XVIII, que buscavam mudar o mundo apoiando-se sobre as descobertas técnicas e sobre a educação, tendo como base a razão.

Kardec, segundo Aubrée e Laplantine, promoveu uma "reforma naturalista" do cristianismo, ao propor uma religião laica, sem clero, culto, templo, ritual ou sacramentos, plenamente capaz de

---

46 Aubrée e Laplantine (1990) afirmam que Rivail, filho de uma família de juristas de Lyon, foi enviado ao castelo de Yverdon, dirigido por Jean-Henri Pestalozzi, para efetuar seus estudos secundários afastado da influência do catolicismo. Lá, animado por um "frenesi de conhecimento", aprendeu inglês, alemão e holandês. Dedicou-se ainda ao ensino mútuo (ou, nos termos de Pestalozzi, "escola mútua") e dedicou-se aos estudos pedagógicos e de contabilidade.

prescindir da Igreja e de seus sacerdotes e que rejeitava os dogmas do pecado original, da ressurreição dos mortos e da predestinação. Partindo de um estado inicial de ignorância, os espíritos dos homens progridem continuamente, em ritmos diferentes, em função das *escolhas* que fazem, do *trabalho* que realizam e da vontade de *estudar* que apresentam ao longo de suas diversas existências.

Os valores de justiça social, de igualdade, liberdade, evolução e progresso adotados pelos espíritas permitem também que eles, segundo aqueles autores, aproximem-se dos socialistas, sobretudo dos chamados de "utópicos". Trata-se do "engajamento social dos militantes espíritas", nas cooperativas de trabalhadores, no movimento pela liberação da mulher, nas ligas de ensino laico e nos movimentos em defesa dos ideais republicanos, internacionalistas e pacifistas.

Por último, ainda segundo Aubrée e Laplantine, a educação encontra-se no centro da doutrina espírita. Nas instruções fornecidas aos grupos que se multiplicavam na França, Kardec recomendava a leitura e o estudo do *Livro dos Espíritos*, para conhecer a doutrina e, sobretudo, para colocá-la em prática, espalhando a moral espírita pela sociedade e contribuindo, assim, para o melhoramento dos seres humanos, libertando-os do egoísmo, do materialismo, dos vícios e da ociosidade. Além disso, Kardec apontava os perigos de se evocar, individualmente, os espíritos e recomendava que os pequenos grupos "sérios" que estavam surgindo fossem organizados sob a direção de pessoas "esclarecidas". Neste sentido, a meu ver, a mediunidade para Kardec era apenas um meio para se atingir um fim social mais amplo: a evolução e o melhoramento da sociedade como um todo, através do aprimoramento individual de seus membros, particularmente dos trabalhadores, o que insere o espiritismo no movimento de ideias característico do século XIX. Nesta linha de argumentação, Giumbelli (1997) destaca a presença marcante de temas sociais na atuação dos espíritas brasileiros no final do Império, como a causa da abolição e outras "reivindicações modernizantes", tais como o registro civil, o casamento civil, a abertura do país para a imigração e a laicização do ensino. Segundo Cleusa Colombo, os espíritas consideravam os problemas sociais do mundo moderno como equivalentes a problemas morais, cuja solução dependeria em grande parte de uma ação pedagógica e moralizadora, sendo a educação o "instrumento para [a] transformação do mundo", na medida em que fosse capaz de provocar a "transformação do homem e da sociedade" (Colombo, 1998, p. 83-84). Dora Incontri (2001), pesquisando as raízes histórico-filosóficas da pedagogia espírita, complementa estas conclusões sobre o espiritismo apontando que

> (...) ciência, filosofia e religião, encaradas numa perspectiva original, complementam-se para a obtenção de um conhecimento integrado, em que cada um desses métodos de acesso à realidade exerce um controle recíproco sobre os resultados obtidos. A doutrina espírita não se pretende portanto uma filosofia fechada, porque a revelação é contínua e democrática – qualquer um pode ter acesso a um médium – e a ciência pode obter novas facetas dos fenômenos observados. Outros desdobramentos filosóficos podem surgir a partir das bases lançadas por Kardec. A própria Pedagogia Espírita é um exemplo disto (p. 35).

Estas considerações sobre a doutrina espírita são importantes para se compreender as potencialidades pedagógicas e transformadoras da adesão individual às ideias de Kardec e, principalmente, da constituição de centros espíritas, que são simultaneamente grupos de estudo e de trabalho e locais de divulgação e propaganda das novas ideias, comprometidas com a modernidade. Portanto, lugares de sociabilidade que se organizam e funcionam em rede, através da propaganda, das obras de benemerência, do debate livre na sociedade livre.

Os espíritas, portanto, consideraram a *educação* como uma questão central em sua doutrina. Além de grupos de estudos e publicações, os espíritas brasileiros também promoveram a criação de instituições dedicadas à educação formal e ao ensino (isto é, escolas em seu sentido estrito). Anália Emília Franco (1853-1919) e Eurípedes Barsanulfo (1880-1918), respectivamente na capital paulista e na cidade mineira de Sacramento, foram responsáveis pela criação de iniciativas educacionais escolares sob profunda influência do ideário espírita. Não é demais lembrar, no entanto, que a maioria dos espíritas atuou no campo educacional informalmente, através da publicação e difusão de livros, opúsculos, revistas e jornais.

A adoção dos valores espíritas certamente contribuiu para a emergência de outra face de João Penteado, com o entendimento de que a educação era o mecanismo privilegiado para a melhoria da sociedade. Entretanto, para além da percepção do caráter transformador da educação em seu sentido ampliado (porque realizado no centro, através da leitura dos livros e dos jornais ou nas atividades de caridade), o que se nota é a manifestação da face educadora de João Penteado *pela via escolar*. Neste caso, o jovem João aproximou-se de Caetano (que exercia o magistério) e distanciou-se um pouco de Paulino (um "homem de mil talentos", que de tudo fazia um pouco).

Feitas aquelas breves considerações sobre os principais livros publicados por Allan Kardec – e que certamente foram lidos intensivamente por João Penteado e seu círculo de sociabilidade – um dado convém ser relembrado: se o material escrito era a porta de entrada para a doutrina espírita, um elemento fundamental para a consolidação deste ideário foram as ações de aglutinação dos adeptos, que se reuniam em centros ou grupos espíritas, voltados para atividades de divulgação doutrinária (isto é, propaganda, através da publicação de livros, opúsculos, revistas e jornais); experimentação prática (comunicação mediúnica) e atos de benemerência.

As práticas espíritas em Jaú e as redes e lugares de sociabilidade

Emerson Giumbelli (1997) destaca que os espíritas brasileiros apresentavam dois conjuntos de práticas: o estudo e as manifestações mediúnicas. Para este autor, a prática espírita do estudo incluía a leitura, a exegese e a discussão coletiva das obras doutrinárias de Kardec e dos evangelhos (via Kardec); e a prática mediúnica compreendia as mensagens (isto é, os ensinamentos morais e os esclarecimentos doutrinários, originários dos espíritos superiores); o contato com os "espíritos sofredores", com finalidades exemplares e de caridade; o combate à obsessão espiritual (desobsessão) e a prática terapêutica, através da ação de médiuns receitistas e curadores.[47]

Os centros e grupos espíritas eram círculos de convivialidade que permitiam a construção da identidade de seus membros, para si e para o conjunto da sociedade. Nestes lugares de sociabilidade os espíritas criavam os elementos necessários para a constituição de suas identidades como atores sociais comprometidos com os ideais expressos na tábua de valores acima descrita, em oposição ao grupo hegemônico constituído pelos católicos ultramontanos.

---

47 Médiuns receitistas recebiam mensagens de médicos desencarnados que faziam diagnósticos de pacientes, mesmo a distância, e receitavam medicamentos, geralmente homeopáticos. Os médiuns curadores efetuavam a cura dos pacientes, inspirados pelos espíritos dos citados médicos. Foram duramente combatidos pelas autoridades médicas e governamentais, a partir de 1890, conforme demonstrado por Giumbelli em seu trabalho (1997).

Na virada do século XIX para o XX, os espíritas estavam estabelecidos na capital da república e em diversos estados da federação, promovendo atividades de estudo, ações de caridade, muita propaganda doutrinária e intensa atividade educacional, através de práticas associativas em sociedades civis (Colombo, 1988).

Emerson Giumbelli (1997) cita em seu trabalho, baseando-se em dados obtidos na revista *Reformador*, a estimativa, elaborada pela Federação Espírita Brasileira, de que em 1904 havia 160 grupos espíritas organizados no Brasil, e que 19 periódicos eram publicados no país no mesmo ano.

Como vimos, um destes grupos estava se organizando em Jaú, reunindo Paulino de Oliveira Maciel, Caetano Lourenço de Camargo, João Penteado e outros, dentre os quais, Bento de Siqueira e vários membros da família Acayaba.

Em 1900, Paulino, Caetano e João Penteado tinham, respectivamente, 53, 37 e 23 anos. Estavam, portanto, separados pelas diferenças de idade. Mas estas três figuras formaram um círculo de convivialidade espírita em Jaú na virada do século, marcado pelo estudo e pela difusão de ideias espíritas, adquiridas a partir da circulação de materiais impressos, sobretudo livros e jornais. Para melhor caracterizá-lo, trato em seguida de outras figuras que o compunham, na medida em que aparecem nas fontes consultadas.

O jornalista Argymiro Acayaba foi, na cidade natal de João Penteado, redator-secretário do *Correio do Jahu* e colaborador de dois outros jornais: do *Jahu Moderno* e do *Commercio do Jahu*.[48]

No jornal *Jahu Moderno*, Acayaba escreveu artigos assinados sobre as mais diversas temáticas: a arquitetura nacional; as cooperativas de construção patrocinadas pelo grêmio socialista em Milão; a policultura; a república portuguesa; a educação da mulher; a greve geral na França; Cristo; a organização do crédito e as

---

48 *Jahu Moderno*, 05/11/1914.

ferrovias como fator de progresso; a exportação de frutas; o ensino da leitura pelo método analítico; as letras na América de língua espanhola; a higiene preventiva; a higiene alimentar; o mal do Brasil e os jardins da infância.[49]

Dentre todos estes artigos, destaco um que trata de questões religiosas, intitulado "Cristo", e publicado em 1913. Nele, Acayaba descreve minuciosamente as qualidades do Cristo bíblico, para então afirmar: "Há tantos séculos o cristianismo iniciou a regeneração dos homens. A regeneração é lenta, mas realiza-se. A lei do progresso é implacável como o instinto da felicidade". O articulista faz em seguida algumas considerações sobre as concepções religiosas e científicas predominantes naquele momento histórico e conclui:

> A efervescência dos espíritos nas controvérsias é uma fecunda sementeira de ideias, que a Igreja Universal oportunamente cultivará, transformando a fé cega em fé raciocinada e impondo cada vez com maior autoridade e brilho ao respeito do mundo – a redentora influência da doutrina cristã.[50]

Ou seja, Acayaba efetuava com seus leitores da tradicional sociedade jauense, uma discussão sobre a modernidade, introduzindo no debate temas de grande atualidade naquele momento. Sem citar explicitamente Kardec ou o espiritismo, no artigo considerado acima o articulista faz uma defesa *implícita* da doutrina espírita, ao mencionar a fé raciocinada e a importância da comprovação científica na conformação do conhecimento humano.[51]

---

49 *Jahu Moderno*, respectivamente, nas edições de 13/02/1913; 16/02/1913; 20/02/1913; 23/02/1913; 27/02/1913; 20/03/1913; 27/03/1913; 30/03/1913; 03/04/1913; 06/04/1913; 10/04/1913; 13/04/1913; 08/05/1913; 18/05/1913; e 05/06/1913.

50 *Jahu Moderno*, 27/03/1913.

51 Neste caso, a expressão "Igreja Universal" parece referir-se ao cristianismo

Em meu entender, a *efervescência dos espíritos* e a *sementeira de ideias* – percebidos por Acayaba – constituem também dois princípios muito importantes para a compreensão da sociabilidade em Jaú na época da juventude de João Penteado, e que influenciaram sua trajetória pessoal e profissional de forma bastante marcante, como veremos adiante.

Nascido em Taubaté, o professor Bento de Siqueira chegou a Jaú em 1896, em função da remoção, de sua esposa, D. Ernestina de Siqueira (1881-1915), professora pública, para aquela cidade. Bento de Siqueira era um dos espíritas que se reuniam na casa de Paulino e sua esposa, segundo João Penteado (1944), foi aluna da educadora espírita Anália Franco. Em Jaú, Bento assumiu a função de escrevente no cartório do Major Alberto Barbosa e algum tempo depois tornou-se professor concursado, exercendo o cargo em uma escola estadual (de 1898 a 1908). Após esta data, também foi regente de uma escola no bairro jauense de Banharão[52] e das aulas noturnas criadas pela maçonaria na cidade. Ainda em Jaú,

---

renovado pela doutrina espírita, talvez com o sentido de comunidade dos fiéis em todo o mundo. Mas não há como sabê-lo, pois o autor não faz qualquer outra menção à Igreja Universal em seus artigos no *Jahu Moderno*.

52 No bairro do Banharão (ou Estação do Banharão Velho), situado a cerca de 6 quilômetros do centro de Jaú, Thales Castanho de Andrade (1890-1977), professor e escritor piracicabano, lecionou numa escola rural por alguns anos, a partir de 1911. Ali, algum tempo depois, Thales escreveu o livro *Saudade*, destinado à leitura de crianças e jovens, mas somente o publicou em 1919. Thales fez parte de um círculo de intelectuais em Piracicaba, composto por personalidades como Léo Vaz, Sud Mennucci, Lourenço Filho, Breno e Pedro Ferraz do Amaral, Cincinato Braga, Hélio Damante, Octacílio Silveira de Barros, Hélio Hoeppener e Jacob Diehl Neto. Todos eram oriundos da Escola Normal de Piracicaba e haviam trabalhado na redação do jornal *O Estado de S. Paulo* (Alexandre, 2007). Portanto, a presença de Thales Castanho de Andrade em Jaú pode ser também entendida como outro elo com esses círculos de convivialidade (que estou examinando), só que mais ampliados, que se tangenciavam e que reuniam os nomes citados acima.

em 1904, fundou o Instituto Thomaz Galhardo, estabelecimento particular de instrução primária e secundária.[53]

O fato é que a doutrina espírita estava promovendo a aglutinação de setores sociais em Jaú na virada do século, atraindo para a convivência segmentos sociais diversificados que se identificavam com ideários próprios da modernidade e que se sentiam inconformados com os aspectos mais tradicionais da sociedade brasileira, que também se manifestavam no interior paulista, como o domínio da Igreja católica e dos grandes proprietários rurais. Esta nova sociabilidade atraía elementos das camadas médias, tais como os comerciantes e os empregados do comércio, professores, intelectuais, tipógrafos e jornalistas. Também permitia a aproximação dos trabalhadores, sobretudo os urbanos, grupo social que crescia na virada do século em função do desenvolvimento econômico da cidade, expresso em sua remodelação urbanística. Portanto, para além de uma abordagem simplista que busca o conflito entre grande centro urbano moderno e o interior atrasado, percebe-se essa oposição entre modernidade e atraso manifestar-se num mesmo espaço geográfico local.

Neste contexto de efervescência social e de fermentação de ideias, diante da nova sociabilidade que se conformava em Jaú na virada do século, será que a adesão de João Penteado à doutrina espírita também pode explicar sua opção pela docência, pela atuação na educação formal escolar?

Do círculo de espíritas de Jaú que tratamos acima, Caetano Lourenço de Camargo e Bento de Siqueira (e sua esposa, Ernestina de Siqueira) eram professores, exercendo o magistério em iniciativas públicas e particulares na cidade; Argymiro Acayaba era jornalista e Paulino de Oliveira Maciel exerceu diversas atividades, pois foi comerciante, lavrador, homeopata, Intendente

---

53 *Jahu Moderno*, 12/02/1914.

Municipal, escrivão de cartório. Estas figuras podem ter contribuído para despertar o interesse de João Penteado pela profissão docente, direta ou indiretamente. Este círculo de convivialidade propiciou as oportunidades para que João Penteado começasse a manifestar, ainda em Jaú, sua face de educador.

OS NOVOS CAMPOS DE POSSIBILIDADES

João Penteado tornou-se professor. Mas as fontes consultadas são pouco precisas em relação à cronologia de suas atividades docentes. Segundo José Fernandes (1955), ele teria lecionado em Jaú numa das primeiras escolas do bairro de Capim Fino,[54] sem precisar a natureza desta escola (se particular ou pública, se municipal ou estadual) e a época em que nela trabalhou. Daniel da Silva Barbosa (2008) afirma que em março de 1908 João Penteado foi aprovado, por meio de concurso, para lecionar no então distrito jauense de Bica de Pedra.[55] Também trabalhou como professor no Instituto Thomaz Galhardo, escola particular de Bento de Siqueira, instalada na cidade de Jaú.[56]

---

54 Como já comentado, localidade em Jaú anteriormente denominada Ortigal, na qual o reverendo Howell criou uma escola de orientação presbiteriana, ainda no século XIX. Na década de 1910, Capim Fino recebeu a denominação de Vila Ribeiros, que mantém até a atualidade. Situa-se a cerca de nove quilômetros do centro da cidade de Jaú, a meio caminho da Vila de Potunduva, sede do distrito de mesmo nome. O município vizinho de Mineiros do Tietê também apresenta um povoado chamado de Capim Fino, localizado às margens da ferrovia (IBGE, 1960).

55 Barbosa utiliza como fonte para esta afirmação a edição de 19/03/1908 do jornal *Correio do Jahu*, que não pude localizar. Bica de Pedra é a atual cidade de Itapuí, nas vizinhanças de Jaú. A vila de Bica de Pedra foi elevada à condição de distrito em 1896 e emancipou-se em 1913; a denominação atual, em topônimo indígena, data da Era Vargas.

56 É o próprio Penteado que afirma ter trabalhado no Instituto Thomaz Galhardo. *[Curriculum Vitae]*, datado de 23/10/1959. AJP. *Discurso de João Penteado no aniversário da escola*. Sem data [1957]. AJP.

Cabem aqui então algumas considerações sobre a instrução primária em São Paulo na Primeira República, na perspectiva de entender como essa atuação de João Penteado foi possível, pois ele não cumpriu nenhuma etapa de escolarização formal além do ensino elementar.

Segundo Ana Maria Infantosi da Costa (1983), as realizações do governo paulista em relação à escola primária são reveladoras do empenho dos republicanos na universalização dessa modalidade de ensino.[57]

O aumento das matrículas, para esta autora, resultou do crescimento de São Paulo nesse período. "Adensamento da população, produção incrementada, desenvolvimento das vias de comunicação e meios de transporte, intensificação do processo de urbanização fizeram-se acompanhar, naturalmente, de uma diminuição da taxa de analfabetismo" (p. 56). Especificamente, para a maioria da população brasileira, que via até então a instrução escolar como inútil e desnecessária, o desenvolvimento econômico e a urbanização abriram novas perspectivas, pois no setor terciário "o fator educação desempenha papel fundamental". Havia recursos para ampliar a oferta de escolas e perspectivas no mercado de trabalho para quem fosse instruído, formal ou informalmente. Como resultado, houve uma ampliação na demanda social de educação, o que veio ao encontro das proposições das elites cultas brasileiras, que

---

57 Infantosi da Costa (1983) afirma que no estado de São Paulo, para o período de 1910 a 1929, o crescimento das matrículas no curso primário foi de 12,3% nas escolas municipais, 20,85% nas escolas particulares e 248,77% nas escolas estaduais. Além disso, no período de 1890 a 1927, enquanto a população do estado multiplicou-se por um pouco mais de quatro vezes, a quantidade de alunos matriculados na escola primária multiplicou-se por vinte vezes. Todavia, apesar dos esforços do poder público, em 1920, "a escola não atingia mais que 28% da população escolarizável", isto é, crianças com mais de sete anos; e apenas "42% da população adulta era alfabetizada" (p. 53-4). Ao encerrar-se a Primeira República, ainda havia crianças em idade escolar fora da escola primária em São Paulo.

há muito tempo "enunciavam a necessidade de instrução como um dever moral, uma responsabilidade social de governantes e governados" (p. 66-7). Tratava-se quase de uma unanimidade, a aproximar liberais, positivistas e católicos conservadores entre fins do século XIX e princípios do XX. As divergências, entre estes grupos ficavam por conta de como e por quem seria conduzida essa "política educacional".

Infantosi da Costa também aponta para a diversificação do sistema de ensino público primário em São Paulo. Do Império, o novo regime havia herdado as escolas de primeiras letras, chamando-as inicialmente de escolas preliminares, e, após a criação dos grupos escolares (em 1894), de escolas isoladas. Nelas, ministrava-se o ensino público primário preliminar, em unidades não agrupadas, para crianças de diversas idades e que apresentavam avanço escolar bastante heterogêneo.

Se em 1890 só havia em São Paulo escolas públicas primárias isoladas, em 1914 eram cinco os tipos de escolas primárias existentes: escolas isoladas da zona rural; escolas isoladas; escolas reunidas; escolas noturnas e grupos escolares. Enquanto as escolas isoladas eram a regra nos bairros, nos núcleos coloniais e nos pequenos povoados (vilas, distritos e arraiais), nas pequenas cidades prevaleciam as escolas reunidas. Já os grupos escolares e as escolas noturnas estavam estabelecidos nos centros urbanos de maior porte.

O maior problema da educação paulista na Primeira República foi o provimento das escolas isoladas, motivado pelas condições de exercício do magistério: os professores públicos normalistas (que possuíam elevada qualificação) eram atraídos por empregos públicos em outras secretarias, de melhor remuneração; ou se removiam para escolas em cidades maiores. Segundo Infantosi da

Costa (1983), referindo-se ao ano de 1904, 86% das escolas isoladas rurais[58] encontravam-se vagas:

> Não obstante permitir-se a regência destas cadeiras por professores não diplomados, visto que, na falta destes, seriam providas interinamente por professores não titulados, tais escolas permaneceriam "devolutas" e a questão do provimento agravava-se continuamente, sobretudo nas escolas de distrito e de bairro, onde as condições materiais e pedagógicas eram muito precárias (p. 112).

Nas zonas de povoamento recente, onde se experimentou um rápido crescimento demográfico provocado pela expansão do café, "a implantação e ampliação do ensino primário deu-se de forma tão abrupta e rápida quanto a própria formação das cidades pioneiras" (Infantosi da Costa, 1983, p. 79), exemplificando com o caso de Marília[59] em meados da década de 1920. "O avanço da escolarização corria paralelamente ao avanço da cidade", e as municipalidades foram convocadas para prestar auxílio aos esforços do governo estadual para multiplicar a quantidade de escolas e "tornar uma realidade a instrução popular" (p. 80 e 89). Prossegue a autora:

> As Câmaras Municipais não só exerciam a fiscalização do ensino primário nos respectivos municípios, como também podiam criar escolas preliminares [a partir da

---

58 A título de comparação, no mesmo, ano 63% das escolas isoladas *urbanas* encontravam-se *providas*, o que comprova a afirmação da autora de que eram as condições precárias para exercício do magistério que provocavam a vacância de tantas cadeiras.

59 Infantosi da Costa afirma que a cidade paulista de Marília, entre 1924 e 1928 era um núcleo urbano que já existia de "forma agitada, barulhenta e espalhafatosa", mas não tinha escolas.

> promulgação da Lei nº 1.038, de 19/06/1906], embora contassem com escassos recursos, visto que, na maioria das vezes, nem mesmo o inspetor da instrução pública municipal era remunerado (p. 89).

Se o inspetor da instrução pública de Jaú era ou não remunerado, não há registro nas fontes. Mas as condições de ampliação de seu ensino primário eram as descritas acima por Infantosi da Costa: escolas isoladas sem provimento, sobretudo nos povoados distantes; constante remoção de docentes; utilização de professores leigos – João Penteado foi num deles – principalmente nas escolas isoladas mais afastadas.

As práticas escolares de João Penteado nesses estabelecimentos não podem ser recuperadas, em função da atual ausência de fontes, mas posso afirmar que sua presença numa escola isolada, mesmo sem ter titulação formal, encontra-se de acordo com a política republicana para o ensino primário na época.

Além disso, um acontecimento de caráter não escolar, relacionado à presença de João Penteado na escola em Bica de Pedra, ocorrido em 1908, pode ser esclarecedor quanto à confirmação dos amplos círculos de convivialidade que estavam se processando em Jaú na primeira década do século XX. Ao mesmo tempo, este fato também revela outra face de João Penteado, a de ativista e militante da liberdade de pensamento e de crença, que costuma ser apontada como de maior intensidade para a década seguinte. Lecionando naquela escola, João Penteado saiu em defesa de duas professoras, que, segundo ele, estavam sendo perseguidas sob o pretexto de serem protestantes, mas cujo motivo real era de ordem sócio-econômica, um embate no âmbito profissional ou classista, que se havia transformado numa questão de "liberdade de pensamento e de crença".[60] Solidário ao protesto de João Penteado e em defesa das professoras veio à liça o jornal *Correio do Jahu* - e Argymiro Acayaba, seu redator na época em que tais fatos ocorreram. Já o *Commercio do Jahu*, como afirmou Penteado no mesmo artigo, a despeito de ser propriedade de protestantes, "não tossiu nem mugiu", pois, segundo ele, tratava-se de um órgão de imprensa estreitamente vinculado aos interesses mercantis da sociedade jauense, além de viver "à sombra do partido político" que dominava Jaú naquele momento. Ou seja, esta contenda permite que se perceba a aproximação dos espíritas de Jaú – aqui representados por João Penteado e por Acayaba – com uma parcela dos protestantes locais, no caso as professoras de Bica de Pedra. Mas o episódio também é revelador porque outra parte dos protestantes estava mais comprometida com as questões da política local do que com a liberdade de crença, pelo menos na visão de Penteado em relação ao comportamento do jornal *Commercio do Jahu*.

O acontecimento acima descrito provocou o afastamento de João Penteado do cargo de professor municipal em Bica de Pedra, no ano seguinte, mas não da atividade docente, conforme se lê em nota publicada na imprensa local. Aliás, naquele jornal que vivia "à sombra do partido político" que dominava Jaú:

> O Sr. João Penteado, ex-professor municipal em Bica de Pedra, participou-nos ter aberto nesta cidade, à Rua Lourenço Prado, 64, uma aula particular para o ensino preliminar de português, aritmética, história Pátria e geografia, pelo módico preço de 5$000 [réis] mensais.[61]

---

60 Artigo de João Penteado publicado no *Jahu Moderno* (22/05/1913), no qual ele se refere aos acontecimentos de 1908.

61 *Commercio do Jahu*, 21/04/1909.

O que teria ocorrido? A defesa das professoras protestantes provocou a perda do cargo de professor municipal? Ou João Penteado desinteressou-se por esta atividade docente pública, vislumbrando outras possibilidades no magistério particular? Ou mesmo a própria expansão da educação pública paulista constituía-se em elemento limitador para João Penteado, um professor de formação autodidata?

De qualquer forma, João Penteado - espírita e "amigo dos protestantes" - afastou-se do magistério municipal e, algum tempo depois, também de sua cidade natal. Quais foram suas motivações?

A par da ausência de fontes esclarecedoras a respeito deste período, capazes de elucidar satisfatoriamente estas questões, há indícios suficientes para que algumas hipóteses sejam levantadas.

Uma primeira delas busca explicar a saída de João Penteado de sua cidade natal em função de um paradoxal excesso de oferta de educação escolar formal em Jaú na primeira década do século XX. Ou dito de outra forma: havia muitos professores disponíveis para a potencial clientela de alunos na época. No ensino público, encontram-se pelo menos as 32 cadeiras de instrução pública (citadas por Teixeira em 1900) e uma classe noturna, para trabalhadores, sob a regência de Caetano Lourenço de Camargo, instalada e em funcionamento desde fevereiro de 1895. O Grupo Escolar Dr. Pádua Sales, primeiro de Jaú, foi inaugurado em 1903, a despeito do que defendia Sebastião Teixeira na época, e instalado em prédio monumental em frente à prefeitura.[62] No ensino particular, havia

---

62 Outro grupo escolar, o Major Prado, seria inaugurado algum tempo depois, em 1914. Segundo Infantosi da Costa (1983), os grupos escolares paulistas foram criados pelo Decreto n° 248, de 26/07/1894. Em 1910, eram 102 em todo o estado, que atendiam mais de 53.000 alunos. Para esta autora, os grupos eram a reunião de escolas isoladas em um mesmo prédio, subordinadas a um só regime, sob uma única direção, com o aproveitamento da cooperação dos professores e os alunos distribuídos em classes, segundo o adiantamento. Além disso, estas instituições

escolas e aulas à disposição dos segmentos médios e das camadas dominantes, em condições de pagar pela instrução recebida. O Ateneu Jauense, inaugurado em 1901, e o Instituto Thomaz Galhardo, criado em 1904, ofereciam cursos primários e secundários, a pagamento. A seção feminina do Ateneu transformou-se no Colégio São José na mesma época, oferecendo ensino primário e secundário, em regime de internato e externato. O Colégio Paula Couto, internato e externato para moças, havia surgido na primeira década do século XX.[63] Certamente, estas aulas e escolas promoviam uma intensa disputa pelo alunado disponível em Jaú na época, sobretudo aqueles pertencentes às camadas sociais que tinham condições de pagar pela instrução recebida. João Penteado, apesar da rede de sociabilidade da qual participava, não era diplomado e tinha seu espaço limitado.

Outra hipótese para a saída de Penteado de Jaú pode ser identificada no acirramento do conflito com os setores tradicionais da cidade, pelo fato dele ter se tornado espírita. Mas o clima de efervescência social e fermentação de ideias e a rede de sociabilidade que os espíritas criaram em Jaú na época contradizem (parcialmente) esta hipótese. Apesar do *estranhamento* inicial que o grupo de espíritas deve ter provocado na "capital da terra roxa", o que se percebe é a acomodação deste segmento na sociedade jauense ao longo da primeira década do século XX – e sua aceitação (ou possibilidade de aceitação) na cidade, como pode ser demonstrado pelo exemplo de Caetano Lourenço de Camargo. Se este professor

---

escolares cumpriram o papel de verdadeiros "fatores de urbanização", sobretudo nas cidades do interior. Na visão dos republicanos de São Paulo, os grupos eram escolas instaladas em edifícios apropriados, contendo vastas salas, compartimentos para diversos fins, oficinas para trabalhos manuais e campos para a prática de ginástica. Ali havia móveis adequados e professores capazes; a disciplina e a inspeção eram rigorosas, com a metódica distribuição do ensino; a direção era inteligente.

63 Estas informações sobre as escolas de Jaú constam da obra de Fernandes (1955).

sequer é citado por Sebastião Teixeira em 1900 – ano em que se teria processado sua adesão ao ideário de Kardec – ele permaneceu na regência de sua escola pública em Jaú (nela se aposentando em 1917) e criou (em 1907 ou 1908) uma escola particular, o Externato e Internato Progresso, localizado na Rua Tenente Lopes, 6, no qual lecionavam, além dele, também Vicentina de Camargo, Elvira Lacerda Rocchi e Maria da Conceição Camargo, e que funcionou pelo menos até 1915.[64]

Caetano Lourenço de Camargo, apesar de espírita, parecia muito bem assimilado à "tradicional sociedade jauense", como demonstrado acima. Já João Penteado, espírita como Caetano, era também autodidata, tipógrafo, jornalista, "amigo dos protestantes" e defensor da "liberdade de pensamento e crença", portanto em uma situação de potencial confronto com o tradicionalismo de Jaú. Ou seja: enquanto para Caetano a doutrina espírita foi o *limite*, para João a mesma doutrina havia se constituído como um campo aberto de *possibilidades*. Pelo mecanismo das sociedades de ideias, a partir da rede de sociabilidades, João Penteado valeu-se do microclima favorável às ideias avançadas da época. Se não há indícios de que ele tenha participado de práticas mediúnicas, sua adesão à doutrina espírita permitiu-lhe colocar-se ao lado das professoras protestantes, na condição de "homem de ideias grandiosas e generosas".

Neste sentido, uma terceira hipótese explicativa para a saída de João Penteado de Jaú pode ser consequência da sua compreensão deste novo campo de possibilidades, a exigir novos horizontes, mais condizentes com as novas perspectivas que então se colocavam para ele. Ou seja, a saída de Jaú foi um ato de vontade de João

---

64 Anúncio publicado no *Jahu Moderno*, 10/01/1915. Segundo o texto, este estabelecimento de ensino estava funcionando "há já oito anos". Além das matérias do curso primário, havia lições extraordinárias de francês, música e pintura. A escola também preparava os alunos para o ingresso nos ginásios e nas escolas normais.

Penteado, na medida em que ele vislumbrou a possibilidade de co-operar com outros grupos, sem necessidade de adesão doutrinária.

Saindo de Jaú, há indícios de que João Penteado, "afeito às lides do magistério particular",[65] tenha lecionado no Granbery,[66] escola criada e mantida pelos protestantes metodistas na cidade mineira de Juiz de Fora; e no Colégio Santa Cruz, na localidade de Mariano Procópio, nas cercanias desta mesma municipalidade.[67] Mas as fontes consultadas não foram esclarecedoras quanto às datas em que ele lecionou nestas escolas, nem o que havia lecionado. Aulas do curso primário preliminar ou artes tipográficas?

E por que Juiz de Fora?

Marcelo Ayres Camurça (2001) afirma que naquela cidade mineira, além da forte presença metodista, a atuação dos grupos espíritas foi igualmente significativa. Ou seja, a ida de João Penteado para Juiz de Fora pode ter resultado das articulações dos protestantes presbiterianos de Jaú, como retribuição pela sua participação em defesa das professoras nos acontecimentos que tiveram lugar em Bica de Pedra, já que era comum a colaboração das denominações evangélicas que atuavam no Brasil na época, entre si e com outros grupos progressistas da sociedade. Ou esta transferência de João para Minas ocorreu em função das articulações dos grupos espíritas das duas cidades. Ou ainda, sua passagem por Juiz de Fora pode ter resultado da combinação destas duas possibilidades. De qualquer modo, a presença de João Penteado em Juiz de Fora pode ser explicada a partir da constituição daquelas redes de

---

65 *Discurso de João Penteado no aniversário da escola.* Sem data [1957]. AJP. Neste texto, João Penteado também afirma que trabalhara no Colégio Santa Cruz, na localidade de Mariano Procópio, nas cercanias de Juiz de Fora, sem nenhuma comprovação em outras fontes.

66 *[Curriculum Vitae]*, datado de 23/10/1959. AJP. Fernandes (1955).

67 *Discurso de João Penteado no aniversário da escola.* Sem data [1957]. AJP.

sociabilidade assentadas nas sociedades de ideias que tratei acima. Mas fica a pergunta: o que teria levado João Penteado a participar especificamente de uma iniciativa escolar dos metodistas norte--americanos em Juiz de Fora?

Do Granbery, João Penteado preservou a viva lembrança da biblioteca. Em carta dirigida ao professor Júlio Camargo, muitos anos depois (em 1957), João Penteado afirmou:

> Cheio de saudades da nossa convivência em Belo Horizonte durante a temporada do Congresso dos Estabelecimentos de Ensino Comercial do Brasil, envio-lhe um amistoso amplexo extensivo a todos de sua estimada família, juntando-lhe a esta missiva dois exemplares de 'Estudo histórico' através do 1º centenário de Jaú, sendo um deles dedicado a biblioteca do Granbery, da qual ainda me lembro com saudade. Desejo, se possível, informações sobre o Sr. Luiz de Oliveira, da Academia Mineira de Letras, com o endereço a fim de poder escrever-lhe...[68]

De qualquer forma, alguns anos depois do episódio de Bica de Pedra, João Penteado certamente transferiu-se para a capital paulista,[69] nela permanecendo até os últimos dias de sua vida. Segundo o historiador espírita Eduardo Monteiro (2004), no ano

---

68 *Carta ao Sr. Prof. Júlio*. Sem data. AJP. Este congresso citado na carta ocorreu em Belo Horizonte de 20 a 27 de julho de 1957. Trata-se do II Congresso Brasileiro do Ensino Comercial, organizado pela Diretoria do Ensino Comercial do MEC.

69 Segundo Marly e Álvaro Alfarano, João Penteado criou, em 1908, uma escola ou curso maternal para a irmã Sebastiana na cidade de São Paulo, denominando-a de "Escola Nova". Entrevista de Marly Aurora Penteado Arruda e Álvaro Alfarano ao CME/FEUSP. 19/05/2005. Mas esta informação contradiz dados de outras fontes, que situam sua presença na capital paulista apenas em 1911. Além disso, como vimos acima, em 1909, João ainda se encontrava em Jaú, oferecendo serviços de professor particular.

João Penteado: o discreto transgressor de limites

de 1911 ele assumiu a direção do ensino tipográfico da Associação Feminina Beneficente e Instrutiva de São Paulo, ligada ao nome da educadora espírita Anália Franco. Também se tornou redator e colaborador de duas revistas de divulgação da doutrina espírita: a *Nova Revelação* e o *Natalício de Jesus*. Estas publicações periódicas eram então dirigidas por Francisco Antônio Bastos (1853-1929), espírita e colaborador (depois esposo) da educadora Anália Emília Franco (1853-1919).[70] Francisco Antônio Bastos e Anália Franco compartilharam a efetivação de inúmeras iniciativas no campo da educação e da assistência social. Uma delas – a Colônia Regeneradora D. Romualdo – localizava-se na Mooca, bairro operário paulistano vizinho do Brás e do Belenzinho, onde no ano seguinte João Penteado dirigiria uma escola.

Anália Franco fundou a Associação Feminina Beneficente e Instrutiva de São Paulo em novembro de 1901, presidindo-a até sua morte em 1919. Esta associação foi criada por um "grupo ilustre de senhoras de todos os níveis sociais", sob inspiração da referida professora Anália Franco, para "proteger e educar as crianças das classes desvalidas, bem como mães desamparadas" (Monteiro, 2004, p. 73). Anália não propôs a criação de escolas espíritas, ao contrário do que fez Barsanulfo na cidade mineira de Sacramento, em 1907.[71] A instituição que Anália criou em São

---

70 Francisco e Anália casaram-se em 1906, ocasião em que ambos tinham mais de cinquenta anos de idade.

71 Chamava-se Colégio Allan Kardec, e funcionou até 1918. Antes disso, lembra Bigheto (2007), Barsanulfo dirigia o Liceu Sacramentano, criado em 1902, sem orientação doutrinária. Em 1905, ano de sua adesão ao espiritismo, Barsanulfo sofreu a hostilidade dos pais, que retiraram os filhos da escola. O Liceu foi então abandonado pelos professores e teve o prédio e o mobiliário requisitados pelos proprietários. Em seguida, ele abriu uma escola assumidamente espírita: o Colégio Allan Kardec. A experiência de conversão de Caetano de Camargo em Jaú sete anos antes foi bem menos traumática do que a vivida por Barsanulfo em Sacramento, porque aquele não perdera os alunos.

Paulo definia-se como uma entidade laica (só que "dirigida por espíritas"), que se dedicava a diversas iniciativas educacionais. Já em 1903 havia mais de mil estudantes e beneficiados dos dois sexos atendidos nas escolas maternais, asilos, creches, liceus e escolas noturnas mantidos pela Associação Feminina (Monteiro, 2004). Tendo as escolas maternais como o fundamento de sua obra educacional, Anália Franco também criou os liceus (para formação das professoras), asilos (para crianças e senhoras desamparadas), creches (para os filhos das mães trabalhadoras), cursos complementares para os egressos das escolas maternais, cursos noturnos para adultos, cursos profissionalizantes para ambos os sexos, a Colônia Regeneradora D. Romualdo de Seixas, dentre outras iniciativas. Para minimizar a dependência de auxílios e subvenções estatais, Anália buscou estruturar os meios de subsistência para suas escolas e obras filantrópicas, através de atividades agrícolas e do estabelecimento de uma tipografia, além de organizar o Grupo Dramático-Musical, que promoveu diversas excursões de propaganda e arrecadação de fundos, de 1913 a 1919.

Antes de prosseguir, cabem aqui alguns esclarecimentos sobre a natureza da educação infantil oferecida por Anália Franco em suas escolas maternais.

Para Tizuko Kishimoto (1988), estudiosa da educação infantil, apesar da intenção de Anália Franco em "organizar instituições adequadas para a educação infantil" (p. 30), na prática suas escolas maternais não passavam de asilos infantis, que abrigavam crianças de diferentes idades, geralmente órfãs ou desamparadas. Enfrentando um problema comum na época – a falta de professores especializados – suas escolas distanciaram-se dos objetivos educacionais apropriados a instituições pré-escolares. Segundo Kishimoto, os jardins de infância (ou *kindergarten*) eram as instituições pré-escolares tipicamente educativas. O primeiro deles foi criado por Fröebel em 1840, na Alemanha, que ao batizá-lo com este nome valeu-se da metáfora do crescimento da planta:

> Na observação da natureza, [Fröebel] percebe que cada planta pertence a uma espécie, tem características próprias e exige do jardineiro cuidados especiais relativos à época de plantio, poda, constância na rega e outros, para crescer. Da mesma forma, ao estudar o desenvolvimento da criança percebe que ela necessita de atenção, cuidados semelhantes à planta para crescer saudável. Nesse sentido, ao comparar o desenvolvimento da criança ao de uma planta, atribui à jardineira, a professora de educação infantil, e aos esforços conjuntos da escola e família a tarefa de propiciar o desenvolvimento intelectual, emocional, físico, social e moral da criança, principalmente pelo uso dos jogos (p. 32).

O jardim da infância fundamentado no pensamento de Fröebel destinava-se à educação de crianças de 3 a 7 anos e adotava atividades voltadas para a formação religiosa, cuidados com o corpo, observação da natureza, aprendizado de poesias e cantos, exercícios de linguagem, trabalhos manuais, desenho, viagens e passeios, sem antecipar o ensino da leitura mas preparando a criança para a escola elementar. Kishimoto (1988) observa ainda que esta experiência de matriz alemã (e, sobretudo, norte-americana), enquanto "estabelecimento típico de educação pré-escolar", estava presente nos projetos de reforma educacional no Brasil (Bahia, 1875; Rui Barbosa, 1882) e em iniciativas concretas, como o Colégio Menezes Vieira (Rio de Janeiro, 1875), a Escola Americana (São Paulo, 1877) e o jardim de infância oficial, anexo à Escola Normal da Capital (São Paulo, 1896). Mesmo assim, ainda era comum a confusão, entre legisladores e mesmo entre educadores, do jardim de infância com as "casas de asilo", de matriz francesa e natureza assistencial, geralmente instituições de caridade sob responsabilidade de religiosos.

Desta forma, a meu ver, Kishimoto identifica nas escolas maternais criadas por Anália Franco em São Paulo nas décadas iniciais do século XX, experiências intermediárias entre a educação infantil e os asilos. Aponta, porém, o caráter moderno de sua proposta, com atividades mais ajustadas às necessidades das crianças e uma preocupação com a formação de professores para as escolas maternais, através do Liceu Feminino, que oferecia instrução teórica e prática preparatória para o magistério. Além disso, Kishimoto também destaca o apoio prestado a Anália Franco por abolicionistas, maçons e livres-pensadores, assim como de membros do Partido Republicano, instalado no poder desde 1889, e que foi fundamental para a sobrevivência de suas escolas.

Segundo Eduardo Monteiro (2004), a Associação de Anália Franco já havia fundado, em 1907, vinte e sete escolas maternais, que atendiam mais de 1.600 crianças. Destas escolas, duas dezenas estavam instaladas na capital e sete no interior de São Paulo, em Jaú (duas) e nas seguintes cidades: Dois Córregos, Itapetininga, São Manuel do Paraíso, Barretos e Franca. Cumpre observar que, em 1912, a 6ª Escola Maternal da Capital, situada à Rua Cotegipe, 25, que tinha 29 alunos de ambos os sexos, estava sob responsabilidade da professora Sebastiana Penteado, irmã de João. No mesmo ano, duas escolas maternais e uma creche na cidade de Jaú estavam a cargo, respectivamente, das professoras Olívia, Maria e Gabriella Acayaba, que faziam parte do círculo de espíritas locais. Monteiro afirma ainda que, em Jaú, a primeira escola maternal da Associação Feminina Beneficente e Instrutiva foi fundada em 1903, por conta do grande apoio recebido da família Acayaba. A Escola Maternal regida por Olívia Barbosa

Acayaba estava em funcionamento desde 1909, conforme relato da imprensa local.[72]

Além das escolas maternais, Anália Franco preocupava-se também com outras iniciativas educacionais escolares. Monteiro (2004) afirma que a Associação dirigida por Anália Franco nomeou, em 1906, uma comissão de cavalheiros, encarregando-a de tratar da fundação de um grupo escolar em Jaú, com professores egressos do Liceu mantido pela entidade na capital. Compunha esta comissão, dentre outros, Paulino de Oliveira Maciel.[73] Considerando-se que já havia um grupo escolar na cidade desde 1903 – o já citado Dr. Pádua Sales – esta proposta de criação de *outra* instituição desse tipo certamente estava nos planos dos espíritas, liderados por Paulino.

A presença de Anália Franco em Jaú também pode ser percebida nas páginas do *Jahu Moderno*. Nota publicada em abril de 1913 acusava o recebimento da revista *A Voz Maternal*, da Associação Feminina Beneficente e Instrutiva de São Paulo. Em novembro do mesmo ano, Anália Franco visitou Jaú, para supervisionar as escolas maternais já instaladas na cidade e divulgar o projeto de criar uma creche-asilo na localidade. Em março de 1914, o mesmo jornal publicou uma entrevista com Anália Franco, por ocasião da sua visita a Jaú, acompanhada do Grupo Dramático Musical da Colônia Regeneradora D. Romualdo e de membros do corpo docente do Asilo e Creche da Capital, em uma excursão de propaganda pelo interior paulista. Nesta entrevista, evitando "censurar o governo do Estado, que muito tinha feito para a disseminação do ensino", Anália identificou a falta de professores – mais do que de escolas públicas, que afinal existiam - como o principal problema da educação popular no interior. Desta forma, afirmou-o na ocasião, um dos objetivos centrais de sua obra era fazer com

---

72   *Commercio do Jahu*, 08/02/1909.

73   Conforme nota publicada no *Correio de Jahu* de 22/01/1906.

que os órfãos e as meninas entregues aos seus cuidados pudessem compreender a "dedicação pelo bem público" como um de seus principais deveres, e daí abraçassem a profissão docente, contribuindo para o provimento das vagas existentes nas localidades em que as condições de vida são mais penosas. Anália também resgatou os dois objetivos das excursões do Grupo Dramático-Musical: angariar recursos para a manutenção de suas obras de assistência e estimular o surgimento de creches-asilos e de escolas maternais, primárias e profissionais no interior paulista. Ainda, aos poderes públicos, diante da impossibilidade de prover tantas cadeiras vagas, o único modo de combater o analfabetismo da população (segundo Anália, em torno de 80%) era associando-se às instituições particulares. Neste sentido, um de seus projetos era

> (...) fundar pelo interior colônias de ensino profissional, à imitação da "Colônia D. Romualdo" por mim dirigida na Mooca em S. Paulo. Dali sairão artífices, ali serão orientadas as vocações dos menores pobres, ali será em breve um viveiro de trabalhadores de todas as profissões que virão concorrer para o desenvolvimento do nosso caro país.[74]

Enquanto não fosse possível criar uma "colônia de ensino profissional" em Jaú – um dos projetos de Anália Franco – a cidade poderia contar com as escolas maternais e primárias já fundadas e com o Asilo-Creche, que foi instalado naquele mesmo ano.[75]

A presença de Anália Franco em Jaú vem reforçar a hipótese de que o grupo de espíritas daquela cidade construiu uma ampla rede de sociabilidade, neste caso com vistas a atingir objetivos educacionais

---

74 *Jahu Moderno*, 23/11/1913; 01/03/1914.

75 *Jahu Moderno*, 29/03/1914; 07/05/1914.

escolares, com a fundação de instituições nos moldes propostos pela Associação Feminina, sob inspiração da citada educadora espírita. Além disso, é nítido que a presença espírita em Jaú na primeira década do século XX possibilitou a João Penteado o alargamento de seu campo de possibilidades, a ponto dele ter se deslocado para Juiz de Fora e para a capital paulista, por conta das atividades tipográficas e docentes, conforme sugerido anteriormente.

Esta trajetória de João Penteado é reforçada ao se examinar a atuação da Associação Feminina na capital, em particular quanto às suas atividades tipográficas. Segundo Eduardo Monteiro (2004), João Penteado, já em São Paulo, foi professor de tipografia da seção masculina do Instituto Natalício de Jesus, uma instituição educacional escolar também dirigida por Anália Franco. Na tipografia da Associação eram impressos os livros e materiais didáticos utilizados em suas escolas e seu órgão de imprensa e propaganda: a *Revista da Associação Feminina*, lançada em 1903 e, no mesmo ano, substituída pelo periódico *A Voz Maternal*. Além disso, naquela tipografia também se fazia a impressão das publicações espíritas, como a *Nova Revelação* e o *Natalício de Jesus*, assim como dos livros doutrinários de Anália Franco, e outros trabalhos a pagamento, como forma de arrecadação de recursos para as obras assistenciais.

A revista *Nova Revelação*, publicada desde 1903, tornou-se alguns anos depois o órgão oficial da União Espírita do Estado de São Paulo, com sede à Rua da Glória, 5. Tratava-se de uma publicação dirigida por Francisco Antônio Bastos e teve (por algum tempo) João Penteado como redator e gerente. Em sua edição de novembro de 1911, João Penteado publicou a biografia de Casimiro Cunha, um poeta espírita e portador de deficiência visual; em meio a diversos artigos de natureza doutrinária, escritos por vários autores, nesta edição havia também excertos de obras do escritor russo Leon

Tolstoi e uma nota de agradecimento pela visita do "estimado confrade, prof. Caetano de Camargo, residente em Jaú".[76]

O *Natalício de Jesus*, órgão oficial do instituto espírita de mesmo nome, surgiu em 1º de maio de 1908, também tendo Francisco Antônio Bastos como diretor e, a partir de março de 1911, João Penteado como redator. A redação localizava-se na Rua São Paulo, 47, no bairro paulistano da Liberdade. João Penteado publicou, nesta revista, vários artigos de sua autoria: "Sonhos e Visões", "Esperança", "2 de Novembro", "Caridade", "Cenas da Rua", "Antídio". Esta revista, que se afirmava como um órgão bastante ativo e combativo "na arena do jornalismo filosófico", publicava textos de diferentes autores e divulgou várias atividades: colaboração de estudantes (na coluna intitulada "Primeiros voos"); sugestão de leituras; permuta de jornais; conferências científico-literárias; festas de propaganda; conferências públicas em salas de teatro; publicação de relatórios de gestão, da lista de centros e grupos associados e dos balancetes e balanços fiscais do grupo. Também houve a divulgação de notícias do Primeiro Congresso Espírita Brasileiro, em artigo extraído da revista *O Mundo Oculto*, da cidade paulista de Campinas, de março de 1911.[77]

Em suma, a vida de João Penteado na primeira década do século XX foi marcada por grande efervescência, a partir de sua participação nas sociedades de ideias e nas redes de sociabilidade. Apoiando-se numa rica e dinâmica ambiência, ele aproveitou o campo aberto de possibilidades que se criou e foi, simultaneamente, leitor, autodidata, tipógrafo e espírita. Também lecionou,

---

76   *Nova Revelação*, novembro, 1911.

77   *Natalício de Jesus*, maio a julho, 1910; março/abril, 1911; setembro/outubro, 1911; novembro, 1911; dezembro, 1911. Os exemplares das revistas espíritas *Nova Revelação* e *Natalício de Jesus* citados acima, que contém artigos escritos por João Penteado, foram preservados em seu arquivo pessoal e encontram-se atualmente no Acervo João Penteado do CME – FEUSP.

na área pública e particular, em cursos primários e de artes tipográficas em Bica de Pedra, Jaú, Juiz de Fora e São Paulo. Participou dos embates da época, em defesa da "liberdade de pensamento e de crença". Estreitou os laços com figuras protestantes, de presbiterianos e metodistas. Trabalhou na imprensa como tipógrafo, jornalista e redator em Jaú, Pirassununga e São Paulo. Nesta perspectiva, justifica-se o tributo prestado por João Penteado, décadas no futuro, a dois de seus mentores: Caetano, por tê-lo ensinado a ler e escrever; Paulino, por tê-lo apresentado ao mundo dos livros, pela via de Kardec.

Era principalmente um tributo à atitude autodidata, que Paulino estimulou, ao franquear-lhe sua biblioteca, oferecendo obras espíritas e outras, a respeito da "cultura do espírito e da inteligência, inclusive os de religião e filosofia". Foi depois reforçada pelos círculos de convivialidade que se criaram em torno de setores da sociedade jauense, constituídos pelos homens (e mulheres) de espírito renovado: comerciantes, tipógrafos, criadores dos primeiros jornais da cidade, espíritas, protestantes, no contexto do clima de efervescência social e de fermentação de ideias que marcou a primeira década republicana.

Cumpre então perguntar: o que significa ser autodidata?

Segundo o Dicionário Houaiss da Língua Portuguesa, autodidata é aquele que "se instrui por esforço próprio, sem a ajuda de mestres". Antonio José Romera Valverde, refletindo sobre a temática pela via da filosofia em sua tese de doutorado (1996), e apoiando-se nos textos políticos de William Godwin[78] (1756-1836),

---

78 Segundo Woodcock (2002), William Godwin (1756-1836), filósofo inglês, pertencia a uma família de ministros protestantes dissidentes. "Seu avô e um tio haviam sido pregadores famosos; seu pai foi o pastor pouco eloquente mas rigoroso de uma série de congregações rurais independentes" (p. 69). Frequentou a Academia Hoston, faculdade fundada pelos dissidentes no século XVIII, e presidiu várias capelas não-conformistas entre 1778 e 1783. Abandonou o ministério para tornar-se

caracteriza o autodidatismo como um "processo de crescimento intelectual contínuo" (p. 226). Ou, nos termos de Godwin: "o verdadeiro crescimento intelectual exige que a mente atinja, tão rapidamente quanto for possível, o mesmo nível de conhecimento já existente entre os homens mais esclarecidos da comunidade e, a partir daí, parta em busca de novos conhecimentos".[79] Prossegue Valverde em sua leitura do filósofo inglês (p. 227):

> Godwin, empapado do espírito da Reforma protestante, colocando-se, enfaticamente, como o professor que quer libertar as mentes dos alunos e revogar o cativeiro dos dogmas, conclui que "aquele que aprende porque deseja fazê-lo ouvirá as instruções que recebe e aprenderá o seu significado. Aquele que ensina porque deseja fazê-lo cumprirá suas tarefas com entusiasmo e energia. Mas, no momento em que uma instituição política tomar a seu cargo a tarefa de indicar o lugar que cada homem deve ocupar, todos passarão a desempenhar suas funções com indiferença e preguiça".

Valverde afirma assim o sujeito como agente do processo de sua auto-educação, mediado por outros sujeitos de conhecimento: "Ser sujeito implica ter vontade própria, inteligência em potencial, consciência e livre-arbítrio. E o intricado deste *nó de relações* humanas é que garante a auto-aprendizagem, dando-se em relação aos iguais, mediada por textos e instituições".

---

ateu em 1790 (no fim da vida, abraçaria o panteísmo). Sua obra mais famosa, *Inquérito sobre a justiça política*, foi publicada em 1793 e contém argumentos que "abrangiam todos os aspectos essenciais da doutrina anarquista" (p. 66).

79 Godwin, *Inquérito sobre a justiça política*. *Apud* Valverde (1996, p. 226). Godwin voltava-se contra os dogmas e as instituições: "É preferível fazer os homens ler, conversar e meditar do que ensinar-lhes qualquer tipo de credo ou catecismo, seja ele moral ou político".

Além disso, para este pesquisador, Godwin explicita a proposta de autodidatismo no texto "A educação pela vontade", de 1797. Nele, encontra-se a defesa de que o melhor método de ensino é aquele precedido pela vontade de adquirir conhecimentos; assim, é possível prescindir do professor (e mesmo do aluno), pois "o aluno, tal como o mestre, estuda porque deseja fazê-lo, avançando segundo um plano por ele mesmo criado ou que passa a ser seu no momento em que o adota".[80]

Valverde então destaca, no pensamento filosófico de Godwin, os elementos fundamentais para a aprendizagem: os estudantes movidos pela vontade e pela liberdade; a existência de uma justificativa pessoal para a aprendizagem e a comparação, pelos estudantes, dos conhecimentos adquiridos, para marcar os progressos obtidos e dialogar com o conhecimento. Godwin finaliza com um conselho:

> (...) estudar sozinho é o método mais certo para adquirir o hábito do estudo... Se, portanto, eu desejar criar hábitos de atividade, é melhor que deixe o menino *solto pelos campos da ciência*, para que ali mesmo encontre seu caminho. Sem aumentar suas dificuldades, ele que fique sozinho... e que lhe seja permitido perguntar antes de receber a informação (grifos meus).[81]

A meu ver, esta elaboração de Valverde sobre o conceito de autodidatismo destaca três aspectos fundamentais desta maneira de ser autodidata: a busca contínua por novos conhecimentos e pelo crescimento intelectual; a liberdade de aprender e ensinar, em oposição aos dogmas e às instituições políticas (sobretudo o

---

80 Godwin, *A educação pela vontade. Apud* Valverde (1996, p. 230).

81 *Idem, Ibidem,*, p. 230-1.

Estado) e a centralidade das mediações, estabelecidas com os outros sujeitos e com os textos. Além disso, a busca por novos conhecimentos tem seu ponto de partida no patamar da comunidade, o que vem destacar a importância dos lugares de sociabilidade: aprende-se com os outros, a partir do que os outros já aprenderam. Finalmente, nesta concepção, desaparecem as figuras do professor e do aluno, substituídas pela figura do estudante, munido da vontade de aprender e de um plano de aprendizagem, criado ou adotado por ele.

Paulino, Caetano e João Penteado, na perspectiva apontada acima, podem ser caracterizados como autodidatas, ao buscar o conhecimento, reforçar os espaços de convivialidade e estabelecer uma profunda mediação com os livros. Aliás, estas três figuras parecem bastante confortáveis com a condição de autodidatas; ao longo deste estudo, não foi encontrado um só indício da preocupação deles com o fato de que não haviam concluído a formação escolar, ao menos pelo que se esperava na época: Caetano não completou a Escola Normal, mas exercia o cargo de professor; Paulino aparentemente não frequentou escola alguma, mas foi escrivão de paz em Jaú; João Penteado cursou apenas o primário, mas lecionou e dirigiu escolas. Compreensível esta posição, pois a formação escolar pressupõe um término; para o autodidata, imbuído de uma sede infinita pelo saber, a autoformação é um processo contínuo e interminável.

Cumpre ainda observar que nesta perspectiva de autodidatismo havia um limite para a liberdade: recomendava-se "deixar o menino solto pelos campos", com a ressalva de que fosse pelos campos da ciência. Mas, como fazê-lo? Certamente através dos livros e de outros materiais escritos, reforçando ser desnecessário "completar" a formação escolar.

João Penteado: o discreto transgressor de limites

Esta afirmação coloca os livros (e também os demais materiais escritos, os impressos) como elementos fundamentais da prática dos autodidatas. Tratava-se, entretanto, de simples leitura? Creio que não, pois a leitura era um mecanismo para a aquisição de conhecimentos, que permitia ao autodidata prescindir de mestres e de formação escolar. Tudo que precisava saber encontrava-se escrito, a disposição de quem tivesse vontade de aprender, através do esforço próprio. Quais eram os caminhos adotados pelos autodidatas nesta busca pelo conhecimento? Ou dito de outra forma: qual era o método?

Valverde menciona o exemplo de Joseph Jacotot que, em 1818, ensinou francês a alunos da Universidade de Louvain que só sabiam falar flamengo, através de um método que criou, no qual "o aprendiz se autoconduzia", com o emprego de um único livro, a edição bilíngue do *Télémaque*, de Fénelon. Cumpre observar que esse método havia feito muito sucesso entre os operários europeus no século XIX. Mas não só este método. Maria Lúcia Hilsdorf (1986) nos informa que, nos inícios do século XX, "quando o partido republicano paulista, já no poder, oferecia ensino popular na rede oficial, através de escolas públicas noturnas, os cursos livres serão associados à prática de outros grupos ideológicos como, por exemplo, os anarquistas" (p. 342, nota 17). As associações anarquistas foram as grandes promotoras destes "cursos livres", que utilizavam o ensino mútuo como método pedagógico preferido.

Segundo Pierre Lesage (1999), "O sistema monitorial, ou a instrução das crianças e dos adultos com a colaboração de alguns dentre eles, que seriam monitores de seus colegas" (p. 9-10), foi um sistema de ensino criado na Inglaterra nos últimos anos do século XVIII e divulgado por André Bell e Joseph Lancaster. Este método foi aplicado na França no século XIX, recebendo a denominação de método mútuo, com a primeira escola deste tipo de ensino criada em Paris em 1815. Foi um sistema amplamente difundido nas jovens nações sul-americanas e em alguns locais do Brasil, como a província de São Paulo. Embora associado em sua origem aos círculos liberais – o ensino mútuo fez-se presente em São Paulo na primeira metade do século XIX, ligado à prática dos liberais ilustrados (Hilsdorf, 1999) – esta metodologia esteve também profundamente enraizada nas práticas sociais dos trabalhadores. É possível que as tradições de ensino mútuo dos liberais radicais fossem incorporadas pelos grupos libertários, servindo-se das lojas maçônicas como intermediárias, num intenso fenômeno de circulação e de mediação de ideias e práticas, num contexto de aproximação entre diferentes atores sociais em São Paulo.

Esta preocupação com os métodos adotados pelos autodidatas em suas práticas se justifica na medida em que os textos de William Godwin não circularam no Brasil no século XIX. Não há notícias da publicação de seus principiais textos, na íntegra, em língua portuguesa.[82] Portanto, esta inclinação para o autodidatismo deveria ter alcançado Paulino, Caetano e João Penteado através de outros caminhos, pela via dos liberais adiantados ou, mais provavelmente, pela dos republicanos. Afinal, Antonio José Romera Valverde (1996) considera o autodidatismo como um fenômeno amplo, disseminado como "atitude espiritual e prática, em todos os setores da sociedade" (p. 212), e tendo como matriz mais recente o Iluminismo.

---

82 Gonçalves e Silva (2001), em levantamento bastante completo da bibliografia libertária no Brasil e em Portugal desde o século XIX, a partir de catálogos e bibliotecas nos dois países, não citam nenhuma obra de William Godwin. O próprio Valverde (1996) utiliza-se de uma coletânea de vários autores, organizada por George Woodcock e publicada no Brasil em 1981, com o título de *Os grandes escritos anarquistas*. Em artigo que trata do mesmo assunto, publicado em 2005 (intitulado *Autodidatismo e filosofia: desejo de conhecer*), Valverde cita e emprega o texto original em inglês, em edição publicada em Londres em 1993.

Ou seja, através do domínio de rudimentos da leitura e da escrita, combinado com a atitude de busca contínua por novos conhecimentos e com a disponibilidade de materiais escritos (sobretudo livros), conformou-se a atitude autodidata de uma miríade de atores sociais no Brasil e no mundo, que podiam assim prescindir da formação escolar, ou porque esta fosse inacessível ou porque fosse desnecessária, na medida em que eles definiam outros objetivos. Neste sentido, ser autodidata significa essencialmente ser *leitor*, ou mesmo um ouvinte de um leitor, como participante de um círculo de leitura.

Mas nesta perspectiva de alargamento do campo de possibilidades, falta ainda um ingrediente, que se revela através do *conteúdo* dos artigos escritos por João Penteado naquelas revistas espíritas supracitadas, como se verá adiante. Para além das ideias de Kardec, João Penteado acolheu mais um ideário, ainda na perspectiva da sociedade de ideias e das redes de sociabilidade, em consonância com a prática autodidata.

Refiro-me mais precisamente à doutrina anarquista.

CAPÍTULO 2
O alargamento do campo de possibilidades:
anarquista no Belenzinho

A crônica literária de João Penteado intitulada "Cenas da Rua", publicada em 1911 numa das revistas espíritas de São Paulo já comentadas,[1] permite apontar que havia convergências da doutrina espírita com o ideário anarquista, na perspectiva de João Penteado. A meu ver, sua circulação entre os espíritas, naquele contexto de efervescência social e cultural característico da sociedade paulista na primeira década do século XX, permitia a aproximação com os círculos anarquistas, perceptível em seus escritos dessa época.

No texto de João Penteado, as ruas das grandes cidades revelam o convívio entre as "criaturas ditosas, a quem é dado desfrutar a vida" e os "pobres operários", condenados a trabalhar muito, alimentar-se mal, habitar em casas sem higiene, morrer por esgotamento das forças ou por velhice prematura e mergulhar na mendicidade. O articulista, diante desta visão e depois de acurada análise, manifesta sentimentos opostos, de compaixão e de revolta, pois compreende que "a causa de todas as desigualdades e de todas as injustiças" encontra-se na organização da sociedade.

---

1   *Natalício de Jesus*, novembro de 1911.

Como exemplo, apresenta um ex-escravo, septuagenário, que pede esmolas na porta de uma loja. Ainda afirma, sobre tal pessoa: "É um nosso irmão que sofre em consequência da iniquidade social!"; E prossegue em sua reflexão:

> As ruas, as avenidas e as praças públicas são escolas onde os homens se instruem nas lições do exemplo e se educam na experimentação continuada de todos os seus esforços para a consecução da liberdade de pensar e sentir, que primeiro nasce dos comícios para depois triunfar por meio da revolução.
> É nas ruas que se realizam todas as barricadas revolucionárias, assim como, igualmente, as paradas militares e as procissões religiosas e carnavalescas que insultam a civilização do século.[2]

Nesta linha de argumentação, tanto a existência da mendicidade quanto a prática da esmola são "a negação mais formal dos sentimentos humanos" e da própria lei divina. Deus é amor, enquanto as religiões servem apenas para "escravizar as consciências" dos seres humanos. Trata-se de reconhecer a superioridade das "lições de sociologia" adquiridas com o estudo e a observação das ruas, porque são lições simples e "ilustradas com o exemplo". Então, para concluir, aos "sentimentos de humanidade" o autor contrapõe os "preconceitos patrióticos" e "a submissão e o respeito às autoridades civis e religiosas".

Nesse artigo de João Penteado, o termo "*compaixão*" pode muito bem representar a síntese dos valores espíritas, enquanto a palavra "*revolta*" descreve com precisão a visão dos anarquistas. Apesar da aparente divergência entre os termos "compaixão" e "revolta", estes dois grupos, dos quais são mostrados os

---

2   *Natalício de Jesus*, novembro de 1911.

entrelaçamentos, tinham a uni-los metodologias bastante seme-lhantes para a análise da realidade. Espíritas e anarquistas defen-diam a utilização dos princípios da racionalidade e do conheci-mento científico, empregando métodos baseados na observação e no estudo rigoroso dos fatos, na valorização das "lições do exem-plo", na experimentação e na mais ampla liberdade de pensar e sentir. Além disso, defendiam os valores da modernidade e da ci-vilização, repudiando as paradas militares e a guerra; as procissões religiosas e os desfiles carnavalescos; a mendicidade e a prática da esmola; as religiões e os preconceitos patrióticos; a submissão às autoridades civis e religiosas e a escravidão das consciências. Espíritas e anarquistas defendiam a paz, o comportamento mo-ral exemplar, a justiça e a mais ampla liberdade de consciência e expressão do pensamento. Os anarquistas iam além desta pauta comum, pois abordavam o tema dos comícios, das barricadas e das revoluções e os espíritas não abriam mão da ética cristã cen-trada na prática do bem. Exemplarmente, o artigo publicado num periódico espírita, poderia muito bem figurar nas páginas de um jornal anarquista, pois permitia a articulação dos grupos através da chave da proposição anticlerical e também da defesa intransi-gente da liberdade.

Esta era a proposta defendida, por exemplo, pelo jornal *A Lanterna*: rejeitar toda e qualquer forma de opressão e defender o debate livre na sociedade livre. Afirmou este jornal em 1910:

> Nós, os anticlericais, os livre-pensadores, os homens de consciência livre, sabemos usar de toda tolerân-cia para com os adversários. Não pretendemos que os vendedores de jornais vendam "só" o nosso ou preju-diquem os contrários. Isso seria temer a discussão, o

> confronto de ideias e nós não a tememos. Ao contrário, provocamo-la sempre.[3]

Neste sentido, para eles, a Igreja católica era considerada como o principal obstáculo ao progresso do pensamento, pois proibia ao fiel conhecer outras doutrinas além da romana, vetando-lhe o contato com obras e opúsculos protestantes, espíritas ou de outras religiões.[4] Enquanto os católicos, em pleno século XX, recomendavam deitar ao fogo os textos dos acatólicos, *A Lanterna* fomentava a leitura e a discussão de obras vinculadas às mais diferentes orientações filosóficas e doutrinárias. Ou seja, para criar as condições de instaurar um clima de debate livre na sociedade livre, o jornal anticlerical estimulava o estudo de diversas linhas de pensamento. Em suas páginas, assim como na de outros jornais, era possível encontrar artigos a favor e contra a adesão à doutrina espírita.[5]

---

3   *A Lanterna*, 16/07/1910.

4   Na literatura espírita há o caso do Dr. Luís Alves da Silva Carvalho, Juiz de Direito de Cuiabá e católico, que, em princípios do século XX, a fim de sustentar uma polêmica com o espírita Manuel Vianna de Carvalho, solicitou ao arcebispo autorização para tomar conhecimento da filosofia espírita, para melhor refutá-la. O arcebispo, entretanto, não o autorizou, alegando que os livros de Kardec constavam do Índex católico. O juiz desobedeceu-o, comprando os livros, lendo-os e estudando-os. Ao final, converteu-se ao espiritismo e juntou-se ao grupo de Vianna de Carvalho, como afirma Jorge Hessen (2003).

5   Veja-se uma posição de crítica ao espiritismo publicada em outro jornal do período. No *Germinal!*, em 1913, os espíritas foram duramente criticados, já que foram apresentados como seguidores de uma nova superstição, cuja rápida difusão exigiria "cautela e mais cautela" dos operários. O espiritismo, defensor da caridade e voz presente na grande imprensa paulista e brasileira, continuava o jornal, era apenas uma forma de misticismo, cuja existência explicava-se pela necessidade de justificar as desigualdades sociais. Espíritas famosos – como Kardec, Vitor Hugo e Francisco Madero – terminaram suas vidas riquíssimos. E os espíritas brasileiros (Leopoldo Cirne, Gustavo de Macedo, Inácio Bittencourt, Vianna de Carvalho e Fernando Lacerda), segundo o jornal, não passavam de burgueses ou semi-burgueses, interessados em "pregar resignação aos operários" (*Germinal!*, 03/08/1913).

No mês seguinte, no mesmo periódico espírita, João Penteado publicou outro artigo literário de sua lavra, desta vez no formato de narrativa, intitulado "Antídio", nome de sua personagem principal.[6] Convém comentá-lo em detalhes, pois ele traz elementos que confirmam o entrelaçamento dos fios das doutrinas espírita e anarquista em João Penteado, como mencionado acima.

Antídio era um rapaz alegre, franco e estimado por todos na comunidade rústica em que nasceu. Criado nos sertões, ele desconhecia todos os progressos da moderna civilização, mas vivia feliz. Um dia, um forasteiro abriu uma escola na aldeia em que Antídio morava, com aulas diurnas e noturnas. Matriculou-se na escola e, assíduo e aplicado que era, tornou-se o primeiro aluno da classe noturna e o primeiro jovem da localidade a dominar a leitura e a escrita. Tomado pelo orgulho, decidiu mudar-se para um grande centro urbano e, por sorte, recebeu uma proposta de emprego no Rio de Janeiro, feita por um amigo de seu professor. Ao visitar a capital federal pela primeira vez, na companhia de um jovem morador da cidade, tomou conhecimento dos padres, assistiu a uma parada militar e ficou sabendo da existência de greves de operários, de comícios e de anarquistas. Também viu um grande hospício e ouviu do amigo que a grande quantidade de loucos era provocada pela adesão das pessoas ao espiritismo. Após descrever os princípios fundamentais da doutrina espírita, o amigo arrematou: "Os espíritas, como os anarquistas, são perigosos!" Na continuação do passeio pela cidade, avistou casas de misericórdia, igrejas, conventos, estabelecimentos públicos, quartéis e prostíbulos; viu a praia e assistiu a um espetáculo de ópera e uma projeção cinematográfica. Diante desta nova realidade, Antídio manifestou dúvidas em relação às afirmações do amigo e buscou explicações para o que via. Mas ao começar a trabalhar, fez amizade com dois outros

---

6   *Natalício de Jesus*, dezembro de 1911.

rapazes, um dos quais era espírita e o outro, anarquista. Destas relações de companheirismo e amizade Antídio pôde receber uma "orientação perfeita com relação aos fenômenos sociais", ao descobrir que os espíritas não eram loucos nem os anarquistas, assassinos. Enquanto o amigo espírita lhe mostrava o respeito a Deus e ao próximo, o amigo anarquista demonstrava a crença na natureza e na revolução. "Viu, então, que a diferença entre os ideais de ambos era tão pequena que os separava"; e concluiu que era a miséria e a ignorância que provocavam a loucura e o crime na sociedade. Após alguns meses no Rio de Janeiro, Antídio retornou à terra natal, para atender ao convite do ex-professor para auxiliá--lo, como docente adjunto, na escola da aldeia. De volta ao sertão, Antídio perdeu o orgulho, tornando-se um "homem pensador, experimentado e quase filósofo, senão sábio, a quem todos admiravam e respeitavam". Tolstoi e Allan Kardec eram seus autores de referência. E dizia, ao tratar da civilização e do progresso:

> A felicidade não está nestas tantas cousas que constituem a aspiração dos homens das cidades, mas sim na plena obediência à voz que ouvimos dentro de nós mesmos, que é a nossa consciência, na qual Deus se revela tão perfeitamente como na estupenda manifestação das forças da natureza.[7]

Os paralelos entre as experiências de vida de Antídio e do autor da narrativa – João Penteado – são inúmeras e impressionantes. A infância no meio rural, a escola primária dirigida por um professor originário da metrópole, a condição de aluno aplicado (leia--se: autodidata em formação), a mudança para um centro urbano na juventude, o contato com a realidade social e com algumas

---

7   *Natalício de Jesus,* dezembro de 1911.

doutrinas "modernas" – a espírita e a anarquista –, as amizades nos círculos espíritas e anarquistas, a circulação de ideias, o referencial em Allan Kardec e Tolstoi, a combinação da doutrina anarquista com a espírita e a regência de aulas na fase madura da vida são fatos biográficos tanto atribuídos à personagem literária quanto identificados na vida de João Penteado.

"Antídio" comprova o entrelaçamento das ideias espíritas e anarquistas em João Penteado e, de certa forma, também situa a educação escolar como um elemento central em sua vida. Afinal, no texto acima descrito, a personagem Antídio havia retornado à sua aldeia natal exatamente para tornar-se professor. No caso do autor, em maio de 1912, portanto apenas alguns meses após a publicação deste último artigo, ele se tornaria o diretor da Escola Moderna N. 1, no bairro paulistano do Belenzinho. O texto pode então ser interpretado como uma insinuação sobre a nova empreitada que João Penteado assumiria?

O que Léon Tolstoi[8] significava para João Penteado, a ponto de este citá-lo no texto "Antídio", ao lado de Allan Kardec?

---

8   Segundo João Gaspar Simões (1960), Lev Nicolaievitch Tolstoi nasceu em 1828, em Iasnaia Poliana, província russa de Tula, em uma família aristocrática que descendia de príncipes e generais. Órfão ainda na infância, em companhia de três irmãos, foi criado por uma velha parenta e um preceptor alemão. Frequentou a Universidade de Kazan. Aos vinte anos entregou-se ao jogo e à devassidão. Algum tempo depois abandonou os estudos e seguiu para a região do Cáucaso, incorporando-se ao exército russo. Desta época datam seus primeiros escritos: *Infância*, obra de caráter autobiográfico, concluída em 1852. Abandonando a vida militar em 1856, viajou pela Europa. Ao regressar para a Rússia, casou-se e começou a escrever sua grande obra literária, *Guerra e paz*, publicada a partir de 1865 na revista *Mensageiro Russo* e posteriormente em livro (1869). Em 1872 iniciou outro romance, *Ana Karenina*, publicado em capítulos no *Mensageiro Russo*, a partir de 1875, antes de ser editado em livro, três anos depois. Em 1884, sua obra *Qual é a minha fé* foi apreendida na tipografia pela censura imperial; mas mesmo assim espalhou-se na forma de manuscrito, sendo publicado em Paris no ano seguinte com o título de *A minha religião*. Entre 1887 e 1899 escreveu e publicou suas principais obras de cunho filosófico, tais como *A sonata a Kreutzer* e *Ressurreição*. Em

Artigo de jornal intitulado "Aspectos do nosso '1900' – Quando Tolstoi foi 'moda' no Brasil", de Brito Broca, foi conservado por João Penteado em seu arquivo pessoal, entre seus papéis. Não há indicação do nome do jornal ou da data de publicação, mas uma versão bastante semelhante pode ser encontrada no livro de Broca intitulado "A vida literária no Brasil – 1900", uma coletânea de crônicas, publicada em 1956.

Brito Broca inicia o artigo com a constatação de que Tolstoi foi "moda" no Brasil, assim como Ibsen, Nietzsche, D'Annunzio e Oscar Wilde. Além disso,

> O "tolstoismo" brasileiro conjugou-se com as atividades anarquistas e socialistas aqui verificadas nas duas primeiras décadas do século; mas da mesma maneira que entre 1930 e 1940 proliferaram entre nós os marxistas puramente "literários", também no "1900" o anarquismo foi para muita gente apenas "literatura".[9]

Prossegue ainda: Tolstoi foi o paradigma destes reformadores utópicos, enquanto uma moda que apresentou um "cunho *exquis*", isto é, refinado, de atualidade e modernismo. Em seguida, o articulista passa a descrever essa "tendência literária", citando e comentando os autores que a adotaram, assim como suas principais obras. Curvelo de Mendonça publicou o livro "Regeneração" em 1904, o qual é descrito como uma "novela declamatória, convencional, ingênua e meio didática". Fábio Luz escreveu os livros "Na Província", "Elias Barrão e Chica Maria" e "O Ideólogo", muito influenciado por Zola e Kropotkin. Uma plêiade de poetas versou sobre temas libertários: Fanfa Ribas; Gomes Ferro; Hermes Fontes;

1901 foi excomungado pela Igreja russa. Morreu em 1910.

9   Artigo de jornal sem data. AJP.

Ricardo Gonçalves; Max de Vasconcelos; Manuel Custódio de Melo Filho; Raimundo Reis; Zeferino Brasil; Alberto de Oliveira; Martins Fontes. Outros publicaram jornais de tendência anarquista: Vicente de Souza, José Oiticica, Mota Assunção e Joel de Oliveira no Rio de Janeiro; e Guedes Coutinho e J. May y Pi no Rio Grande do Sul. O articulista ainda citou Alcindo Guanabara, Viveiros de Castro, Evaristo de Morais e Afonso Schmidt como participantes desta "moda" literária. Já José Veríssimo, Medeiros e Albuquerque, Olavo Bilac, Frota Pessoa e Manoel Bomfim foram por ele apresentados como possuidores de "vernizes anarquistas". Vitor Viana era adepto do socialismo estatal, enquanto Pereira da Silva era tolstoiano puro. Brito Broca terminou o artigo com comentários sobre Elísio de Carvalho e a experiência da Universidade Popular no Rio de Janeiro.

Em certa medida, João Penteado tomou para si este paradigma tolstoiano, nos termos propostos por Brito Broca, incluindo-se entre os autores que escreviam e publicavam influenciados pela obra do escritor russo.[10] Nesta perspectiva, Tolstoi pode muito bem representar uma área de intersecção entre as faces anarquista e espírita de João Penteado.[11] Afinal, aquele escritor russo criou

---

10   Em 1944, respondendo a uma solicitação do Centro de Instrução Militar do quartel da força policial do Barro Branco, João Penteado doaria vários livros, entre os quais a obra *Conselhos aos dirigidos*, do Conde Leão Tolstoi (*Ofício*. Datado de 10/02/1944. AJP. *Relação de livros oferecidos à biblioteca do Centro de Instrução Militar do quartel da Força Policial de Barro Branco*. AJP). Anos depois, em carta, João Penteado afirmaria a sua condição de cristão tolstoiano desde a juventude. *Carta de João Penteado para Areobaldo E. de Oliveira Leme*. Datada de 02/06/1958. AJP.

11   Dora Incontri (1991), pesquisando a contribuição original de Tolstoi para a pedagogia, afirma que seus romances, sua produção especificamente literária, é largamente conhecida, enquanto há poucos estudos sobre "o pensador anarquista, que se debruçou sobre temas políticos, religiosos, sociais e estéticos, com a fúria de um profeta e a acuidade de um gênio". Na mesma linha, os escritos "pedagógicos" de Tolstoi permanecem mais desconhecidos ainda. Incontri cita duas de suas obras nesse campo, editadas em francês em 1888 e nunca traduzidas para o português: *La liberté dans l'école* e *L'école de Yasnaia Poliana*.

Fernando Antonio Peres

uma escola para camponeses em Iasnaia Poliana e, sem romper com a crença cristã (apenas com a Igreja ortodoxa), aproximou--se dos anarquistas pelas proposições em defesa da escola laica e popular, desde que esta não fosse apropriada pelo Estado.

Além de Tolstoi, no plano das ideias e da sociabilidade, enquanto redes cognitivas e de convivialidade, o que mais pode explicar a aproximação de João Penteado com os anarquistas?

Espírita e anarquista

Se por um lado as fontes não apresentam respostas conclusivas sobre a aproximação de João Penteado com os anarquistas,[12]

---

12 Sobre os *anarquistas*, as obras de Max Nettlau, Henri Arvon, Daniel Guérin, Jean Maitron e Georges Woodcock são clássicos da historiografia internacional sobre a temática. Um levantamento bastante completo da bibliografia anarquista em língua portuguesa foi efetuado por Gonçalves e Silva (2001). Convém também destacar as dezenas de publicações de Edgar Rodrigues (um anarquista historiador) sobre a temática. Ainda a *História das lutas sociais no Brasil*, de E. Dias (1962), que se pode considerar como um exemplo de "memórias de militantes". No campo acadêmico, há inúmeras pesquisas que têm os anarquistas como objeto de estudo, dos quais destaco os seguintes títulos: *Anarchism in Brazil: theory and practice, 1890-1920*, de Eric Gordon (1978); *O movimento anarquista em São Paulo (1906-1917)*, de Silvia Magnani (1979); *A estratégia do desterro: situação operária e contradições da política cultural anarquista, Brasil, 1889-1922*, de Francisco Foot Hardman (1980); *Anarquismo e anarcossindicalismo: orientações do movimento operário brasileiro: 1906-1907*, de Giuseppina Sferra (1982); *O sonhar libertário: movimento operário dos anos 1917 a 1921*, de Cristina Campos (1983); *Contos anarquistas: antologia da prosa libertária no Brasil (1901-1935)*, organizada por Arnoni Prado e Foot Hardman (1985); *Libertários no Brasil: memórias, lutas, cultura*, coletânea de textos organizada por Arnoni Prado (1986); *Anarchisme, syndicalisme révolutionnaire et participation politique au Brésil: mythe et histoire*, de Jacy de Seixas (1989); *A presença rebelde na cidade sorriso: contribuição ao estudo do anarquismo em Curitiba: 1890-1920*, de Silza Valente (1992); *O Amigo do povo: grupos de afinidade e a propaganda anarquista em São Paulo nos primeiros anos deste século*, de Edilene Toledo (1993); *Contra leviatã, contra a história: a travessia do deserto, mitos, literatura e imprensa anarquista no Brasil*, de Sergio Norte (1994); *O espírito da revolta: a greve geral anarquista de 1917*, de Christina Lopreato (1996); *O anarquismo literário: uma utopia na*

contramão da modernização do Rio de Janeiro: 1900-1920, de José Fenerick (1997); *A resistência anarquista: uma questão de identidade (1927-1937)*, de Raquel de Azevedo (2000); e *Despontar, (des)fazer-se, (re)viver... a (des)continuidade das organizações anarquistas na Primeira República*, de Antoniette de Oliveira (2001). Os anarquistas também aparecem nas investigações acadêmicas históricas e sociológicas sobre imprensa, arte e literatura, repressão policial, ideias e práticas socialistas, imigração europeia, sindicatos e movimento operário, principalmente as que se dedicam a interpretar estes fenômenos no espaço geográfico brasileiro durante a Primeira República (1889-1930). Quanto a esta produção, há os seguintes títulos: *História das ideias socialistas no Brasil*, de Vamireh Chacon (1965) *Conflito industrial e sindicalismo no Brasil*, de Leôncio Rodrigues (1966); *O sindicato e o Estado. Suas relações na formação do proletariado de São Paulo*, de Azis Simão (1966); *Anarchists and communists in Brazil, 1900-1935*, de John Dulles (1973); *Anarchists, immigrants, and the Brazilian labor movements: 1890-1920*, de Sheldon Maram (1974); *O trabalho urbano e o conflito social na república oligárquica (1890-1920)*, de Bóris Fausto (1975); *Movimento social operário na Primeira República*, de Lígia Silva (1977); *A imprensa operária no Brasil, 1880-1920*, de Maria Nazareth Ferreira (1978); *As greves de 1917 em São Paulo e o processo de organização proletária*, de Yara Khoury (1978); *A classe operária no Brasil (1889-1930)*, coletânea de documentos organizada por Hall e Pinheiro (1979 e 1981); *Movimento operário no Brasil (1877-1944)*, coletânea de documentos organizada por Edgard Carone (1979); *Teatro operário na cidade de São Paulo*, de Mariângela de Lima e Maria Thereza Vargas (1980); *Amarelo e negro: matizes do comportamento operário na República Velha*, de Maria Cecília Velasco y Cruz (1981); *História da indústria e do trabalho no Brasil*, de Foot Hardman e Leonardi (1982); *A domesticação dos trabalhadores nos anos 30: a derrota do anarco-sindicalismo (São Paulo, 1929-1932)*, de Zelia da Silva (1983); *Sem fé, sem lei, sem rei: liberalismo e experiência anarquista na República*, de Margareth Rago (1984); *A vida fora das fábricas: cotidiano operário em São Paulo, 1920-1934*, de Maria Guzzo de Decca (1987); *Velhos militantes*, depoimentos organizados por Ângela de Castro Gomes (1988); *História do movimento operário no Brasil*, de Antonio Rezende (1990); *Les italiens dans le mouvement anarchiste au Brésil: 1890-1920*, de Isabelle Felici (1994); *Pedagogia libertária e autodidatismo*, de Antonio Valverde (1996); *O anticlericalismo na República Velha: a ação dos anarquistas*, de José de Oliveira (1996); *Anarquismo, Estado e pastoral do imigrante: das disputas ideológicas pelo imigrante aos limites da ordem: o caso Idalina*, de Wlaumir de Souza (1997); *São Paulo em papel e tinta: periodismo e vida urbana – 1890-1915*, de Heloísa Cruz (2000); *A imprensa confiscada pelo Deops: 1924-1954*, obra coletiva organizada por Maria Luiza Tucci Carneiro e Boris Kossoy (2003); *Combates pela liberdade: o movimento anarquista sob a vigilância do Deops/SP (1924-1945)*, de Lucia Parra (2003); *Imprimindo a resistência: a imprensa anarquista e a repressão política em São Paulo (1930-1945)*, de Rodrigo da Silva (2006); e *A trajetória anarquista do educador João* por outro, elas oferecem pistas relevantes para sua elucidação. Refiro-me a um *episódio emblemático* ocorrido em Jaú, em agosto de 1907, conforme descrito por Carlo Romani (2002). Naquele ano, Oreste Ristori efetuou uma conferência na cidade natal de Penteado. Ristori, experiente militante anarquista, realizava costumeiramente conferências e excursões de propaganda. Era considerado (na época e pelos historiadores) um brilhante orador.

Penteado: leituras sobre educação, cultura e sociedade, de Luciana dos Santos (2009). Há ainda os estudos monográficos sobre figuras de destaque no movimento anarquista, dos quais cito os seguintes títulos: *Elysio de Carvalho, um militante do anarquismo*, de Moacir de Sant'Ana (1982); *Caminhos da Maria Lacerda de Moura: contribuição para o estudo do feminismo no Brasil*, de Miriam Leite (1983); *A imagem rebelde: a trajetória libertária de Avelino Fóscolo*, de Regina Duarte (1988); *Edgard Leuenroth: uma voz libertária. Imprensa, memória e militância*, de Yara Khoury (1988); *O espírito da educação: Maria Lacerda de Moura (1918-1935)*, de Maria Aparecida Dias (1999); *Florentino de Carvalho: pensamento social de um anarquista*, de Rogério Nascimento (1996); *Anarquismo e utopia: as ideias políticas de Giovanni Rossi*, de José Vasconcelos (1996); e *Oreste Ristori: uma aventura anarquista*, de Carlo Romani (1998). A produção de pesquisas sobre a ação dos anarquistas na área de pedagogia em geral e de história da educação em particular também é considerável. Cito os seguintes títulos: *Presença do anarquismo no Brasil: um estudo dos episódios literário e educacional*, de Flávio Luizetto (1984); *Pedagogia, educação e movimento operário na Primeira República*, de Paulo Ghiraldelli Jr. (1986); *Educação popular segundo os sindicalistas revolucionários e os comunistas na Primeira República*, de Tarso Mazzotti (1987); *Uma educação para a solidariedade: contribuição ao estudo das concepções e realizações educacionais dos anarquistas na República Velha*, de Regina Jomini (1989); *Uma experiência educacional de autogestão: a Escola Moderna Nº 1 na sua gênese*, de Marinice Fortunato (1992); *Educação anarquista: por uma pedagogia do risco* e *Autoridade e a construção da liberdade: o paradigma anarquista em educação*, de Silvio Gallo (1990 e 1993); *A Voz do Trabalhador: sementes para uma nova sociedade*, de Célia Giglio (1995); *A trajetória educacional anarquista na Primeira República: das escolas aos centros de cultura social*, de José Moraes (1999); *O cinema do povo: um projeto da educação anarquista, 1901-1921*, de Cristina Figueira (2003); *Práticas de educação libertária no Brasil: a experiência da Escola Moderna em São Paulo*, de Tatiana Calsavara (2004); *Educar para a liberdade: o projeto anarquista do Centro de Cultura Social - São Paulo, 1933-1955*, de Luiz Nascimento (2007); *Educação e resistência anarquista em São Paulo: a sobrevivência das práticas de educação libertária na Academia de Comércio Saldanha Marinho (1920-1945)*, de Olga Fregoni (2007); e minha dissertação de mestrado (Peres, 2004).

A conferência realizada em Jaú versava sobre uma temática de conteúdo aparentemente religioso, o que certamente atraiu João Penteado, já naquela época adepto da doutrina espírita. A partir deste episódio, João Penteado (então com 30 anos, isto é, já no início de sua vida madura) estabeleceu "vínculos mais profundos com o movimento libertário" (p. 184) a ponto de enviar uma carta ao jornal *La Battaglia*:

> A presente correspondência, que é *a primeira por mim dirigida a essa folha*, tem o fim exclusivo de nestas poucas linhas, *dar notícias* da estada do companheiro Oreste Ristori nesta cidade, onde, galhardamente recebido por parte de seus *admiradores* e *companheiros*, foi instigado a realizar uma conferência pública, de propaganda sociológica, logrando com isso trazer muito proveito para *a causa da reforma social.*
>
> O tema versou sobre o *Cristianismo perante a história e a sociologia*, tendo o companheiro Ristori no decorrer de seu caloroso discurso, merecido sinceros aplausos, principalmente quando se referia aos *dogmas absurdos das religiões* e as *sutilezas do clero e de seus representantes* (grifos meus).[13]

Esta colaboração de Penteado ao jornal *La Battaglia* representa simultaneamente um marco e uma evidência de sua aproximação com os anarquistas. Mas esta aproximação poderia ter começado antes desta data, através da leitura de obras anarquistas, fossem livros ou jornais, os quais, como os espíritas, também tinham circulação intensa nesta primeira década do século.[14] Afirmo que a postura anticlerical, comum tanto aos espíritas quanto aos anarquistas

---

13　*La Battaglia*, 01/09/1907. *Apud* Romani, 2002.

14　Sobre a rica literatura produzida sobre o tema da circulação de textos anarquistas, destaco a dissertação de Célia Giglio (1995).

na época, pode ser apresentada como uma chave explicativa desta aproximação em João Penteado. Afinal, o jornal *A Lanterna*, um dos mais importantes de caráter anticlerical do período, teve a sua publicação iniciada em 1901, sendo distribuído por todo o estado de São Paulo, sobretudo para as cidades servidas pelas linhas férreas, como demonstrei em trabalho anterior (Peres, 2004).

João Penteado leu *A Lanterna* entre 1901 e 1904, ano em que sua publicação foi interrompida?

As fontes silenciam sobre esta questão; mas presumivelmente a resposta é afirmativa. *A Lanterna*, desde seu primeiro número, procurou delimitar os campos de luta existentes no país naquele momento: de um lado, o "exército clerical", sustentado pelo dinheiro e pela hipocrisia; do outro, um "punhado de homens", reunindo "todos que sabem quanto o clericalismo é prejudicial, quanto o jesuitismo é nefasto, quanto o beatismo embrutece os povos", aqueles que têm "amor pela verdade (...) horror pela hipocrisia e pela mentira" e que, em função disso, abraçam a causa "do progresso e da civilização". Este jornal, a meu ver, procurava estabelecer uma distinção entre o cristianismo (baseado unicamente nos ensinamentos de Cristo e nos evangelhos) e o clericalismo, entendido como a principal manifestação da religião dos papas: "A verdadeira religião está nos dotes morais, nos sentimentos honestos, na bondade do coração"; e para se comunicar com Deus, "basta a concentração da nossa vontade e o desejo de acreditar no ente supremo".[15] Ou seja, o jornal adotou uma pauta que também se adequava às concepções dos espíritas. Como visto, estas concepções baseavam-se nos seguintes pontos: crença no progresso, na ciência e em seus métodos; rejeição tanto do sobrenatural quanto do materialismo; centralidade dos princípios morais e do convívio social; primazia da educação moral e

---

15   *A Lanterna*, 07/03/1901; 24/03/1901.

valorização do pensamento racional, do trabalho, da caridade, da família, dos ideais da Ilustração e do aprimoramento moral do indivíduo. Na condição de espírita, João Penteado poderia ter lido o jornal *A Lanterna* e assumido uma posição ao lado daquele "punhado de homens" cristãos em defesa da verdade e dos "verdadeiros" princípios do cristianismo.

Curiosamente, *A Lanterna* trazia poucas referências diretas aos espíritas em suas páginas. Localizei apenas uma nota divulgando a criação de uma sociedade espírita na cidade paulista de Taubaté. Denominada de "União e Caridade", esta associação tinha por fim "o estudo de todos os fenômenos relativos às manifestações espíritas e sua aplicação às ciências morais, físicas, históricas e psicológicas".[16] Cumpre observar que o diálogo mais vigoroso deste jornal em relação aos setores acatólicos da sociedade foi buscado com os maçons (em primeiro lugar) e com os protestantes, pela via do anticlericalismo; e mesmo com os católicos que estavam menos identificados com as posições ultramontanas e clericais da Igreja na época.

Retomando a correspondência de Penteado ao jornal *La Battaglia*, faço quatro considerações sobre a mesma. Em primeiro lugar, fica evidente que a postura anticlerical do autor, expressa na crítica aos dogmas religiosos e ao clero, pode ser identificada como um traço de aproximação entre espíritas e anarquistas na época. Além disso, sua motivação inicial para a redação do texto, o objetivo de "dar notícias" sobre a presença de Ristori em Jaú, pode ser compreendido como uma manifestação da sua face de tipógrafo, a demonstrar familiaridade com a prática jornalística, pois o pequeno texto traz todas as informações mais relevantes sobre o episódio descrito. Em terceiro lugar, o elemento novo neste texto é a referência à "reforma social", pois a conferência do orador

---

16 *A Lanterna*, 8-9/08/1903.

anarquista em Jaú, segundo Penteado, afirmou proveitosamente esta causa. Por fim, ele estabelece uma distinção entre os membros da audiência de Ristori em sua cidade natal, constituída de seus "admiradores" e de seus "companheiros". Eram então dois grupos? Podemos considerar estes dois grupos como o dos anarquistas (isto é, os *companheiros*) e de seus aliados (os *admiradores*), constituído este por espíritas, maçons, protestantes, republicanos radicais, socialistas?

Ainda: naquele agosto de 1907, então com trinta anos de idade, como João Penteado se considerava: Como *admirador* ou como *companheiro* de Oreste Ristori?

Muito tempo depois, em 1956, João Penteado receberia uma carta de David Antunes, na qual este relatava uma modesta contribuição para o registro da história de Jaú, onde ambos viveram: o *Jornal de Piracicaba* vinha publicando, três vezes por semana, de sua autoria, "uma novela de superfície, simples e destinada ao povo". Esta novela trazia episódios de alguma relevância ocorridos entre 1887 e 1904:

> Não deixei, por ex., sem uma referência, embora incidental, aos comícios que você realizou no Largo do Teatro, em Jaú. Citei Oreste Ristori e a "Lanterna" (...). Foi essa uma fase histórica de particular relevo pela decisiva influência que exerceu nos primeiros movimentos proletários no Brasil.[17]

A par da confirmação do ativismo de Penteado, inicialmente como "admirador, depois como "companheiro" dos anarquistas, o que se percebe nitidamente no texto de Antunes é a constituição de

---

17   *Carta*. Datada de 13/04/1956. AJP.

redes de sociabilidade em Jaú por meio dos movimentos operários exemplares, no caso os comícios realizados em praça pública.

João Penteado, na mesma época, pode ter participado (como fundador, diretor, membro ativo ou apenas sócio, não é possível saber) de outro lugar de sociabilidade, que lhe propiciou a aproximação com os anarquistas: o Centro Operário Beneficente e Instrutivo de Jaú – COBIJ ou simplesmente Centro Operário. Há fortes indícios de uma profunda ligação de João Penteado com essa associação operária de Jaú. Aliás, a própria existência do Centro Operário pode ser considerada como um mecanismo de alargamento do campo de possibilidades de João Penteado, ao aprofundar as relações entre todos os grupos atuantes na localidade, na medida em que lhe permitiria a prática dos princípios adotados nos círculos espíritas e anarquistas. Por outro lado, o Centro Operário me parece muito mais amplo, ao congregar variados setores da sociedade jauense, além dos citados.

O Centro Operário de Jaú foi criado em 1º de maio de 1908.[18] Já em meados de 1910 sua diretoria tornava público os esforços no sentido de iniciar a construção do prédio da sociedade (orçado em cinco contos de réis), para nele instalar suas seções, a escola e a biblioteca. Naquele momento, os objetivos do Centro Operário, presentes em seus estatutos, eram: construir um edifício para a sede social; promover a união das classes operárias; instalar a biblioteca; criar escolas diurnas ou noturnas (para os associados e

---

18 O prédio do Centro Operário, localizado na Rua Amaral Gurgel, 718, encontra-se atualmente em ruínas. Em sua fachada acham-se esculpidas (em alvenaria) as iniciais C.O.B.I. Segundo informações prestadas em setembro de 2009 pelos funcionários do Museu Municipal de Jaú, o prédio atualmente pertence à Prefeitura, que tem um projeto para reformá-lo ou restaurá-lo e nele estabelecer a Biblioteca Municipal da cidade. Infelizmente não foi possível encontrar indícios sobre a preservação dos arquivos do Centro Operário. Sabe-se que em 1953 o Centro ainda estava em funcionamento, mas a partir desta data as notícias sobre sua existência não mais apareceram dos jornais de Jaú.

seus filhos); realizar conferências para a classe operária, e fundar um periódico para defender seus interesses associativos. Segundo a mesma nota, este último objetivo poderia também ser substituído pelo auxílio a um periódico já existente, que cumpriria a função de defender as posições dos operários associados ao centro.[19]

Descrever minúcias do funcionamento do Centro Operário somente seria possível com a consulta aos seus arquivos, não localizados até este momento. Assim, farei uma apresentação de algumas das ações mais significativas desta associação em Jaú, particularmente no ano de 1913, tomando como referência principalmente o que se publicou no *Jahu Moderno*, fundado naquele ano, para demonstrar a existência de práticas que confirmam a aproximação do Centro Operário com os círculos de convivialidade existentes em Jaú.[20]

Em março de 1913 a nova diretoria do Centro Operário, recém empossada, tinha Tolentino Miraglia como presidente e Tasso de Magalhães como orador oficial.[21] Miraglia era espírita; Tasso de Magalhães – advogado, diretor e proprietário do jornal *Jahu Moderno* – era maçom, tendo assumido a secretaria da Loja "União e Caridade Jauense" em 12 de outubro de 1911. Embora sem condições de afirmar (ou negar) a participação de João Penteado no Centro Operário, as práticas desta associação confirmam sua identidade com os princípios das sociedades de ideias, podendo abrigar e congregar também anarquistas, além de espíritas, maçons, protestantes, republicanos radicais, socialistas, dentre outros.

---

19   *Commercio do Jahu*, 08/06/1910; *Comércio do Jahu*, 15/08/1953.

20   O *Jahu Moderno* dedicou bastante espaço para divulgar as atividades do Centro Operário. Mas convém lembrar que em 1913, ano de sua fundação, João Penteado já estava na capital paulista, exercendo diversas atividades.

21   *Jahu Moderno*, 20/03/1913.

Em 1913 a diretoria do Centro Operário, recém-empossada, já se mobilizava para sustentar uma iniciativa educacional escolar, convocando uma assembleia geral extraordinária para "tratar da fundação de uma Escola Moderna, a ser mantida pelo mesmo Centro".[22]

A assembleia geral do Centro Operário realizada em 27 de março de 1913 deve ter atingido seu objetivo, pois alguns dias depois José Garzone – professor e "talentoso colaborador" do *Jahu Moderno* – foi contratado para dirigir a Escola Moderna que em breve seria fundada. José Garzone dirigia então o Externato Ítalo-Brasileiro, "recém-instalado em prédio confortável e higiênico" e que oferecia o curso primário e o secundário, segundo o programa oficial do estado de São Paulo. Ele também ministrava aos jauenses programas ginasiais e cursos de línguas modernas, de ciências e preparatórios para turmas de madureza, odontologia e farmácia, assim como para a Escola Normal e a Escola de Comércio. Percebe-se então um grande empenho da nova diretoria do Centro Operário em fundar uma iniciativa educacional comprometida com a modernidade, procurando atrair um professor já estabelecido na localidade para a direção das aulas.[23]

Aqui cabe uma questão: o que significou o adjetivo "moderno" aposto a esta iniciativa escolar?

Cumpre observar que desde 1909, com o fuzilamento do educador espanhol Francisco Ferrer, criador da *Escuela Moderna* de Barcelona, o movimento libertário mundial havia adotado sua proposta de ensino racionalista como modelo para a criação de escolas livres, sob responsabilidade dos grupos anarquistas. Como já afirmei em estudo anterior (Peres, 2004), *A Lanterna*, que reiniciou sua publicação em 1909, era um dos jornais da imprensa

---

22 *Jahu Moderno*, 27/03/1913.

23 *Jahu Moderno*, 27/03/1913; 30/03/1913.

operária que fez ampla divulgação dos princípios do ensino racionalista e defendeu a criação das Escolas Modernas.

A Escola Moderna do Centro Operário de Jaú seguiria os princípios de Ferrer? Era uma escola anarquista? Foi proposta por João Penteado? Afinal, em 1913, João Penteado já era anarquista convicto e dirigia a Escola Moderna N. 1, a primeira a ser criada na capital paulista segundo os moldes propostos por Ferrer.

Por que, então, chamar para a Escola Moderna de Jaú um professor com o perfil de Garzone, responsável por uma escola particular, na qual se ofereciam cursos de preparatórios?

Talvez a Escola Moderna de Jaú tenha sido uma proposta de João Penteado, nos moldes anarquistas, mas que, ao se concretizar, assumiu outra característica, na medida em que o Centro Operário reunia e congregava amplos segmentos sociais. Em junho de 1913 o *Jahu Moderno* informava seus leitores de que estavam abertas as matrículas para os cursos primário, médio e superior da Escola Moderna, "mantida pelo Centro Operário e dirigida pelo prof. José Garzone", que requisitava material escolar à Secretaria do Interior de São Paulo.[24] Há, portanto, indícios de que a referida Escola Moderna se distinguia da dirigida por João Penteado, ao solicitar apoio dos órgãos oficiais do governo paulista.

Estas contradições apareceram ao longo do ano de 1913. Em outubro, alguns associados do Centro Operário, "por não estarem de acordo com as deliberações da última assembleia", solicitaram a realização de outra, para tratar, como ponto principal da pauta, da manutenção da Escola Moderna. Em dezembro daquele ano o professor Garzone mudou-se para Jundiaí. O Centro Operário conservou então uma Escola Noturna, a cargo do professor Antonio Catalano, ao que parece como resultado da ação de Vicente Prado,

---

24 *Jahu Moderno*, 01/06/1913; 26/06/1913.

líder político local de Jaú e à época deputado estadual.[25] Ou seja, houve uma mudança de orientação da escola criada e mantida pelo Centro Operário, substituindo-se uma iniciativa mais "independente" (talvez mesmo anarquista) por outra, intimamente vinculada ao projeto de expansão da rede pública de ensino noturno destinada aos trabalhadores (Hilsdorf, 2003).

Quando João Penteado teve oportunidade de propor a criação de uma Escola Moderna em Jaú, nos moldes defendidos por Ferrer?

João Penteado, a semelhança do que fizera Ristori em 1907, realizou conferências de propaganda em sua cidade natal, ao longo do primeiro semestre de 1913. Em 20 de abril, nota publicada no *Jahu Moderno* informava seus leitores que o Centro Operário realizaria uma assembleia geral extraordinária para preparar os "festejos comemorativos do dia 1° de Maio". Nas edições seguintes, republicou-se o convite para os festejos desta data: "Os associados dessa utilíssima instituição [Centro Operário] deliberaram festejar condignamente o 1° de Maio com uma estrondosa 'festa dos trabalhadores'".[26]

A "estrondosa festa dos trabalhadores" aconteceu como o previsto e foi noticiada na edição seguinte do *Jahu Moderno*. A sessão cívica ocorreu à tarde na sede do Centro Operário; foi presidida pelo espírita Tolentino Miraglia, apresentado pelo jornal como "um dos mais entusiastas representantes do livre-pensamento" em Jaú. Tasso de Magalhães, maçom e orador do Centro, dirigiu-se ao numeroso auditório, composto de "quase todos os operários de Jaú", para apresentar o conferencista: ninguém menos do que João Penteado, caracterizado então como "notável jornalista libertário", "valente conterrâneo e amigo". João Penteado, segundo o jornal, cumpriu com êxito a tarefa de propaganda libertária:

---

25 *Jahu Moderno*, 26/10/1913; 18/12/1913; 09/12/1914; 20/12/1914.

26 *Jahu Moderno*, 20/04/1913; 27/04/1913; 1°/05/1913.

> O ilustre professor deu então começo à sua brilhan-
> te alocução, dissertando largamente sobre o papel do
> operariado na sociedade presente e futura, bem como
> sobre as apreciações injusta e criminosamente feitas
> com revelação [sic] à data comemorada.[27]

Após os aplausos, prosseguiu o *Jahu Moderno*, encerrou-se a sessão e foi organizada uma passeata cívica pelas principais ruas da cidade. No evento, além dos órgãos de imprensa, estiveram presentes também as diversas sociedades beneficentes de Jaú.

A comemoração do 1º de Maio em Jaú provocou grande agitação naquela tradicional sociedade produtora de café. Comprova-o a publicação de artigo de João Penteado – intitulado "São Paulo e a civilização" – na mesma edição que noticiou a ocorrência da festa dos trabalhadores.[28]

Neste artigo, João Penteado afirmou que São Paulo era a "terra do despotismo, das arbitrariedades, das violências policiais e dos abusos do poder". Neste estado, o poder político e o judiciário estavam nas mãos de fazendeiros, que não perdiam a oportunidade de manifestar suas "tendências escravagistas" dos tempos coloniais – época do "quero, posso e mando!" – o que acabava por estimular a propaganda contra o Brasil entre os países estrangeiros. A difamação do Brasil perante o mundo ocorria em função "das torpezas" e "imoralidades administrativas e judiciárias" dos poderosos da terra, que desrespeitavam as leis que eles próprios haviam feito e perseguiam anarquistas, socialistas ou livres-pensadores. Em seguida, João Penteado criticou a repressão ao movimento contra a carestia da vida, denunciando-a como violação da liberdade de consciência e pensamento e do direito de reunião

---

27   *Jahu Moderno*, 04/05/1913.

28   *Jahu Moderno*, 04/05/1913.

em praça pública. Por último, criticou a lei de expulsão dos estrangeiros – "forjada de encomenda, com o único fim de reprimir os protestos dos operários grevistas e satisfazer a aspiração despótica dos senhores da [Companhia] Docas de Santos e fazendeiros escravagistas do interior do Estado" – e outros mecanismos de repressão, como a violação de domicílios, as prisões injustas ou sem processo, o espancamento de operários e a dissolução dos comícios "à pata de cavalo".

Mesmo considerando o fervor retórico da fala de João Penteado, o quadro descrito faz todo o sentido, enquanto testemunho de um observador atento à realidade social e econômica de São Paulo, confirmado pela bibliografia hodierna.[29]

Na edição seguinte do *Jahu Moderno* a questão dos festejos do 1º de Maio voltou a ser objeto de debate, só que num tom mais contundente. Em editorial intitulado "Crepúsculo do direito – Intolerância e arbitrariedade", o citado jornal lembrou a seus leitores que o Centro Operário de Jaú tinha convidado João Penteado, apresentando-o então como "talentoso jornalista e professor", com a finalidade de realizar "um comício de protesto contra a carestia da vida", problema que também estava afetando a sociedade jauense, em particular suas camadas mais baixas. O *meeting* ocorrido no último domingo, segundo o jornal, havia transcorrido na

---

29 Diante do quadro descrito por João Penteado, a confirmá-lo, cabe aqui uma observação de Paulo Sérgio Pinheiro (1976): "Aparentemente, a violência organizada demarcou a política do Estado em relação aos operários durante a Primeira República". Por outro lado, continua este autor, "a repressão não esgota a relação entre o Estado e a classe operária" (p. 137), com algumas aberturas já na década de 1910, exemplificada pela realização do Congresso Operário de 1912, na capital federal, organizado por Mario Hermes, filho do presidente Hermes da Fonseca, com apoio oficial. O Centro Operário não participou deste congresso, mas de outro, convocado pelos anarquistas, no ano seguinte, indicando dois representantes: Faustino Baraldi, secretário do Centro, e Victorio Giraldi, membro de sua comissão de finanças (*Jahu Moderno*, 14/08/1913).

mais absoluta paz, sem nenhum incidente a maculá-lo. E prosse-gue na mesma linha de argumentação:

> Sendo o Sr. Penteado homem de ideias libertárias (o que não é crime), encarou a carestia da vida de con-formidade com o seu modo de pensar.
> Mas, entendendo o dr. delegado de polícia que o pen-sar livremente não deve ser tolerado onde haja café e, "ipso facto" onde haja escassez de braços, deliberou intervir nesta questão.
> Assim, S.S. intimou o sr. Penteado a não realizar em Jaú "meeting" de espécie alguma e a abandonar esta cida-de no mais curto espaço de tempo possível.
> (...) Em terra com foros de civilização, como é o Jaú cuja autoridade policial é um moço ilustrado, e por conse-guinte, conhecedor das leis que deveriam reger este país de vinte e três anos de república, o fato que acaba-mos de narrar importa um deslustre para a nossa terra.[30]

Na mesma edição do *Jahu Moderno*, outro artigo (sem título ou autoria) retoma a discussão sobre o ocorrido no dia 1º de Maio, avançando a questão sob o prisma do embate entre as classes so-ciais: diante do gravíssimo problema da carestia da vida, e com vistas a garantir a conservação do capital,

> (...) o rico procura evitar, por meios ilegais e violentos, que o proletariado proteste contra a prepotência dos senhores feudais modernos, temendo que do protesto possa originar [uma] rebelião, da rebelião a greve, da greve a desvalorização do café, da desvalorização do café a ruína do capital.[31]

---

30   *Jahu Moderno*, 08/05/1913.

31   *Jahu Moderno*, 08/05/1913.

Em seguida, ao mesmo tempo em que enaltecia a figura de João Penteado, qualificando-o de espírito ordeiro, reto e imparcial, cujo único defeito talvez fosse a altivez, o articulista afirmou que Heitor dos Santos foi a autoridade policial que intimara João Penteado a abandonar a cidade o mais rápido possível, numa atitude ilegal e injusta, tomada apenas para agradar os poderosos da localidade, isto é, os fazendeiros de café.

Aliás, estes poderosos cafeicultores de Jaú, sem dúvida, ficaram deveras preocupados com o comício promovido pelo Centro Operário. Prova-o a "declaração necessária" que Francisco Bonilha fez publicar na edição do *Jahu Moderno* de 11 de maio de 1913, desmentindo "os boatos" de que ele estivesse envolvido "em planos de agitação de colonos" nas fazendas produtoras de café.

O *Jahu Moderno* voltou à carga na edição de 15 de maio, publicando, entre outras manifestações, um artigo de João Penteado no formato de carta, acerca dos fatos ocorridos por ocasião da "festa do trabalhador"; intitulava-se "Uma explicação – Em torno de uma vilania". Após a exposição do episódio da manifestação da autoridade policial – proibindo-o de fazer comícios e intimando-o a abandonar Jaú no mais curto prazo possível – a argumentação do autor destacou o fato de que os comícios em praça pública para discutir "questões de ordem social" e para "criticar atos administrativos e judiciários" eram comuns nos países civilizados, enquanto constituíam crime em São Paulo, sobretudo no interior do estado, que "quer ser civilizado, adaptando o despotismo". O que estava em questão, o que explicava a violência policial? "Os fazendeiros receavam a manifestação de greve entre os colonos de suas fazendas e a polícia estava avisada a fim de evitar qualquer propaganda nesse sentido". Prosseguiu João Penteado em sua própria defesa:

> Agi, como de costume, segundo a minha consciência, certo de que praticaria um ato justo, ponderado, refletido, de acordo com a lei desta irrisória República e com o meu sincero sentimento de homem livre, emancipado e honesto que põe os interesses da humanidade acima de todo esse convencionalismo estúpido e vergonhoso que caracteriza os degenerados defensores desta sociedade alicerçada no vício, na exploração e na ignomínia.
> (...) Sou e serei sempre contra todas as injustiças, a despeito de todas as vilanias, de todas as infâmias de meus detratores.[32]

Para as outras atividades promovidas pelo Centro Operário, não há indícios da participação de João Penteado. O Centro Operário continuou a promover conferências, com outros oradores. No dia 29 de maio de 1913 realizou-se, no Teatro Cassino, uma conferência do professor e jornalista espanhol Adolfo Vásquez Gómez, que contou com a participação da Loja Maçônica União e Caridade Jauense e do Centro Espanhol de Jaú e versou sobre "O conceito de história". Na noite seguinte, o "emérito jornalista" foi recepcionado em sessão solene na sede do Centro Operário. O *Jahu Moderno* ainda divulgou um calendário de conferências a serem realizadas por Adolfo Vásquez em inúmeras cidades do interior de São Paulo, na capital paulista e na cidade do Rio de Janeiro nos meses de junho e julho de 1913.

Após os acontecimentos do primeiro semestre de 1913, o *Jahu Moderno* continuou publicando notas a respeito das atividades do Centro Operário, geralmente editais de convocação para as assembleias gerais ou reuniões da diretoria. Chegou ainda a publicar um novo artigo de João Penteado, intitulado "*Que comparação!*", no qual

---

32 *Jahu Moderno*, 22/05/1913.

ele traçava um paralelo entre o confessionário e o moinho de cereais. O confessionário foi por ele apresentado como uma instituição perniciosa, pois "mata as ideias de liberdade e reduz as consciências humanas a um estado de passividade deplorável, que nos causa verdadeira comiseração, constituindo embaraço para o progresso da humanidade". Trata-se de um artigo de cunho nitidamente anticlerical, no qual se percebem certos traços espíritas, em defesa da fé raciocinada e do progresso da humanidade, ao tratar "de liberdade de consciência, da necessidade de livre exame para a aceitação desta ou daquela religião, desta ou daquela filosofia".[33]

Depois desta publicação, o *Jahu Moderno* silenciou a respeito do "notável jornalista libertário" e "valente conterrâneo e amigo". Em abril de 1914, publicou uma nota reveladora de uma mudança de postura do periódico: "Temos em mãos um magnífico artigo do nosso colaborador João Penteado, sobre a data de amanhã [1º de Maio], e que deixamos de publicar por absoluta falta de espaço".[34]

Ou seja, o periódico que se afirmava o mais avançado em Jaú em meados da década de 1910 – já que o outro, o *Commercio*, estava comprometido com os interesses dos grupos dominantes na cidade – não tinha mais espaço para a *face libertária* de João Penteado, apesar de continuar divulgando, ainda que de forma bastante esporádica, seus escritos de caráter *anticlerical*, uma das manifestações de sua *face espírita*. Por que isso estava ocorrendo?

O afastamento de Argymiro Acayaba da redação do *Jahu Moderno*, em razão de uma enfermidade,[35] poderia ter provocado a diminuição do espaço de João Penteado em suas páginas, indicando ainda uma mudança na linha editorial do jornal.

---

33 *Jahu Moderno*, 29/06/1913.

34 *Jahu Moderno*, 30/04/1914.

35 *Jahu Moderno*, 28/09/1913.

A explicação mais ampla deve ser procurada na mudança da configuração da ambiência em relação ao ideário anarquista em Jaú: de propícia para desfavorável. Tem-se a impressão de que as antigas redes de sociabilidade estavam esgarçando-se e sendo recriadas sob outras configurações. Em contraponto, percebe-se que o Centro Espírita Verdade e Luz, presidido por Caetano, estava em pleno funcionamento, elegendo uma nova diretoria e fazendo o registro de seus estatutos no *Diário Oficial de São Paulo*, como visto anteriormente. Ao fazê-lo, o círculo dos espíritas encontrou a sua identidade em Jaú. Ou seja, os espíritas jauenses estabeleceram o seu limite.

De outra parte, João Penteado deixou de participar nas obras educacionais de Anália Franco após os meses finais de 1911, uma vez que assumiu a direção de um empreendimento escolar de forte conotação anarquista. Como Anália parece não ter participado das iniciativas do Centro Operário de Jaú, conforme as fontes consultadas, afirmo que ela também havia demarcado um limite em relação à atuação de João Penteado. Ou seja, a meu ver, o distanciamento mútuo entre estes dois espíritas processou-se quando Penteado assumiu a direção da Escola Moderna N. 1, instalada em maio de 1912, pois as propostas educacionais de ambos, a escola racionalista e as escolas maternais, ao mesmo tempo em que apresentavam semelhanças, possuíam muitas outras diferenças. No mínimo, podiam ser vistas – por espíritas e anarquistas – como projetos de educação escolar concorrentes, ambos voltados para alunos originários das camadas populares da sociedade, ainda que em faixas etárias distintas.

Uma questão deve ser colocada neste ponto da pesquisa: por que João Penteado escolheu o bairro paulistano do Belenzinho para colocar em prática este novo projeto educacional?

O BAIRRO DO BELENZINHO

Será que uma primeira explicação, de ordem sentimental, pode ser encontrada na semelhança da paisagem física do Belenzinho e da área central de Jaú? Afinal, a ferrovia e a estação de trem na parte alta da malha urbana, as ruas de traçado retilíneo, em suave declive em direção a um curso d'água, e a igreja matriz situada no centro de uma praça são semelhanças bastante notáveis entre a cidade paulista e o bairro paulistano, entre o Jaú e o Belenzinho, em 1910.

Outra explicação, a meu ver, identifica as prováveis causas do estabelecimento de João Penteado no Belenzinho ao fato deste bairro ter sido um dos muitos locais de grande concentração fabril em São Paulo nas duas primeiras décadas do século XX. Além das fábricas, o Belenzinho também servia como local de habitação de uma parcela significativa dos operários da cidade na época, à semelhança dos bairros vizinhos do Brás e da Mooca, também situados no arrabalde a leste do rio Tamanduateí. Mas convém observar que o Belenzinho, ao contrário do Brás e da Mooca, constituía, ainda na primeira década do século XX, um *bairro novo*, com a presença de muitas chácaras, algumas casas dispersas pelas ruas de traçado recente e as fábricas recém-construídas, como nos informa o memorialista Jacob Penteado (2003). A partir de suas informações, e de outras fontes, considero necessário perceber a formação da ambiência do local, constituindo um microclima favorável à difusão do ideário anarquista e de suas iniciativas escolares. [**Figura 2**].

Se para Jaú temos a obra de Sebastião Teixeira, para o Belenzinho o livro de Jacob Penteado[36] revela-se fundamental.

---

36 Apesar da semelhança dos sobrenomes, não há vínculo de parentesco próximo entre João e Jacob. O pai deste memorialista do Belenzinho descendia de fazendeiros de Santa Bárbara, arruinados com a abolição: João Vicente Ferraz Penteado e Ana Delfina do Amaral Gurgel. Jacob Penteado nasceu em Sorocaba em 1900 (Penteado, 2003).

Intitulado *Belenzinho, 1910 (retrato de uma época)* e publicado em 1962 pela Livraria Martins Editora, constitui-se numa obra de grande valor para o resgate da história do bairro e da própria cidade de São Paulo, na medida em que registra, pelo viés memorialístico de um de seus habitantes, aspectos fundamentais para a compreensão do processo de estabelecimento da indústria na capital paulista e, simultaneamente, a percepção que tinham as camadas populares de tais processos sociais e econômicos mais amplos. Pela perspectiva do autor, no processo de constituição da indústria paulista, a população trabalhadora aparece mais como vítima do que como participante.

O quadro do Jaú, no entanto, traçado por Teixeira é radicalmente diferente daquele que emana da obra de Jacob Penteado. Enquanto Teixeira procura compilar "dados, informações e documentos" para com eles expressar uma cidade pela ótica dos poderosos fazendeiros, fundadores de Jaú, Penteado faz um "retrato de corpo inteiro" dos aspectos mais pitorescos do bairro do Belenzinho. Na obra de Teixeira as camadas populares praticamente não aparecem; os imigrantes figuram, num dos trechos de maior inspiração, como "fatores" do progresso do município, mais ou menos com o mesmo estatuto dos cafeeiros e dos trilhos da ferrovia. Já no livro de Jacob Penteado, postalista e ex-vidreiro, os velhos moradores do bairro aparecem em sua concretude, no enfrentamento das mazelas do cotidiano e na constituição de suas identidades. Se Teixeira mostra a face "oficial" da história e relega a multidão para a penumbra do fundo do palco, Jacob Penteado faz o inverso, trazendo, a cada capítulo, as personagens para o proscênio, deixando o registro histórico oficial em segundo plano. Afirma este autor:

> Nestas páginas, desfilaram todos os aspectos mais típicos e característicos de uma época que já se perdeu

na névoa do tempo. Os seresteiros, os pioneiros da indústria do vidro (a mais importante do bairro), os barqueiros italianos e portugueses, com suas rivalidades, as lutas por dias melhores, os coronéis da "Briosa" [Guarda Nacional], os dançarinos da "Pérola", os façanhudos craques do "Estrela de Ouro", o velho Tietê, encanto das crianças e dos boêmios que iam sonhar às suas margens, pelas noites enluaradas, os valentões, os "matadores" de padres, os bambas da zona, os capoeiras que enfrentavam a polícia "a mão limpa", todos os tipos populares do velho "Marco da meia légua", os amáveis anarquistas, que continuam sonhando com um mundo perfeito, os infernais batuques do negro-gigante Barnabé, o velho circo, o Cinema Belém, todos eles atores e espectadores ao mesmo tempo, parte de uma São Paulo que ninguém mais conhece, que revive apenas na memória de alguns velhos como o autor, tudo desapareceu (Penteado, 2003, p. 282).

Esta descrição, que encabeça o epílogo do livro e faz um arrolamento de quase todos os temas que foram descritos na obra, encerra uma visão panorâmica do bairro que João Penteado adotou como lar e nele permaneceu até sua morte. Nesta descrição encontramos elementos que nos remetem aos aspectos físicos do Belenzinho, dominado pelo rio Tietê; e de sua história mais remota, quando ainda chamado de "Marco da Meia Légua" e local de clima aprazível nas cercanias da cidade, com seu território dividido em chácaras, sítios e muitos matagais. Nela identificamos os primórdios do processo de urbanização, com o estabelecimento das pioneiras fábricas de vidro, ao lado das atividades características do meio rural – a produção de hortaliças e de frutas para abastecimento da urbe – ou outras nem tanto, como a fabricação (e transporte) de tijolos para o centro da metrópole em construção. Nesta tela sobressaem os aspectos populacionais, com o conturbado processo de convivência e adaptação dos imigrantes – naquela localidade, italianos, portugueses e espanhóis – ao lado das camadas mais pobres da população, constituídas de negros e dos elementos nacionais. Por fim, neste quadro aparecem a luta e o enfrentamento das camadas sociais marginalizadas, os adeptos das ideias anarquistas e anticlericais, ao lado de uma ampla manifestação de aspectos culturais, nos salões de dança, no teatro amador, nos grupos musicais, nos batuques, no futebol, nas apresentações circenses, nos cinemas, na boemia dos escritores que frequentavam o Belenzinho. Ou seja, tem-se um mosaico multicolorido de lugares de sociabilidade que se estabeleceram no bairro operário localizado no (então) limite oriental da cidade de São Paulo.

Jacob Penteado (2003) afirma que no Belenzinho em torno de 1910 – mais ou menos na época em que João Penteado ali se fixou – havia poucas casas, além de "chácaras, chácaras e chácaras, que forneciam frutas boas e fartas à meninada" (p. 88). E ao sul, para além dos trilhos da Central do Brasil e do cemitério da Quarta Parada havia um vasto matagal, onde abundavam as frutas silvestres.

No campo acadêmico, Marisa Saenz Leme (1985) afirma que o Belenzinho diferenciava-se dos outros bairros da área oriental da cidade de São Paulo por causa "de sua urbanização mais recente", com "menor densidade populacional", poucos cortiços e "maior mistura de ocupações econômica e maior variedade de grupos sociais" (p. 153) – o que dá outro significado ao termo "bairro novo" que empreguei acima, para qualificá-lo. Sua população em 1908, segundo esta autora, não alcançava a cifra de 10.000 pessoas, as quais se distribuíam por uma área bastante vasta, que, delimitada pela Rua Bresser, nas vizinhanças do Brás e da Mooca a oeste, estendia seus limites até os distantes distritos da Penha e de Itaquera, no extremo leste do município de São Paulo. A margem esquerda do Tietê constituía suas fronteiras setentrionais, enquanto ao sul seu território limitava-se com a cidade de São Caetano.

As fábricas de vidro eram o destino dos jovens – e mesmo de muitas crianças – no Belenzinho naquela época. "Os meninos sempre foram indispensáveis nas fábricas de vidro" (Penteado, 2003, p. 102), pois desempenhavam uma série de etapas do processo produtivo num ramo que ainda continha muitos elementos do trabalho manufatureiro, artesanal mesmo. As condições de trabalho eram as piores possíveis: jornadas excessivas, salários de fome, ambientes insalubres, além dos maus tratos dos vidreiros, que cometiam as maiores atrocidades com os meninos. Penteado menciona o fato de que o ganho diário de um rapaz naquela época era suficiente para a compra do pão e do leite da família. Após o longo dia de trabalho, as brigas entre os meninos (e mesmo entre os vidreiros) eram frequentes, assim como as pequenas e cotidianas crueldades.

Segundo Jacob Penteado, o sistema produtivo adotado no setor vidreiro (e em muitos outros) na época, conduzido à base de encomendas para se evitar o risco dos estoques, resultava em constantes falências e fechamentos de fábricas, ou na redução do trabalho e do salário. A este quadro somavam-se ainda as habitações precárias, como os cortiços, e uma crônica crise de abastecimento de gêneros alimentícios, que afetavam diretamente a vida dos operários. Por outro lado este autor afirma que o "espírito de classe" dos vidreiros manifestou-se muito cedo, com a organização de seu sindicato, nos moldes das corporações europeias. A greve, instrumento de luta amplamente utilizado pelos vidreiros do Belenzinho, era tratada com violenta repressão por parte das autoridades governamentais – como, aliás, era comum em várias outras partes do Brasil na época.

Além das atividades sindicais, havia no bairro os "agitadores": geralmente italianos, eram livres pensadores e anticlericais, socialistas ou anarquistas, que procuravam despertar nos trabalhadores "a consciência de classe, incutindo-lhes o espírito de reivindicação" (Penteado, 2003, p. 127). A primeira organização de classe do Belenzinho foi a dos barqueiros italianos que transportavam tijolos, criada em 1906. Dois anos depois surgiu o sindicato dos tecelões. "Havia muitos anarquistas, também, entre os tipógrafos, que, pela sua própria profissão, achavam-se fortemente intelectualizados" (Penteado, 2003, p. 136). Assim, talvez esta seja a mais provável razão que explique o estabelecimento de João Penteado no bairro do Belenzinho, percebido por ele como um *lugar de tipógrafos* e de *anarquistas*, em decorrência das redes de sociabilidade que lá se estabeleceram.

Segundo Jacob Penteado, além das associações sindicais, os habitantes do Belenzinho também criaram outras, de natureza recreativa ou cultural. Por exemplo, a "Pérola Internacional", surgida em 1904, que era uma sociedade recreativa e dançante dos trabalhadores que moravam no bairro. Neste local, além das atividades de lazer, realizavam-se reuniões dos sindicatos, das associações de classe e de grevistas nas épocas de maior turbulência. Jacob Penteado comenta que o adjetivo incluído no nome da associação ocorreu por causa da grande presença de agnósticos e anticlericais entre seus fundadores.

Jacob Penteado (2003) manifesta em sua obra grande simpatia pelos anarquistas, qualificando-os como "amáveis" e identificando os do Belenzinho como "pais de família, bons amigos e parceiros numa farrinha" (p. 135). Para este autor, a atuação dos anarquistas pode ser encontrada em três campos: nas associações dos trabalhadores, nos atentados contra as autoridades e na ação dos intelectuais. Neste último caso, cita como suas principais realizações: cursos de alfabetização, escolas de esperanto, bibliotecas circulantes, palestras e debates, competições esportivas, concertos, festivais dramático-recreativos e peças teatrais, geralmente de cunho anticlerical.

Por fim, Jacob Penteado afirma que um dos hábitos das famílias em sua época de infância era "reunirem-se, à noite, para leitura de romances, principalmente os de folhetins" (p. 92). Nestas rodas de leitura circulavam livros em português, italiano e francês. Bom leitor, Jacob Penteado afirma que o livro *Os Miseráveis*, de Victor Hugo, que um vizinho barqueiro lhe havia emprestado, foi a obra que mais influenciou seu espírito na mocidade.

Nesta área de São Paulo João Penteado estabeleceu-se na primeira década do século XX, certamente aproveitando-se das condições favoráveis existentes no bairro do Belenzinho (a ambiência propícia) para a criação e fruição de certas redes de sociabilidade, entre os anarquistas e seus aliados. João Penteado o fez a partir da soma das experiências que havia vivenciado até então, como auxiliar de correio, editor-tipógrafo, professor municipal em Jaú, professor de artes tipográficas na associação presidida por Anália Franco, autor de artigos jornalísticos, autodidata, espírita e anarquista, defensor da causa da reforma social e da justiça e da transformação do mundo pela educação. Trazia na bagagem suas experiências, que foram vistas pelo grupo dos anarquistas e seus aliados como *credenciais de idoneidade* necessárias para que ele assumisse a responsabilidade de concretizar o objetivo educacional escolar traçado por aqueles grupos em São Paulo: o de implantar uma Escola Moderna na capital paulista, nos moldes da criada por Francisco Ferrer em Barcelona, para a qual procuravam, desde 1909, "professores idôneos".

Os anarquistas e a educação

Os anarquistas – assim como os espíritas – foram minorias ativas no Brasil (sobretudo nas três primeiras décadas republicanas) e constituíram grupos que atribuíam grande valor à instrução e à educação. Além disso, os anarquistas (e da mesma forma os espíritas) encontravam-se divididos em tendências ou grupos de afinidades diversos, organizados em estruturas fortemente descentralizadas – o que representava um elemento a fortalecê-los e não a enfraquecê-los. Isto porque cada grupo libertário (ou, na mesma linha, cada centro espírita) procurava reforçar os laços de união entre seus membros, desenvolver ações intensivas de estudo, autoformação e propaganda e afirmar-se perante a sociedade como um todo. Neste processo de fortalecimento de suas identidades, os anarquistas (e também os espíritas) atribuíam grande importância às questões educacionais.

Os anarquistas presentes em São Paulo organizavam-se em grupos de afinidade e atuavam na imprensa, com a criação de vários jornais, no movimento sindical e operário e no campo educacional e escolar.[37] Sua presença pode ser compreendida como parte de um processo de *difusão do ideário libertário* na América Latina entre 1870 e 1920. Mas, como se pode explicar esta difusão?

Uma primeira linha de explicação parte do princípio de que houve uma "moda" libertária em fins do século XIX; iniciada na Europa, esta "moda" espalhou-se em seguida por várias partes do mundo, com a adesão de intelectuais e membros das classes médias cultas ao ideário anarquista. Outra linha explicativa concebe a difusão do ideário libertário como parte de um processo – mais amplo do que uma simples "moda" – de difusão internacional de

---

37 Para os parágrafos seguintes, sobre os anarquistas, emprego principalmente minha dissertação de mestrado (Peres, 2004).

ideias e saberes, concretizado na circulação de impressos (livros, jornais, opúsculos) e no deslocamento de homens, na condição de imigrantes ou de militantes exilados. Destas ideias e saberes em circulação pelo mundo, convém destacar a produção intelectual de Krause, filósofo alemão bastante lido nos círculos intelectuais e acadêmicos de São Paulo no século XIX, assim como dos educadores anarquistas Paul Robin, Sébastien Faure e Francisco Ferrer. Um terceiro fator explicativo pode ser identificado na "onda de entusiasmo" que acompanhou a difusão do ideário libertário, sobretudo no contexto brasileiro, marcado pelo descompasso entre as promessas e as realizações do regime republicano – trata-se aqui da "dívida" republicana, nos termos propostos Marta Maria Chagas de Carvalho (1989). Por último, numa linha explicativa mais abrangente, a difusão do ideário libertário vincula-se a um "fenômeno de civilização", que marcou a história de vastas regiões do globo entre 1870 e 1920 e caracterizou-se, principalmente, pela posição central das *ciências* na formação do pensamento moderno e na condução das ações humanas, numa manifestação atualizada do movimento *racionalista*, originado no século XVII.

Entendidos como fruto da "moda" ou da "circulação de ideias", como produto de uma "onda de entusiasmo" ou de um "fenômeno de civilização", o fato é que os anarquistas estiveram presentes em São Paulo desde os primórdios do regime republicano. Organizados em grupos de afinidade e com base nas tábuas de valores que adotavam, os anarquistas foram exímios *divulgadores* de um conjunto de ideias e doutrinas de caráter emancipador. A *propaganda* assumia posição central no ideário anarquista.

Além disso, ser anarquista significava aderir *pessoalmente* a um conjunto de ideias, tomar como sua uma tábua de valores. Mas, como se daria o reconhecimento público de sua condição de anarquista, por parte dos demais aderentes e mesmo dos não aderentes? A meu ver, esta questão da *identidade* do anarquista se resolveria de dois modos: pelas práticas, que deveriam estar em conformidade com as ideias adotadas, e através da produção intelectual, escrita ou não escrita, na qual seria possível expor e cotejar o ideário adotado. Assim, além da finalidade de divulgação das ideias, a propaganda prestar-se-ia igualmente à tarefa de afirmar e reforçar a identidade dos anarquistas.

A *propaganda*, isto é, a divulgação de ideias através de sua apresentação e debate, constituía a essência do ideário anarquista. Esta propaganda efetuava-se de diferentes maneiras, com o emprego de variados mecanismos. As *colônias anarquistas* eram as formas mais radicais de divulgação do ideário anarquista, enquanto as atividades culturais e educacionais eram as práticas mais comuns. Havia também a *propaganda pelo enfrentamento*, com atividades de mobilização, greves, boicotes e campanhas diversas, contra o clero, a militarização da sociedade, em defesa do internacionalismo ou em função de pautas locais ou específicas, como a libertação dos companheiros de ideal presos pela polícia.

O método preferido pelos anarquistas era a *propaganda pela palavra*, tanto oral quanto escrita. Esta forma de publicidade ocorria através de conferências, palestras, comícios, apresentações teatrais, concertos musicais, recitais de poesia e canto, publicação de impressos (gravuras, ilustrações, livros, folhetos, opúsculos), criação de cursos livres e a edição de jornais. Neste sentido, o estímulo à leitura e à alfabetização constituía tema central nos esforços de propaganda entre os anarquistas. Estes procuravam fazer da propaganda em si um ato fundamentalmente educativo, pois se propunham a ensinar aos leitores do material impresso e à audiência nas palestras e atividades similares as técnicas e os métodos mais eficientes para a difusão das doutrinas por eles consideradas como emancipadoras. A educação era vista como principal objetivo desta propaganda, com uma orientação para a formação permanente e a aquisição de saberes na condição de *autodidatas*, assim como pela *criação de escolas*. Estas deveriam ser de "primeiras letras", destinadas a alfabetização de crianças e adultos, principalmente (mas não só) os operários e seus filhos, em cursos diurnos e noturnos ou iniciativas de caráter mais formativo, nos moldes propostos por Paul Robin, Sebastién Faure e, principalmente, Francisco Ferrer.

Os grupos anarquistas, como os espíritas, também se dedicaram a publicar e fazer circular livros, opúsculos, revistas e jornais, para efetuar a propaganda. Foram centenas de publicações, boa parte delas já catalogadas por diversos pesquisadores, a partir da obra pioneira de Maria Nazareth Ferreira (1978). Com relação às iniciativas escolares, pode-se afirmar que os anarquistas promoveram a abertura de diversas escolas na capital paulista e no interior do estado de São Paulo, no Rio de Janeiro, no Rio Grande do Sul e em outros estados brasileiros. Segundo a literatura, a mais importante de todas foi criada em 1912 na capital paulista por iniciativa de um grupo de anarquistas, simpatizantes e aliados articulados principalmente em torno do jornal anticlerical *A Lanterna*. Iniciativa duradoura, permaneceu ativa por mais de sete anos, até ser fechada em 1919 pelo governo de São Paulo. Trata-se da Escola Moderna N. 1, de orientação racionalista e inspirada nas ideias de Francisco Ferrer. Ele concretizou suas ideias na *Escuela Moderna* de Barcelona e em inúmeras filiais, criadas na Espanha por ele ou sob sua inspiração direta.

A Escola Moderna N. 1 de São Paulo, iniciativa principal dos anarquistas na capital paulista, implantada no bairro paulistano do Belenzinho, foi dirigida durante quase todo o tempo em que permaneceu aberta por João de Camargo Penteado.

O professor idôneo na Escola Moderna N. 1

A fundação da Escola Moderna N. 1 no Belenzinho representou o início de uma nova fase na trajetória de João Penteado na capital paulista. Na historiografia, Flávio Luizetto (1984) e Regina Jomini (1990) promoveram estudos pioneiros sobre esta iniciativa educacional escolar, investigando-a pelo viés da instituição de ensino, partindo da documentação disponível. Foram seguidos por outros pesquisadores, que exploraram a temática da educação anarquista a partir de uma diversificação das questões, das abordagens e das fontes utilizadas. Neste sentido, a título de exemplo, cito os trabalhos de Marinice Fortunato (1992), Edilene Toledo (1993) e Célia Giglio (1995), que se debruçaram sobre questões referentes à educação anarquista tomando como fonte de suas pesquisas, respectivamente, os jornais *A Lanterna*, *O Amigo do Povo* e a *Voz do Trabalhador*. Nos parágrafos seguintes, faço uma sumária exposição das principais informações disponíveis sobre as Escolas Modernas de São Paulo, valendo-me destes autores e também das conclusões a que cheguei, em estudo anterior (Peres, 2004).

Esta escola foi criada em 13 de maio de 1912. Instalada com o nome de Escola Livre, na Rua Conselheiro Cotegipe, 26, foi posteriormente transferida para a Rua Saldanha Marinho, 66 e, por fim, para a Avenida Celso Garcia, 262 (no prédio do antigo Grupo Escolar). Apresentava-se como um instituto de educação e instrução, para meninos e meninas, baseado no método racionalista e mantido pela Sociedade Escola Moderna de São Paulo, com aulas diurnas e noturnas, a pagamento, com os livros e os materiais escolares fornecidos gratuitamente. Leitura, caligrafia, português, aritmética, geografia, história do Brasil, noções de história e princípios de ciências naturais compreendiam seu quadro curricular. Havia ainda planos de ampliar este programa, conforme as necessidades e a partir da aceitação do ensino racionalista na capital e no interior.[38]

Os esforços dos anarquistas (e seus aliados) para a criação desta escola iniciaram-se em 1909. Mas é possível afirmar que as iniciativas educacionais escolares estavam na agenda dos militantes radicais, anarquistas e sindicalistas revolucionários, desde pelo menos os primeiros anos do século XX.

O curso noturno da Escola Racionalista Libertária, do Círculo Educativo Libertário Germinal, segundo Flávio Luizetto (1984), foi, provavelmente, a iniciativa pioneira dos grupos anarquistas em São Paulo. Esta escola foi inaugurada em 19 de maio de 1902, na sede do Círculo, situada à Rua Sólon, 136, no bairro paulistano do Bom Retiro. A iniciativa, entretanto, parece ter fracassado devido ao crônico problema de falta de recursos, reaparecendo em 1904 para novamente desaparecer algum tempo depois.

Cumpre observar que também as associações e os círculos operários promoveram algumas importantes iniciativas quanto à criação de escolas. Tratava-se de uma orientação geral emanada do próprio movimento operário, manifestada no Primeiro Congresso Operário, ocorrido no Rio de Janeiro em 1906, e nos que lhe sucederam, com a recomendação de que se fundassem escolas laicas, pelos sindicatos ou federações, em oposição ao ensino oficial.[39]

Pode-se assim concluir de que houve no Brasil, na primeira década do século XX, um movimento bastante vigoroso que propunha a criação de escolas racionalistas, laicas e livres, pelos operários e pelos grupos libertários. As várias escolas fundadas neste período comprovam o êxito deste movimento.

---

38 *Germinal!*, 13/07/1913; *A Lanterna*, 22/08/1914; 15/04/1916; *Boletim da Escola Moderna*, 13/10/1918.

39 *Resoluções do 1º Congresso Operário Brasileiro*; *Relação do Segundo Congresso Operário Estadual*. Pinheiro e Hall, 1979, p. 41-58; 105-6.

Então, se o movimento para criação de escolas racionalistas, laicas e livres, sob controle dos operários e dos grupos anarquistas, obteve bons resultados, o mesmo deve ser afirmado em relação às iniciativas educacionais escolares da Igreja católica e do Estado republicano ao longo de toda a Primeira República.

As duas primeiras décadas do regime republicano representaram uma fase de fortalecimento institucional da *Igreja*, que ampliou significativamente sua presença no campo educacional, através da criação de inúmeras escolas, a cargo das congregações religiosas e destinadas a diversas camadas da população.

Paula Leonardi (2002), ao estudar um colégio católico instalado na cidade paulista de Rio Claro, apoiando-se em Sérgio Miceli, traça um quadro da Igreja romana no Brasil na Primeira República:

> A romanização no Brasil assumiu um estilo de mando episcopal europeizado: pastorais como instrumento de difusão das palavras de ordem eclesiásticas, retiros e sínodos anuais, viagens a Roma para prestação de contas, novos padrões litúrgicos para as solenidades de culto, divisão do trabalho diocesano ajustada a essas mudanças. Entre o programa básico de itens a serem implantados nas dioceses (frentes de atuação) estava a fundação de estabelecimento de ensino e jornais ou periódicos, edificação do palácio episcopal, criação do Seminário Diocesano e construção ou reforma da catedral. Os colégios e escolas podiam significar aproximação com as elites e fonte estável de renda para financiar obras diocesanas. Para Miceli, a chamada República Velha foi a fase áurea de expansão dos colégios em quase todas as cidades-sede das novas circunscrições eclesiásticas (p. 26).

A Igreja católica, segundo Miceli (1988), contribuiu amplamente para a "unificação do sistema político republicano e para a manutenção da ordem social vigente", em diversos domínios de atividade, sobretudo no campo educacional escolar. Prossegue este autor:

> A criação e gestão dos estabelecimentos de ensino primário, secundário, agrícola e profissional converteram a organização eclesiástica no maior e mais importante empresário da rede de ensino privada, exercendo o controle sobre 70% das instituições em funcionamento no final dos anos 20 (p. 149).

Ou seja, a Igreja católica na Primeira República promoveu seu fortalecimento interno, empregando principalmente a via educacional escolar.

No caso da ação do *Estado brasileiro*, nos termos propostos por Maria Lúcia Hilsdorf (2003), "a questão da escolarização permaneceu como um fator de extrema importância para as oligarquias que estiveram no poder, durante a Primeira República" (p. 71). Neste período, os republicanos redesenharam, recriaram e reproduziram todo o sistema de ensino público paulista, ao criar ou reformar as instituições escolares, da educação infantil ao ensino superior, e ao definir a pedagogia a ser nelas praticada (a moderna, em confronto com a tradicional). Hilsdorf enumera as instituições surgidas em São Paulo neste período por obra dos republicanos: jardins de infância, grupos escolares, escolas reunidas, escolas isoladas, escolas complementares, escolas normais, ginásios, escolas superiores de medicina, engenharia e agricultura e escolas profissionais.[40]

---

40 Para informações complementares, consultar o estudo de Infantosi da Costa (1983).

Ao mesmo tempo em que assumia uma postura ativa, ofertando oportunidades de educação à população trabalhadora, o Estado republicano também mostrava sua face repressora. Os anarquistas e seus aliados utilizaram-se fartamente da imprensa para denunciar a perseguição estatal e patronal que acompanhava suas iniciativas escolares. *A Voz do Trabalhador* noticiou, em 1909, que "[o professor] Rossoni foi expulso por querer ensinar, na escola de Água Branca, pelos métodos racionais", e completava, apontando os responsáveis pelas perseguições e seus motivos: "É a clericalhada e a canalha governante que querem implantar o reino das trevas na classe operária". João Crispim, noutro jornal, ao tratar da ação da Federação Operária de Santos, afirmou que

> Se ainda não apareceram as prometidas escolas, deve-se, em parte, a que as autoridades dificultaram esse nobre intuito, procedendo, como sempre, a assaltar os locais operários, destruir os seus móveis, incendiar os seus utensílios, a atropelar, massacrar, prender e deportar os que mais faziam em prol da obra educativa.[41]

Apesar de toda a repressão a que estavam submetidos, houve uma constante preocupação com as iniciativas educacionais nos meios libertários. O fuzilamento do educador espanhol *Francisco Ferrer*, ocorrido em 13 de outubro de 1909, desencadeou um ímpeto renovador neste movimento para a criação de escolas libertárias, livres, racionalistas ou modernas em São Paulo. A própria reativação do jornal anticlerical *A Lanterna,* em sua segunda fase, foi apresentada por Edgard Leuenroth como resultado do "formidável movimento de indignação mundial" provocado pelo assassinato

---

41   Respectivamente, *A Voz do Trabalhador*, 09/12/1909; Germinal!, 20/04/1913.

de Ferrer.[42] A partir de então, tornou-se dominante nos círculos libertários e sindicais em São Paulo o modelo criado por Francisco Ferrer – isto é, a *escola moderna* e o *ensino racionalista*.

A circular convocando os homens emancipados para o movimento de criação de escolas racionalistas foi redigida por um comitê,[43] composto por representantes de vários "centros liberais e associações econômicas" em uma assembleia realizada em 17 de novembro de 1909. A comissão ficou encarregada de expor ao público o programa geral da Escola Moderna em São Paulo e angariar os recursos necessários para a concretização da iniciativa. Nesta circular, publicada e comentada em diversos jornais entre fins de 1909 e o início de 1910, o comitê se propôs a explicar "as bases fundamentais do ensino racionalista", ao mesmo tempo em que solicitava "o auxílio e a solidariedade de todos os livres pensadores decididos e convictos" para se alcançar o fim almejado. Para a arrecadação de recursos, o comitê sugeriu uma série de ações, aliás, todas muito comuns aos círculos libertários: os donativos, as festas, quermesses e conferências a pagamento e as listas de subscrições, assim como a criação de subcomitês de propaganda, sobretudo no interior do estado. Os fins imediatos arrolados pelo

---

42 *A Plebe*, 09/06/1917.

43 Assinaram a circular, em nome do comitê: Leão Aimoré, guarda-livros; Dante Ramenzoni e Pedro Lopes, industriais; José Sanz Duro, negociante; Tobias Boni, artífice; Luís Damiani, Edgard Leuenroth, Eduardo Vassimon, Neno Vasco e Oreste Ristori, jornalistas. Quase todos foram assíduos colaboradores do jornal anticlerical *A Lanterna* ou constituíram o núcleo de seu grupo editor, como Leuenroth e Vassimon. Já o comitê que criou as Escolas Modernas de São Paulo era composto, em fins de 1913, por Leão Aimoré, Galileu Sanchez, Francisco Fiume, José Sanz Duro, Vitorino Cordeiro, Gigi Damiani, João Felipe, José Romero, Francisco Gattai, Júlio Sorelli, Francisco de Paula e Edgard Leuenroth, nomes que aparecem na lista dos colaboradores do jornal anticlerical (*A Lanterna*, 05/11/1913). Ou seja, torna-se evidente a aproximação que se processava entre os anarquistas e outros grupos, como era o caso dos que defendiam propostas anticlericais.

conselho foram: a criação de uma *casa editora*, para publicação de livros escolares e de obras sobre educação e ensino racionalista, para professores e discípulos; a aquisição de um prédio na capital paulista, para instalação do *núcleo modelo* da Escola Moderna; a reunião de um núcleo de *professores idôneos* e o *auxílio a outras iniciativas* de ensino racionalista que eventualmente viessem a surgir no interior do estado de São Paulo. Afirmava-se ainda que, "possivelmente, o ensino seria *integral*" e que "havendo recursos seria também cultivado [na Escola Moderna] o *ensino profissional*".[44]

Os grupos libertários de São Paulo propunham-se a "liberar a criança do progressivo envenenamento moral" que, segundo eles, processava-se tanto na escola religiosa ("escolas-conventos", com ensino religioso) quanto na escola do Estado ("escolas-quartéis", com educação militarista). Na Escola Moderna, livre do misticismo e da bajulação política, pretendia-se tanto "o desenvolvimento da inteligência" quanto "a formação do caráter", apoiando-se as concepções morais sobre a "lei da solidariedade". Nela, o mestre tornar-se-ia um "vulgarizador das verdades adquiridas", capaz de ensinar honestamente, sem falsear a história ou esconder as descobertas científicas. Defendia-se assim a formação de indivíduos independentes e humanos, "capazes de escolher amanhã o próprio caminho na sociedade", afastados de "ideias absurdas" e de "preconceitos rancorosos", fontes de perturbações sociais e de violências que são a marca da "marcha evolutiva da sociedade". O que os anarquistas e seus aliados desejavam com a implantação da Escola Moderna era

> (...) fazer da criança um homem livre e completo, que "sabe" porque estudou, porque refletiu, porque analisou, porque fez a si mesmo uma consciência própria

---

44 *A Lanterna*, 27/11/1909; 04/12/1909. *A Terra Livre*, 01/01/1910.

e não um dos tantos bonecos laureados por repetirem como fonógrafos as verdades de Moisés e para se curvarem sem dignidade ao Direito Romano, pequenos nos ódios e nos entusiasmos, crescendo e vivendo sem possuir uma concepção real de vida, inimigos de si mesmos e da humanidade.[45]

Outra circular, publicada algum tempo depois e dirigida "aos livres pensadores, aos amantes da liberdade e do progresso (...) [e àqueles animados] por um ardente zelo de amor por tudo quanto é grande, útil e bom", anunciou o custo da iniciativa - calculada em mais de 70 contos de réis - e a necessidade de angariar os recursos necessários através de múltiplos procedimentos, tais como festas, quermesses, listas de subscrições. Buscava-se realizar através deste empreendimento "uma maravilhosa conquista do pensamento moderno e um poderoso fator de civilização".[46]

Flávio Luizetto (1984) afirma que entre a publicação do primeiro documento propondo a criação das escolas modernas (em 1909) e a sua efetivação (em 1912), seus idealizadores promoveram ações destinadas tanto a minimizar o problema da captação de recursos quanto a tentar encontrar "professores idôneos" - isto é, comprometidos com a proposta de ensino racionalista - para dirigir as escolas que se queria fundar. A meu ver, a partir das fontes consultadas, é possível alargar a compreensão da idoneidade que se buscava, entendendo-a como embasamento doutrinário

---

45 A Lanterna, 27/11/1909. Estes princípios foram reafirmados ao longo da década de 1910 (A Lanterna, 10/07/1915).

46 A Lanterna, 15/01/1910. O Comitê Pró-Escola Moderna divulgou, no final do mesmo ano, que já havia arrecadado 12 contos de réis, de uma previsão inicial de 80 contos. Um ano depois, em nota, o comitê informou que a paralisação das atividades Pró-Escola Moderna foi provocada pelas "agitações" dos últimos meses e devido ao estado econômico da associação, pois os recursos arrecadados eram ainda os 12 contos de réis (A Lanterna, 05/11/1910; 28/10/1911).

e competência pedagógica. Desta forma, João Penteado pode ter, neste período, efetuado um movimento para se preparar adequadamente, na condição de autodidata, à tarefa que se lhe aparecia, como um novo campo de possibilidades.

Cumpre observar que, mais ou menos na mesma época em que se procurava instalar escolas racionalistas em São Paulo, o Segundo Congresso Operário Brasileiro, realizado no Rio de Janeiro em 1913, aconselhou aos sindicatos e às classes trabalhadoras em geral a "criação e vulgarização de escolas racionalistas, ateneus, cursos profissionais de educação técnica e artística, revistas e jornais, promovendo conferências e preleções, organizando certames e excursões de propaganda instrutiva, editando livros, folhetos, etc., etc.", tomando-se sempre como princípio o método racional e científico.[47] Ou seja, defendia-se a *educação formal*, através de escolas, ateneus e cursos profissionais; e também *formas não escolares de educação*, através de publicações, conferências e outras atividades educativas informais.

Em São Paulo, após um longo período de silêncio, *A Lanterna* anunciou a criação da "Escola Livre" no bairro paulistano do Belenzinho, em instalações modestas, sem conforto, mas que estavam a salvo dos preconceitos religiosos, militaristas e patrióticos das grandes instituições escolares do clero ou do Estado. Havia também a intenção de realizar palestras sobre instrução e educação de crianças, com o objetivo de despertar o interesse dos pais pelo ensino racionalista.[48]

---

47 *Relatório da Confederação Operária Brasileira contendo as resoluções do Segundo Congresso Operário Brasileiro*. Pinheiro e Hall, 1979, p. 172-223.

48 *A Lanterna*, 31/05/1913; 19/07/1913. Escola Livre, por que estava assentada nos princípios da liberdade, muito caros aos anarquistas, ou por que fosse um estabelecimento dedicado aos cursos livres, portanto sem necessidade de autorização governamental para sua instalação e funcionamento? Afinal, desde abril de 1911, a Reforma Rivadávia Corrêa havia implantado o princípio da liberdade e da

Alguns meses depois, em agosto de 1913, o mesmo estabelecimento de ensino era anunciado com a denominação de "Escola Moderna N. 1", mais ou menos na mesma época em que começaram a aparecer as primeiras publicações sobre a Escola Moderna N. 2. As fontes silenciam quanto às razões que ensejaram a mudança na denominação da escola. João Penteado, em artigo que rebatia críticas feitas aos anarquistas, anunciava a recente instalação da segunda escola de educação e instrução baseada no método racionalista, no bairro paulistano do Brás (Rua Miller, 74). Estas duas escolas (a do Belenzinho e a do Brás) estavam a cargo de homens emancipados e que lutavam pela regeneração da humanidade, "quer pela imprensa, quer pela educação e instrução racionalista que as crianças matriculadas em suas escolas recebem": João de Camargo Penteado e Adelino Tavares de Pinho.[49]

Adelino de Pinho nasceu no norte de Portugal, na província de Aveiro, em 21/02/1885; "atarracado e explosivo", analfabeto até a idade adulta, "em moço tinha sido motorneiro e se instruíra por conta própria, chegando a publicar diversos opúsculos e a colaborar com abundância nos jornais libertários".[50] Aliás, segundo Edgar Rodrigues (1994), Adelino tornou-se autodidata exatamente através da participação nos círculos anarquistas paulistanos. Bastante atuante nas escolas operárias e nas greves do começo do século XX, além da Escola Moderna N. 2, também lecionou na Escola Social de Campinas e numa escola para filhos de trabalhadores na cidade mineira de Poços de Caldas, por muitos anos.

---

autonomia do ensino nos estabelecimentos de ensino a cargo da União (Decreto nº 8.659, de 05/04/1911, que instituiu a Lei Orgânica do Ensino Superior e do Fundamental na República). Em 1915, a Reforma Carlos Maximiliano restabeleceu a função fiscal do Estado (Decreto nº 11.530, de 18/03/1915).

49 *A Lanterna*, 04/10/1913; 23/08/1913.

50 *Prontuário DEOPS nº 4*. AESP. Candido, 1996, p. 47.

"Grande leitor de Buckle e Spencer, além dos clássicos do anarquismo, [Adelino] adotava uma fórmula evolucionista misturada com a teoria do 'apoio mútuo', e achava que o 'x' da 'questão social' era moral, e não a luta de classes" (Candido, 1996, p. 47).

João Penteado conservou os laços de amizade e de afinidade com Adelino Tavares de Pinho até o final da vida. Após o fechamento das Escolas Modernas de São Paulo, Adelino ainda lecionaria na Academia de Comércio "Saldanha Marinho", escola aberta por João Penteado na década de 1920, como se verá no próximo capítulo.

Em outubro de 1913 a Associação Escola Moderna de São Paulo divulgou, através de artigo publicado n'*A Lanterna*, uma espécie de "balanço" de suas atividades até aquela data. Os recursos obtidos foram insuficientes para a criação do instituto modelo anteriormente planejado. Em seu lugar, foram instaladas duas escolas na capital paulista, iniciativas "modestas", uma no Belenzinho (a cargo do professor João Penteado) e outra no Brás (inicialmente a cargo de Florentino de Carvalho, e depois, de Adelino de Pinho). As escolas estavam instaladas em prédios regularmente adequados ao ensino, mas já contando com excelente mobiliário e alguns petrechos necessários às aulas.[51]

Florentino de Carvalho, pseudônimo pelo qual ficou conhecido Primitivo Raimundo Soares (1883-1947), nasceu na cidade de Campomanes, província espanhola de Oviedo. Ainda criança (em 1889), transferiu-se para o Brasil com sua família. Cursou e concluiu o ensino primário no Liceu do Sagrado Coração de Jesus, em São Paulo. Tentou então matricular-se numa escola normal, a fim de continuar os estudos em nível médio, intento que não se concretizou em função dos parcos recursos da família. Desobedeceu

---

51 *A Lanterna*, 18/10/1913; 14/02/1914. Florentino de Carvalho também aparece nas fontes consultadas como substituto (por algum tempo) de João Penteado na Escola Moderna N. 1.

a vontade de seu pai, católico fervoroso, que pretendia torná-lo sacerdote, e ingressou na Força Pública de São Paulo (em 1898), tornando-se sargento em pouco tempo. Em 1901, a leitura do livro *A conquista do pão*, de Kropotkin, aproximou Florentino do ideário anarquista, fazendo-o abandonar a Força Pública, mudar-se com a família para Santos e adotar a profissão de tipógrafo (Nascimento, 2000). Em 1912, Florentino foi expulso do país por causa da greve nas docas de Santos (E. Dias, 1977), tendo retornado algum tempo depois. Sua família era quase toda anarquista; a irmã, Maria Angelina Soares, dedicou-se ao magistério em associações libertárias e criou o Centro Feminino de Educação (Prado, 1985).

As Escolas Modernas de São Paulo foram inauguradas em sessão solene no dia 19 de outubro de 1913, no salão Gil Vicente, situado na Avenida Rangel Pestana, 215. Nesta cerimônia de inauguração falaram Leão Aimoré, Florentino de Carvalho e João Penteado. Após as falas e encerrada a sessão solene, houve uma visita dos presentes às escolas e uma "demonstração prática do ensino" em cada uma delas.[52]

A Escola Moderna N. 2 foi criada provavelmente em 1913, no bairro paulistano do Brás. Instalada na Rua Miller, 74, apresentava-se como um instituto de ensino racionalista, assentado no método indutivo, demonstrativo e objetivo e baseado na experimentação e nas afirmações científicas e raciocinadas, "para que os alunos tivessem ideia clara do que se lhes queria ensinar". Mantinha apenas uma aula diurna, nela ensinando leitura, caligrafia, gramática, aritmética, geometria, geografia, botânica, zoologia, mineralogia, física, química, fisiologia, história e desenho, em grandes linhas curriculares: "Educação artística intelectual e moral; conhecimento de tudo quanto nos rodeia; conhecimento das ciências e das artes; sentimento do belo, do

---

52   *A Lanterna*, 18/10/1913; 25/10/1913.

verdadeiro e do real; desenvolvimento e compreensão sem esforço e por iniciativa própria". Estava prevista também a aquisição de um museu e de uma biblioteca, permitindo que os meninos se exercitassem nas diversas matérias e garantindo um "maior progresso e facilidade do ensino". Na tarefa educativa, buscava-se também estabelecer relações permanentes entre a família e a escola, "para facilitar a obra dos pais e dos professores", através de "reuniões em pequenos festivais, nos quais se recitaria, se cantaria, e se realizaria exposições periódicas dos trabalhos de alunos: entre os alunos e os professores haveria palestras a propósito de várias matérias", garantindo-se assim que os pais pudessem conhecer "os progressos alcançados pelos alunos". O programa de ensino seria complementado por sessões artísticas e conferências científicas[53] [**Figura 3**].

Entre as Escolas Modernas N. 1 e N. 2, algumas diferenças são percebidas, particularmente no que diz respeito ao atendimento da demanda (como os horários de aulas e a existência de cursos noturnos) e no detalhamento do currículo. Além disso, não fica claro se o Comitê Pró-Escola Moderna e a Sociedade Escola Moderna de São Paulo eram a mesma instituição ou compunham-se de militantes do mesmo "grupo". Por outro lado, a metodologia e a filosofia de ensino nas duas Escolas Modernas parecem bastante semelhantes. Nelas, a meu ver, predominava a crença na vitória das luzes da razão, da ciência e do progresso sobre as trevas da ignorância, da superstição e do clericalismo.

O método de ensino da Escola Moderna baseava-se na demonstração prática de que todos os seres humanos são igualmente dignos de respeito e susceptíveis de desenvolver as mesmas qualidades e aptidões, desde que favorecidos pelas mesmas circunstâncias. Na Escola Moderna, empregava-se o método experimental e

---

53   *A Voz do Trabalhador*, 01/02/1914. *A Lanterna*, 22/08/1914.

a religião era apresentada como um "fenômeno histórico-social". A educação ministrada às crianças e adultos baseava-se no "método objetivo e racional", apartado de "qualquer noção mística ou sobrenatural", com "o ensino de coisas interessantes e eficazes" no lugar do "antigo ensino de palavras, fastidioso e maléfico". Além disso, a educação e a instrução completavam-se com a criação de bibliotecas, a promoção de conferências de educação popular e a proposta de publicação de uma revista pedagógica para a divulgação do método de ensino que elas adotavam.[54]

Princípios pedagógicos inovadores, mas não exatamente originais, considerando-se que muitos deles já eram praticados pelas escolas americanas de confissão protestante, estavam nos projetos de Francisco Rangel Pestana e foram implantados pelos republicanos históricos em São Paulo na última década do século XIX, conforme demonstrado por Maria Lúcia Hilsdorf, tais como "o ensino prático, científico e comum para todos" e um "cuidadoso aparato pedagógico (...) em termos de equipamentos, instalações, professores e procedimentos didáticos" (1977, p. 156); o método intuitivo, visto como natural, científico, positivo, através da "observação correta de objetos reais nas 'lições de coisas'" (1986, p. 206) e a "educação popular em cursos gratuitos, públicos, (...) para ambos os sexos, com ensino elementar diurno e cursos noturnos para trabalhadores, e conteúdos relacionados aos temas de democracia e conhecimento científico" (2003, p. 63). Aliás, ainda no auge do Segundo Reinado, o grupo dos liberais adiantados esperava da iniciativa privada a introdução das inovações pedagógicas, de origem europeia ou norte-americana, para os diversos níveis de ensino, propondo:

---

54 *A Lanterna*, 31/01/1914.

> No ensino elementar (...): jardins de infância, "classes despertadoras", ensino simultâneo de leitura e escrita, conteúdos seriados, disciplina branda, metodologia intuitiva, aulas de "lições de coisas", aulas noturnas de alfabetização, métodos rápidos e práticos de ensinar a ler; no secundário (...): matérias científicas não trabalhadas nos cursos avulsos de preparatórios, (...) ensino prático em laboratórios, ensino leigo, classes de formação de professores, (...) cursos noturnos de formação profissional (2003, p. 51).

As Escolas Modernas de São Paulo (N. 1 e N. 2) não foram, entretanto, experiências isoladas. Houve outras, tanto na capital de São Paulo – por exemplo, a "Escola Nova" ou Escola Moderna da Rua da Mooca, criada por Florentino de Carvalho após afastar-se da direção da Escola Moderna N. 2 – quanto no interior do estado, em cidades como Bauru, Campinas, Jaú, Franca, São Caetano e Sorocaba, e mesmo no litoral, na cidade portuária de Santos.[55]

Sobre a "Escola Nova" (ou Escola Moderna da Rua da Mooca) sabe-se pouco. Certamente sua fundação ocorreu algum tempo após o surgimento da Escola Moderna N. 2 (do Brás), talvez em 1914. Sua denominação – "Escola Nova" e não Escola Moderna N. 3 – assim como a substituição de Florentino por Adelino na direção da Escola Moderna N. 2, são fortes indícios de que havia algumas dissonâncias no grupo que as criou. Há, nas fontes consultadas, poucas informações sobre a escola dirigida por Florentino na Mooca. Em janeiro de 1915, relatam os jornais consultados, tiveram início seus cursos complementares e científicos, com as aulas de higiene a cargo do Dr. Alegrette; uma conferência do professor Saturnino Barbosa sobre a formação geológica da Terra – "sem se afastar das teorias de Lamarck, Darwin e Haeckel" – e a previsão de cursos de

---

55   *A Lanterna*, 10/06/1915; *A Voz do Trabalhador*, 07/04/1915.

história universal e economia social sob responsabilidade do Dr. Roberto Feijó.[56] Aliás, Saturnino e Feijó, anos depois, trabalhariam na Academia de Comércio "Saldanha Marinho".

A "Escola Nova" foi fechada pela polícia em julho de 1917, no contexto da repressão à greve que ocorreu em São Paulo naquele ano. Florentino e outros ativistas foram presos pelo governo paulista e deportados do país, sob acusação de serem os líderes daquele movimento grevista (Lopreato, 2000; Nascimento, 2000).

Mas as Escolas Modernas N. 1 e N. 2, do Belenzinho e do Brás, continuaram em funcionamento e não foram afetadas pela repressão policial neste período de grandes agitações, que acompanharam a "Grande Guerra" na Europa. Por que esta diferença de tratamento?

As pessoas que foram denominadas de modo genérico como "anarquistas" constituíam diversos pequenos grupos, organizados pelo princípio de afinidades (de crenças, valores e práticas) e que se identificavam através da tábua de valores que adotavam. Esta visão ajuda a compreender as diferentes trajetórias das escolas aqui analisadas e as variadas formas como foram percebidas (e tratadas) pelas autoridades governamentais. Em favor desta afirmação, as Escolas Modernas foram iniciativas de um coletivo composto de militantes das ideias avançadas, um lugar de sociabilidade constituído por grupos de anarquistas e de seus aliados. Estas alianças (com anticlericais, maçons, livres-pensadores) contribuíram para manter as iniciativas do Brás e do Belenzinho momentaneamente a salvo da repressão estatal (Peres, 2004).

Além de não serem molestadas pelas autoridades governamentais em 1917, ano de grande agitação operária em São Paulo, as Escolas Modernas (N° 1 e N° 2) aparentemente prosperaram. Anos antes, em uma grande reunião ocorrida no Salão Alhambra, em meados de dezembro de 1913, efetuara-se um balanço favorável

---

56   *A Lanterna*, 13/02/1915.

destas iniciativas escolares. Afinal, a Sociedade Escola Moderna já havia conseguido, apesar dos poucos recursos obtidos, instalar as duas escolas (atendendo cerca de 150 alunos, crianças, no curso diurno e adultos, no noturno), preparar a edição de dois livros escolares – provavelmente a *Cartilha* e a *Seleta* – e dar início à publicação de uma revista: *O Início*, órgão dos alunos, depois substituída pelo *Boletim da Escola Moderna*. Em janeiro de 1914 a comissão divulgara a intenção de editar livros apropriados ao ensino racionalista, criar um grande internato misto para menores de nove anos nos arrabaldes da capital e uma escola noturna de ensino integral para adultos no centro da cidade, em cujo salão também ocorreriam "conferências populares de divulgação científica", a cargo de intelectuais convidados. Entre 1913 e 1916, as Escolas Modernas de São Paulo promoveram diversas atividades de propaganda, assim como ações para estimular a arrecadação de recursos.[57]

As Escolas Modernas N. 1 e N. 2 permaneceram em funcionamento por quase toda a segunda metade da década de 1910, concretizando grande parte das propostas elaboradas pelos anarquistas e seus aliados em 1909, como visto anteriormente.

As Escolas Modernas tinham como objetivo principal, a meu ver, difundir o ideário defendido pelos anarquistas em São Paulo: instrução racional e científica, baseada no método experimental; e educação moral das crianças e dos adultos numa perspectiva solidária e libertária, empenhada na regeneração da humanidade através da revolução social. Em todas as atividades de propaganda desenvolvidas pelos libertários, havia uma preocupação com a educação de *toda* a humanidade. Contudo, de todos os grupos que compunham a sociedade humana, os trabalhadores eram

---

57　*A Lanterna*, 20/12/1913; 31/01/1914. *Boletim da Escola Moderna*, 13/10/1918.

particularmente destacados por eles como os que mais necessita-vam de instrução e de ações educativas.

Portanto, havia afinidades entre os autores dos manifestos e as escolas que punham em prática suas concepções. Neste ponto, convém uma questão: como os criadores das Escolas Modernas de São Paulo entendiam o termo "racional" ou "racionalista", com o qual qualificavam o método de ensino (e de educação e instrução) que adotaram?

A espinha dorsal do ensino racionalista (pelo viés anarquista) encontra-se no ideário pedagógico de Francisco Ferrer. Segundo o estudioso espanhol Francisco José Cuevas Noa (2003), Ferrer ins-pirava-se nas ideias da educação integral (Paul Robin) e nos proje-tos educativos de Rousseau, Tolstoi e Sébastien Faure. Rejeitando o ensino laico estatal à francesa e o ensino religioso, Ferrer propõe a educação popular embasada na ciência positiva, a serviço da ra-zão natural ou das necessidades naturais da vida, o que o filia ao naturalismo pedagógico; mas propõe uma educação natural "com marcada dimensão social" (p. 101). Além disso, sua proposta edu-cacional contém a co-educação dos sexos e das classes sociais, o valor do indivíduo (o "respeito absoluto à independência da crian-ça"), dos jogos e do trabalho manual. Para este estudo, interessa saber que suas concepções pedagógicas forjaram-se a partir de sua atuação como um republicano radical, exilado em Paris, que lhe trouxe a compreensão de que "a ação revolucionária necessita-va apoiar-se em um trabalho educativo prévio que criaria novas mentalidades disposta a levar a cabo a mudança social" (p. 98). Na concretização da *Escuela Moderna* de Barcelona, Ferrer contou com o apoio de "intelectuais, professores universitários, republicanos radicais, maçons e militantes anarquistas" (p. 117). Mais impor-tante ainda é identificar as raízes de seu pensamento, situadas no anarquismo, no positivismo e no "livre-pensamento laicista da nova modernidade de fins do século XIX e princípios do XX, no que pesa decididamente seu pertencimento à maçonaria" (p. 99). Ou seja, a escola de Ferrer em Barcelona constituiu-se como um lugar de sociabilidade para as práticas de setores sociais que defendiam o estatuto central das ciências positivas na organização da vida social. Esta perspectiva pode ser ampliada para o contexto de São Paulo na Primeira República, em que os anarquistas assumiam a posição de vanguarda anteriormente desempenhada por liberais adiantados, maçons e republicanos, fator explicativo para a manutenção de liames e alianças entre estes grupos.

Além disso, outro fator que contribuiu para a sobrevivência das Escolas Modernas de São Paulo foi a sua transformação em um privilegiado *lugar de sociabilidade*, que pode ser percebido através das variadas atividades nelas desenvolvidas: festivais escolares (com conferências, palestras, hinos, recitativos, apresentações musicais, cantos), passeios campestres, aulas dominicais, criação de bibliotecas, *veladas* (isto é, festivais noturnos), quermesses e bailes "familiares". Nas escolas, através das atividades desenvolvidas, era possível promover a circulação de ideias, oferecendo ainda a possibilidade de constituição de novas redes, incluindo outros setores da sociedade.

A realização dos festivais escolares, a meu ver, procurava cumprir dois objetivos básicos: realizar a propaganda das escolas e do ensino racionalista e angariar recursos financeiros para mantê--las em funcionamento. Por isso, conformando um modelo de organização, em praticamente todas as festividades havia sempre três partes: a propaganda em si, através dos hinos, das poesias, das conferências, como também das aulas práticas e da exposição de trabalhos; as atividades que objetivavam a arrecadação de recursos, como a quermesse; e o baile familiar, momento de diversão e lazer. A orientação que nelas prevalecia era sempre o caráter emancipador da propaganda anarquista.

As Escolas Modernas de São Paulo foram *lugares* de propaganda do ideário libertário. Mas também foram instituições da sociedade, compostos de prédios, mobiliários, professores e alunos, *locais* detentores de realidade física, que podiam ser captados pelas lentes fotográficas e imobilizados no tempo. Também *espaços* de disputa dos corações e das mentes dos atores sociais que circulavam diariamente pelas cercanias do bairro em que estavam instaladas ou pelas páginas dos jornais que as defendiam ou atacavam:

> (...) nós, os anarquistas, que só ambicionamos pão, liberdade e instrução para todos, inclusive para nossos próprios inimigos (...) somos tratados de utopistas, vilmente caluniados e, na falta de melhores argumentos, covardemente perseguidos, desterrados ou encarcerados.[58]

Cumpre lembrar que diante das ações repressivas dos poderes constituídos, os anarquistas, além das escolas, efetuavam a difusão das ideias emancipadoras através do estímulo à prática da leitura, da atividade de produção literária e da preocupação com a autoformação. Portanto, atividades que podiam até prescindir da escola, ou que dela requisitavam apenas o aprendizado dos mecanismos de leitura e escrita.

João Penteado, na Escola Moderna N. 1, além do ensino da leitura e da escrita, também efetuava a difusão das ideias emancipadoras e estimulava a atividade de produção literária. Afinal, seus textos de leitura eram as obras clássicas da literatura anarquista e, simultaneamente, da literatura "universal", como Hugo

---

58 *Germinal!*, 15/06/1913.

e Zola. As poesias e as canções aprendidas nos bancos escolares faziam parte do repertório das lutas operárias e eram repetidas nas greves, nas manifestações de rua, nos comícios e nas festas operárias. Escrevia-se, desde as primeiras linhas, para divulgar ideias renovadoras, talvez mesmo com vistas a formar futuros articulistas para os jornais operários ou conferencistas para as atividades de propaganda, com a prática rotineira de exercícios epistolares e descrições. Quando o *Boletim da Escola Moderna* tomou o lugar d'*O Início*, por causa da necessidade de redução de despesas, afirmou-se o desejo de retomar a publicação deste, pois "os alunos também precisam de exercitar-se [sic] na imprensa, afim de se habilitarem para a luta do pensamento na sua cooperação para o progresso moral e intelectual da Humanidade".[59] Além da leitura de textos, a meu ver, também se praticava nas Escolas Modernas a *leitura do mundo*, através de seus "passeios campestres" semanais, cujo objetivo era aproximar a criança da natureza.

As Escolas Modernas de São Paulo, compreendidas como resultado da ação de um grupo de ativistas das ideias emancipadoras, faziam parte de uma rede de sociabilidade bastante ampla, que incluía os anarquistas, os operários, os livres pensadores e outros segmentos sociais. Portanto, um grupo de ativistas que tinham seu "lugar" na sociedade paulista. Paulatinamente, conforme o contexto histórico mudava, este espaço diminuía, reduzindo-se também a rede de sociabilidade e o lugar da propícia ambiência para as Escolas Modernas. A Grande Guerra europeia e suas consequências no Brasil, com o recrudescimento das posições nacionalistas, provocou mudanças na atuação dos anarquistas em São Paulo, com reflexos nas Escolas Modernas. A visão dos grupos de anarquistas sobre este processo também se alterava, com a adoção de diferentes posições.

---

59 *Boletim da Escola Moderna*, 13/10/1918.

Leão Aimoré, um dos membros do Comitê Pro-Escola Moderna, procurou fazer uma reflexão sobre o significado de ser "socialista-anarquista" ou "libertário", através de artigo publicado em julho de 1916. Os socialistas-anarquistas (ou libertários), segundo ele, tinham como objetivo principal a destruição do Estado, através da constituição de grupos de afinidades, federados ou não. Estes grupos, numa futura sociedade anarquista, constituiriam os principais fatores de produção do que é necessário à vida e assumiriam o papel de elementos de permanente indagação, esclarecimento e educação; mas sem a utilização de qualquer poder coercitivo. Aos poucos, a evolução humana daria passos largos, com uma "maior liberdade individual conciliada com uma maior sociabilidade (...). "Os indivíduos ou agremiações viverão entre si em permanente troca de serviços, orientados pela conveniência da solidariedade imprescindível ao bem-estar geral".[60]

João Penteado completou então esta reflexão de Aimoré, ao afirmar a relação de dependência mútua existente entre a sociedade e a escola. Para Penteado, os "reformadores rebelados" tinham na tribuna, no livro e na imprensa preciosos meios para lançar, a todos os povos, sementes do Bem, da Paz, do Amor e da Justiça, concretizando a máxima de Goethe: "O homem livre sobre a terra livre". O que se estava propondo, portanto, era uma vasta obra de regeneração social, na qual as escolas racionalistas cumpririam um importante papel "na preparação do povo para a revolução social" e os homens de consciências emancipadas assumiriam a função de "obreiros do progresso".[61]

Portanto, a meu ver, uma parte dos anarquistas reagiu diante da nova conjuntura (provocada pela eclosão da guerra europeia) com a proposta de *organização do elemento libertário*,

---

60   *A Lanterna*, 22/07/1916.

61   *A Lanterna*, 02/09/1916.

consubstanciada na fundação da Aliança Anarquista em São Paulo, em outubro de 1916. Esta proposta da constituição de uma nova agremiação anarquista surgiu no "excepcional momento histórico causado pela conflagração europeia" e diante de suas repercussões no Brasil: o incremento das associações religiosas e a militarização da população brasileira, "obra infame" das classes dirigentes, através da lei do sorteio militar, da educação cívica nas escolas, do fomento ao "ódio de raça" e ao "entusiasmo pela reação jacobina", com o aumento da tiragem dos periódicos católicos e patrióticos, e a repressão aos jornais que defendiam as ideias "avançadas". Para as forças reacionárias da sociedade, a religião havia se tornado "um poderoso calmante para as revoltas do povo", o que ameaçava as possibilidades de emancipação humana. Diante deste quadro, os anarquistas propunham a organização de centros ou grupos autônomos, espalhados pelo país e ligados entre si por uma "comissão de correspondência". Nestes grupos, proceder-se-ia a um trabalho extenso e prático de difusão de ideias e de ação, intensificando-se a propaganda libertária. O objetivo da luta estava posto na emancipação econômica, social e moral de cada indivíduo e da humanidade em geral. Naquele momento, a propaganda deveria atacar tanto as causas da conflagração europeia quanto os males sociais em geral, identificando suas origens no Estado e na propriedade individual. O texto das "bases do acordo" propunha: a ação anticlerical e anti-religiosa; a difusão das verdades demonstradas pela ciência e pela experiência; a agitação contra a "lei do sorteio" (isto é, contra a instituição do serviço militar obrigatório); o combate ao ensino militar nas escolas; o repúdio a toda forma de posicionamento militarista, nacionalista ou patriótico na sociedade; a rejeição dos partidos políticos "estatais", mesmo que reformistas, e da propaganda eleitoral; o apoio a todo movimento que defendesse a limitação do poder do Estado e o desenvolvimento de organizações econômicas de resistência dos trabalhadores urbanos e rurais. Grupos dotados da mais ampla autonomia deveriam pôr em prática este plano de ação, composto de dois objetivos: criar um ambiente favorável às ideias de libertação, igualdade e justiça e formar uma opinião pública simpatizante à causa dos anarquistas. "É necessário impedirmos, com a nossa voz, com os nossos escritos, com a nossa vontade firme, com o nosso esforço infatigável, que a humanidade perca as conquistas já alcançadas". Para tanto, sugeriu-se a realização de conferências e comícios; a edição e publicação de manifestos e folhetos; a criação de jornais; enfim, a *organização do elemento libertário*.[62]

No meu entender, e conforme apresentado em trabalho anterior (Peres, 2004), diante da situação colocada pela guerra europeia e suas consequências no Brasil, o jornal *A Lanterna* propunha aos leitores uma mudança de orientação: sair da "brecha" e rumar para a "trincheira", pois os inimigos da emancipação social estavam então particularmente fortalecidos.[63]

Como ficaram então, as Escolas Modernas de São Paulo diante do quadro descrito acima?

As notícias sobre as Escolas Modernas de São Paulo publicadas nos jornais sofreram uma substancial diminuição entre 1917 e 1919, o que pode ser explicado pelo encerramento da publicação do jornal anticlerical *A Lanterna* em 1916, sua substituição pelo jornal anarquista *A Plebe* no ano seguinte e as agitações promovidas nos meios fabris pelo movimento operário e sindical, que tinham como pano de fundo a Grande Guerra na Europa, a crise econômica e a Revolução na Rússia. No Brasil, uma considerável

---

62 *A Lanterna*, 28/10/1916; 19/11/1916.

63 No período anterior, os articulistas d'*A Lanterna* afirmavam que a ação anticlerical processava-se nas "brechas" da sociedade, através da denúncia das ações nefastas do clero e da defesa de propostas progressistas.

expansão das ideias nacionalistas – expressa, segundo Jorge Nagle (2001), pela ampla divulgação de livros didáticos de "acentuada nota patriótica" (p. 64) e pela fundação da Liga de Defesa Nacional, em 7 de setembro de 1916, graças à iniciativa de Olavo Bilac, Pedro Lessa e Miguel Calmon. Nesse sentido, fica esclarecida a motivação para o surgimento da Aliança Anarquista, mencionada acima, em outubro de 1916, como reação ao movimento nacionalista em São Paulo. Além disso, o fim do órgão anticlerical (*A Lanterna*) e sua substituição pelo periódico declaradamente anarquista *A Plebe* resultou da crescente preocupação com a questão social, num contexto em que a agenda anticlerical passou a ser percebida pelos libertários como insuficiente para enfrentar satisfatoriamente esta questão. Com a diminuição das notícias sobre as Escolas Modernas, também não é possível saber o que ocorreu com a Sociedade Escola Moderna de São Paulo e com o comitê que instalou as escolas em 1912 e 1913.

A meu ver, diante deste quadro, os anarquistas sofriam uma derrota na disputa pelos corações e pelas mentes da humanidade em geral e dos operários em particular em São Paulo naquele momento histórico. *A Lanterna* percebia, por conta de sua condição de órgão anticlerical, o avanço dos católicos sobre os operários, através de associações profissionais confessionais e pela multiplicação de colégios e escolas sob tutela das congregações católicas. Mas também destacava a recomposição das forças reacionárias da sociedade, através do incremento do patriotismo e do militarismo na sociedade; e os desdobramentos sociais, econômicos e políticos da Grande Guerra na Europa.

Neste contexto, pelo que foi exposto nos parágrafos acima, percebe-se uma nítida convergência entre as proposições de Leão Aimoré e de João Penteado e a opinião geral do grupo articulado em torno do jornal anticlerical *A Lanterna*. Nos artigos de Aimoré e de

João Penteado: o discreto transgressor de limites

Penteado ficam evidentes as tábuas de valores que adotavam: defesa dos grupos de afinidades, inclusive como célula da nova sociedade (com funções produtivas e educativas); liberdade individual; solidariedade como base da organização social futura; regeneração social; difusão de valores elevados (Bem, Paz, Amor, Justiça) através da propaganda (tribuna, livro e imprensa) e da ação das escolas racionalistas e dos "homens de consciências emancipadas".

Nestes agitados anos da segunda metade da década de 1910, as Escolas Modernas paulistanas permaneceram em funcionamento. Além disso, o grupo instalou uma terceira escola, também qualificada como "moderna", na atual cidade paulista de São Caetano, em 1919. Desta forma, mesmo à sombra do movimento social, no auge da propaganda pelo enfrentamento, a experiência educacional escolar dos anarquistas em São Paulo cumpria um dos objetivos enunciados em 1909, de prestar apoio a iniciativas congêneres. Mas o que poderia ter significado um fator de expansão das iniciativas educacionais escolares dos anarquistas em São Paulo, representou seu término abrupto.

Em 19 de novembro de 1919, Oscar Thompson, Diretor Geral de Instrução Pública do Estado de São Paulo, através de um ofício, fechou e proibiu o funcionamento das Escolas Modernas do Belenzinho, do Brás e de São Caetano.

Pelo viés dos libertários, em reforço aos seus argumentos, apesar da grande quantidade de analfabetos e de crianças afastadas dos "bancos escolares" na época, o governo paulista não titubeou em fechar aquelas escolas, que atendiam cerca de 150 alunos, em seus cursos diurnos e noturnos.[64] Assim, é possível afirmar que era preferível às autoridades encerrar as atividades de uma escola a permitir que a mesma funcionasse com base em uma proposta alternativa e viável, em franca oposição ao projeto escolar governamental.

---

64 *Boletim da Escola Moderna*, 13/10/1918.

Naqueles agitados anos finais da década de 1910, o projeto escolar governamental não era mais aquele assentado na "pedagogia moderna e cosmopolita dos republicanos e liberais adiantados dos fins do século XIX", nem nas "iniciativas de educação popular sustentadas pela opção imigrantista dos republicanos históricos", como afirmou Maria Lúcia Hilsdorf. Os tempos eram outros, e a escola nacionalista "foi reposta em circulação pelos intelectuais da década de 10 quando pediam a valorização da cultura nacional nos *confrontos* com a importante presença estrangeira". Seu programa era bem amplo, indo muito além da defesa do voto direto e secreto e das campanhas de alfabetização e em favor do serviço militar obrigatório, incluindo

> (...) os tópicos de saúde, moral e trabalho *e* uma superação da escola alfabetizadora que ecoam *nas* propostas da ABE da década de 20: fundação de escolas primárias e profissionais; instrução cívica do povo na obediência às leis e no respeito às tradições nacionais por meio de impressos e conferências; incentivo à educação física, ao escotismo, às linhas de tiro e ao serviço militar; celebração de fatos nacionais; obrigatoriedade do ensino da língua, da história e da geografia pátrias nas escolas estrangeiras (Hilsdorf, 2003, p. 84; grifos da autora).

Os tempos de fato eram outros, e as mudanças que se processavam na sociedade brasileira foram percebidas pelos anarquistas com grande argúcia, o que explica a criação da Aliança Anarquista, como rápida resposta ao surgimento da Liga de Defesa Nacional e o que ela representava; e mesmo a transformação d'*A Lanterna* n'*A Plebe*. O fechamento das Escolas

Modernas de São Paulo, nesta perspectiva, também encontra sua explicação histórica.

OS ANARQUISTAS E O FECHAMENTO DAS ESCOLAS MODERNAS

O motivo alegado para o fechamento das Escolas Modernas de São Paulo foi uma explosão ocorrida em uma casa na Rua João Boemer, 305, no bairro paulistano do Brás, em 19 de outubro de 1919. A casa, pertencente ao italiano Carlos Lombardi, era habitada por José Prol, Francisca Pérez e seus dois filhos pequenos. No local também residiam, como pensionistas, Belarmino Fernandes, Joaquim dos Santos Silva e José Alves. Os quatro homens morreram na explosão, enquanto a mulher e as crianças sofreram ferimentos leves. José Prol, 27 anos, era espanhol, canteiro desempregado havia dois anos e naquele momento sobrevivia com a venda de objetos a prestação e com a comercialização clandestina de bilhetes de loteria na linha da Companhia Inglesa – segundo *O Estado de S. Paulo*, como pretexto para efetuar a propaganda anarquista naquela ferrovia. Belarmino Fernandes, 23 anos, era português e havia chegado recentemente do Rio de Janeiro. Joaquim dos Santos Silva, 26 anos, era português e tipógrafo. No local da explosão foram apreendidos boletins, folhetos, jornais, livros e outros materiais de propaganda libertária, assim como documentos que comprovavam que, de fato, "indivíduos exaltados se vinham preparando para algum meio revolucionário, muito sério (...) [e que] o movimento obedecia a inspirações dos libertários do Rio, com os quais os de S. Paulo estavam diretamente ligados, e devia ser de terríveis consequências". Dois fatos são apresentados pelo jornal paulista para corroborar esta afirmação: a criação do Partido Comunista, com sede no Rio e filiais em vários estados da União;[65] e a propaganda libertária feita aos soldados nos quartéis cariocas e paulistas, solicitando a sua adesão ao movimento revolucionário, que se iniciaria com a eclosão de uma greve geral.[66]

O Operário, periódico que expressava a visão dos sindicalistas ligados à Igreja católica em São Paulo, buscou definir com precisão a visão dos católicos sobre os fatos ocorridos, através de um artigo publicado em novembro de 1919. Nele, comentava-se não só a explosão ocorrida na Rua João Boemer, como também a expulsão de Gigi Damiani e as conferências de Belén Sárraga (cujos resumos foram publicados n'*O Estado*). Em seguida, o articulista procurava alinhar as atividades de diferentes grupos: os "agitadores profissionais" (isto é, os anarquistas), os maçons do Grande Oriente Autônomo, as escolas libertárias e diversos jornais: *A Plebe*, de Edgard Leuenroth; *O Estado*; o *Diário Popular*; o *Fanfulla*; o *Piccolo*, de Paulo Mazzoldi; a *Rivista Coloniale*, de Antonio Piccarolo; *O Parafuso*; e *O Combate*. Por último, os protestantes de São Paulo também foram apontados como participantes deste apoio à agitação na cidade. No lado oposto estava a sociedade organizada e ordeira, a mocidade acadêmica, os patriotas, as famílias, a melhor parte da imprensa e o operariado conservador. *O Estado* já tinha publicado, alguns dias antes, uma moção do Centro Operário Católico Metropolitano, que afirmava o posicionamento dos operários católicos ao lado das classes conservadoras

---

65   Segundo Nagle, o Partido Comunista do Brasil, fundado em 1919 por anarquistas entusiasmados com a Revolução russa, era um "falso" partido comunista, pois entre seus fins estava o de fazer a propaganda do comunismo libertário.

66   *O Estado de S. Paulo*, 20/10/1919; 21/10/1919. Curiosamente, nada foi publicado sobre José Alves, que dirigia a Escola Moderna de São Caetano.

e o apoio ao governo na repressão aos anarquistas.[67] Ou seja, os católicos percebiam e denunciavam as redes de sociabilidade então existentes em São Paulo, que reuniam anarquistas, maçons, protestantes e órgãos de imprensa alternativos. Estas redes, para os católicos, constituíam fatores de agitação e, por isso, deveriam ser combatidas.

Dias depois, em 24 de outubro de 1919, grupos de estudantes da Faculdade de Medicina, da Escola Politécnica, da Faculdade de Direito, da Escola de Comércio "Álvares Penteado" e do "Mackenzie College" – parte da "mocidade acadêmica" de São Paulo, cerca de uma centena – ofereceram-se para substituir os funcionários grevistas da *Light*, empresa que explorava os serviços de transportes públicos e de eletricidade na cidade. Em 31 de outubro, sexta-feira, estudantes da Faculdade de Direito, auxiliados por colegas de outros estabelecimentos, promoveram um ato público de protesto contra o jornal *A Plebe*, por conta do artigo "Mais um formoso gesto de heroísmo", publicado na edição do dia anterior e por eles considerado ofensivo à juventude acadêmica na medida em que sugeria que os mesmos deveriam substituir as prostitutas, no caso (hipotético) delas se declararem "em greve":

> Estamos informados de que brevemente as classes defensoras da moralidade pública, estabelecidas nas ruas Ipiranga, Timbiras e adjacências, se declararão em greve contra as respectivas patroas, devido ao excesso de trabalho e à baixa do câmbio das respectivas

---

67 *O Operário*, 02/11/1919, *apud* Carone, 1979, p. 165-169; *O Estado de S. Paulo*, 27/10/1919. A espanhola Belén Sárraga havia realizado, em outubro de 1919, uma série de conferências em São Paulo, sobre feminismo, religião e educação, com a participação de "representantes de várias lojas maçônicas, associações liberais, homens de letras, professores, jornalistas e muitas senhoras" (*O Estado de S. Paulo*, 29/10/1919). Em termos educacionais, defendeu a aplicação de modernos métodos pedagógicos combinada com a ampla divulgação do ensino leigo.

cotações.

Previne-se os almofadinhas fura-greves para que estejam de prontidão, a fim de irem na ocasião oportuna substituir as grevistas.

A nossa católica cidade não poderá ficar privada de um dos principais elementos de sua vida ativa.[68]

A manifestação, iniciada às 14 horas com passeatas e palavras de ordem, concentrou-se em frente a oficina d'*A Plebe*, na Rua das Flores, 36-A. Os estudantes não se limitaram ao protesto verbal, pois invadiram a oficina do jornal, destruindo móveis e equipamentos e, em seguida, rumaram para a Rua Quinze de Novembro, 16, onde promoveram idêntica destruição na redação d'*A Plebe*. Marcharam então os estudantes pelas ruas da cidade carregando os restos do mobiliário destruído e, na altura do viaduto do Chá, "(...) atiraram para o vale do Anhangabaú o que levavam nas mãos, espalhando por toda parte os pedaços de livros e jornais".[69]

---

68   *O Estado de S. Paulo*, 25/10/1919; *A Plebe*, 30/10/1919. As ruas citadas eram, naquela época, um dos núcleos em que se concentravam os prostíbulos em São Paulo.

69   *O Estado de S. Paulo*, 01/11/1919. A participação dos estudantes em relação às ações dos libertários havia sofrido mudanças ao longo das duas primeiras décadas do século. Em maio de 1906, os estudantes da Faculdade de Direito de São Paulo, liderados pelo acadêmico Ricardo Gonçalves, poeta de tendências anarquistas, promoveram comício de apoio e solidariedade aos operários grevistas de Jundiaí, que foi dissolvido pela polícia, com a invasão do pátio da faculdade (E. Dias, 1977). Já em 1913, os alunos da Escola Prática de Comércio haviam se prestado ao papel de agentes provocadores da polícia no comício contra a carestia ocorrido no Largo de São Francisco (*Germinal!*, 23/03/1913). Por fim, em outubro de 1919, através de um manifesto assinado pelos presidentes dos centros acadêmicos (Direito, Medicina, Politécnica e Mackenzie), explicava-se que o envolvimento dos estudantes na greve da *Light* teve motivações "patrióticas", pois não se desejou "auxiliar a classe dos patrões, nem tampouco estabelecer diferenciações odiosas e injustas entre os operários brasileiros e estrangeiros", mas apenas "beneficiar o público em geral, cujos interesses não podiam e não podem flutuar aos acenos caprichosos, quer dos falsos quer dos pretensos guias da classe proletária" (*O Estado de S. Paulo*, 29/10/1919).

João Penteado: o discreto transgressor de limites

Na semana seguinte, em novembro de 1919, o jornal *O Estado de S. Paulo*, que considerou o empastelamento d'*A Plebe* como um "ato reprovável" – sem, entretanto, cobrar a apuração dos fatos e a punição dos responsáveis – noticiou a descoberta, pela polícia, de um grande arsenal de explosivos numa pequena casa na Rua José Kauer, 11, Belenzinho, num quarto que fora alugado por Joaquim dos Santos Silva e Belarmino Fernandes, mortos na explosão da Rua João Boemer. A descoberta deste arsenal foi considerada como uma evidência da ameaça que o anarquismo representava para a ordem pública, justificando as "medidas capazes de reprimir o perigo": a prisão e a expulsão de diversos anarquistas, as articulações para fazer a greve geral abortar e "outras providências", que não são descritas pelo jornal.[70]

Era o que faltava para que o cerco se fechasse sobre os anarquistas. Estava comprovada a hipótese levantada pelo jornal *O Estado de S. Paulo*, acerca do perigo do elemento anarquista em São Paulo. Se a propaganda anarquista – através de jornais, livros e escolas – podia ser tolerada, pelo menos nos círculos liberais, a existência de arsenais de explosivos era uma forte motivação para que as ações dos anarquistas (acusados de incendiários e agitadores profissionais) fossem duramente combatidas e reprimidas, levando de roldão seus órgãos e mecanismos de propaganda, como os jornais (empastelados), bibliotecas (confiscadas e destruídas) e escolas (fechadas).

O que fez João Penteado neste momento crucial, entre novembro de 1919 e os primeiros meses de 1920, para além dos protestos na imprensa anarquista contra o fechamento das iniciativas escolares?

---

70   *O Estado de S. Paulo*, 07/11/1919; 08/11/1919.

A posição de João Penteado

João Penteado tentou reabrir as Escolas Modernas, fechadas pelo governo paulista, através do recurso à justiça, mas não logrou êxito. Dois documentos, produzidos entre fins de 1919 e os primeiros meses de 1920, comprovam o esforço de João Penteado pela reabertura das escolas: a petição encaminhada ao Dr. Herculano de Freitas, Secretário de Justiça e Segurança Pública do Estado de São Paulo, e o pedido de *habeas corpus* encaminhado ao Tribunal de Justiça paulista. O primeiro deles foi seguramente redigido por João Penteado, que o conservou em seu arquivo pessoal durante toda sua vida. Já o segundo apresenta outro estilo de redação e certamente, foi elaborado pelo Dr. Luiz Quirino dos Santos, advogado contratado por João Penteado. Nos dois documentos encontramos a defesa da tese de que as Escolas Modernas não eram "escolas anarquistas": "A Escola Moderna, dirigida pelo paciente, é um estabelecimento de ensino *leigo, racionalista, livre-pensador*, mas que não se envolve no cultivo das teorias anarquistas"; o "(...) Sr. João Ribeiro, pai de dois de meus alunos, estabelecido na vizinhança e pessoa de todo o conceito social (...) depôs que seus filhos, na minha escola, leram sempre nos mesmos livros das escolas oficiais e que jamais lhe havia constado que lhes fossem ensinadas doutrinas anarquistas ou comunistas"; e que na carta endereçada (em 1917) a Florentino de Carvalho, então diretor da Escola Moderna N. 1, "(...) ao tratar da escola em questão (...) apenas me referia ao racionalismo, que, de fato, não interessa somente aos anarquistas, mas a todos os livres-pensadores, visto tender a despertar as consciências, descortinando-lhes novos horizontes". Os argumentos são conduzidos para corroborar a tese de que o fechamento das Escolas Modernas de São Paulo foi um ato de "violência por ilegalidade e abuso de poder", com nítidas falhas processuais no inquérito policial, seja na oitiva dos depoentes, seja nas supostas provas arroladas. Foram ainda questionados os vínculos das Escolas Modernas de São Paulo com a Escola Moderna de São Caetano e seu diretor, José Alves, e com a explosão ocorrida em 19 de outubro de 1919 na Rua João Boemer, no bairro do Brás, fato este utilizado pelo poder público como pretexto para o fechamento das instituições de ensino, como já mostrado anteriormente.[71]

A petição citada menciona a correspondência entre João Penteado e Florentino de Carvalho, que tratava da "nossa obra de propaganda", além do *Boletim da Escola Moderna*, em artigos referentes às festas realizadas no salão da escola, por ocasião da comemoração de datas históricas (14 de Julho, 18 de Março, 13 de Outubro). Refere-se ainda a um encontro ocorrido entre João Penteado e Oscar Thompson, Diretor Geral da Instrução Pública de São Paulo, com vistas a uma reconsideração do ato governamental que fechou as Escolas Modernas. Neste encontro chegou-se a aventar a possibilidade da reabertura da Escola Moderna com outro nome e a assunção, por Sebastiana Penteado (irmã de João), do cargo de diretor do novo estabelecimento de ensino a ser criado. Mas não fica claro se esta proposta "conciliatória" partiu de João Penteado ou de Oscar Thompsom.

Em outro documento – intitulado *Escola Moderna* ou *Um caso curioso*, já citado – João Penteado comentou a sessão do Tribunal de Justiça de São Paulo em que houve o julgamento do *habeas corpus* impetrado contra o fechamento das Escolas Modernas. Neste texto, Penteado fez "sérios reparos" às proposições formuladas pelo Ministro do Tribunal de Justiça naquela ocasião, ao mesmo tempo em que formulou uma consistente defesa dos princípios anarquistas. Segundo este texto, o motivo da perseguição movida contra a Escola Moderna era o fato de a mesma ser "um estabelecimento racionalista, livre-pensador e ser dirigida por um anarquista". Mas

---

71   *Habeas Corpus*. AJP. *Petição ao Exmo. Sr. Dr. Herculano de Freitas*. AJP.

este anarquista que dirigia a escola era um cidadão imbuído dos mais elevados princípios morais, do conhecimento dos "pais de alunos" e do "público em geral". Na sequência, afirma as afinidades entre o comunismo e o anarquismo, "duas doutrinas que não se repelem", mas que encontram suas diferenças por causa da vinculação de seus adeptos a diferentes escolas filosóficas. Prossegue:

> O anarquismo é a mais alta, a mais sublime e a mais dignificante expressão do ideal comunista concebido e divulgado pelos seus grandes apóstolos tais como Tolstoi, Kropotkin, Eliseu Reclus, A. Hamon, Jean Grave, Sébastien Faure e tantos outros, cujas obras literárias e científicas constituem atestado de superioridade moral dos ideais anarquistas sobre todos os outros princípios filosóficos, políticos e sociais até hoje pregados entre os homens.[72]

Como último argumento, o texto afirma que os anarquistas não pregavam a dissolução da família, pois eles a consideravam um "fato natural", portanto, indispensável à organização social futura, apesar de também defenderem a teoria do amor livre como norma para esta nova organização da sociedade:

> E, então, diferentemente do que é ela hoje, libertada de todos os prejuízos, constituirá para todos os mais elevados motivos de prazer na vida, deixando de ser, como até hoje, para a maioria dos homens, um fardo pesadíssimo, que nos esmaga todas as energias, nos dissipa todas as ilusões e nos mata todas as esperanças de bem-estar e felicidade.[73]

---

72 *Escola Moderna* ou *Um caso curioso*. AJP. O texto não está datado, mas provavelmente é de 1920.

73 *Escola Moderna* ou *Um caso curioso*. AJP.

Apesar destes esforços, as Escolas Modernas de São Paulo não foram reabertas. Portanto, o fechamento das escolas, ocorrido em 1919, pode ser considerado um marco na história da educação, ao significar o término abrupto da experiência anarquista no *campo da educação escolar* em São Paulo, conforme conclusão anteriormente enunciada. Aliás, a historiografia afirma o contexto de intensa repressão aos anarquistas, desencadeada desde fins do século XIX, mas intensificada a partir de 1917, ano em que ocorreu a greve geral operária na capital paulista. É o que afirma Cristina Lopreato (2000, p. 153): "Combater esse mal pela raiz, evitando o seu alastramento por todo o tecido social, passou a ser uma das metas prioritárias do presidente do Estado de São Paulo [Altino Arantes], durante o segundo semestre de 1917". Como já visto, as fontes que consultei confirmam este contexto de repressão aos anarquistas, culminando com o empastelamento d'*A Plebe* e o fechamento das Escolas Modernas.

Paralelamente a estes infrutíferos esforços de João Penteado para reabrir as Escolas Modernas de São Paulo, ele assumiria o cargo de bibliotecário da Comissão Executiva da União dos Trabalhadores Gráficos, conforme decisão da assembleia da categoria realizada em maio de 1920. A comissão executiva então eleita tratou de fazer publicar um periódico de propaganda da classe gráfica de São Paulo, chamado de *O Trabalhador Graphico*, cujo primeiro número veio à luz no mês seguinte, com o objetivo de "intensificar a obra de organização" dos gráficos paulistas, criar "uma consciência de classe, desbravando a espessa floresta de preconceitos, que obscurece os cérebros de alguns elementos, esforçando-se para identificá-los com os objetivos colimados pela luta de classes" e capacitá-los para "o combate em prol de uma sociedade 'em que todo o produto do trabalho útil de todos seja de fato propriedade de todos os trabalhadores'".[74] Nesse sentido, João Penteado reavivava sua face de tipógrafo, e, como que tomando o lugar da escola na luta pela emancipação da humanidade, apareciam o livro e o jornal.

João Penteado publicou, naquele primeiro número do jornal da União dos Trabalhadores Gráficos, um artigo intitulado "Apelo aos gráficos", em que defende o fortalecimento da associação de classe com vistas a desenvolver a "obra de propaganda emancipadora". Isto ocorreria através do pagamento das mensalidades e da participação nas assembleias, nas quais seria possível discutir os assuntos de interesse da categoria e elaborar planos e iniciativas para desenvolver o "espírito associativo" e o "sentimento de solidariedade" entre os gráficos. Em seguida, Penteado menciona a "condição especial" da classe dos gráficos, que pode "obter instrução por meio do jornal e do livro" – pois são eles que fazem o jornal, compõem e encadernam os livros, manejam o prelo e empunham o componedor, preparando o pão espiritual "que dá vida ou envenena os sentimentos das massas populares". Propõe então uma aliança com os demais trabalhadores, "irmãos de outros ofícios", para reivindicar melhores condições de vida e combater a exploração capitalista. Por fim, divulga a proposta de se criar uma biblioteca na sede do sindicato, "onde todos os nossos companheiros deverão, de preferência, reunir-se [sic] todas as noites, a fim de instruir-se sobre questões sociais e trocar ideias com os membros de nossa classe, estabelecendo-se, assim, as mais estreitas relações entre os mesmos".[75]

Outro artigo, publicado no mesmo número da folha dos gráficos com o título de "Escola Moderna" (e assinado por Camargo[76])

---

74   *O Trabalhador Graphico*, 15/06/1920.

75   *O Trabalhador Graphico*, 15/06/1920.

76   Camargo era um pseudônimo de João Penteado, reconhecido pelo estilo e pelo

João Penteado: o discreto transgressor de limites

começa com uma crítica às escolas oficiais (isto é, governamentais) que não foram "criadas para educar e instruir os filhos do povo dentro das normas estabelecidas pela Razão e pela Justiça". Os alunos das escolas oficiais, prossegue o articulista, tornam-se escravos de preconceitos políticos e religiosos e são preparados para a caserna, para a vida militar, num regime de obediência passiva, vícios, escravidão e morte do corpo e da consciência. Pois o soldado perde o amor à vida e ao "trabalho produtivo e fecundo", nos campos, fábricas e oficinas e torna-se uma ameaça aos ideais de paz, solidariedade e justiça, já que tomado pelo ódio ao estrangeiro e pelo "ardor patriótico", que "provoca as guerras e os conflitos entre povos irmãos". "Ensinar a lei do amor equivale a combater o militarismo", pois este se baseia no ódio, na morte e na substituição da consciência pela obediência, através da disciplina, da educação e do hábito – ensinados primeiro nas escolas oficiais e completados depois na caserna.

Após estas considerações sobre a natureza das escolas oficiais naquele primeiro ano da década de 1920, Camargo afirma que, como nas Escolas Modernas se "ensina a Verdade e a Justiça", o governo as fecha alegando que elas constituem "elementos de perversão social". Em seguida, afirma que Sócrates, Cristo e Ferrer também foram acusados de perverter, com as suas doutrinas, a sociedade das respectivas épocas em que viveram. "Foram mortos, mas o que havia de verdade em seus ensinamentos persistiu e atravessou os séculos, a despeito de todas as perseguições". Prossegue na argumentação:

> Assim é que a despeito da falta de escolas modernas para a educação e preparo das consciências entre os filhos do povo, a verdade se há de impor, vencendo a impostura

conteúdo do texto.

> e a hipocrisia dos defensores do Estado.
>
> Resta-nos ainda, *para nosso consolo*, o ensinamento pela imprensa e pela palavra, que, decerto, devem dar os resultados que desejamos.
>
> O jornal e a tribuna, o livro e as organizações, *quando bem orientados*, devem produzir benefícios [e] resultados para a causa da emancipação do proletariado, que, por sua vez, em sua casa, não deve esquecer-se de cooperar para a obra de educação de seus filhos, dando-lhes, *a par da instrução compatível com a sua capacidade*, o mais perfeito exemplo de solidariedade e de amor à causa da Justiça (grifos meus).[77]

Camargo (isto é, João Penteado) lamenta, neste trecho do artigo, o fechamento das Escolas Modernas de São Paulo e propõe a continuação da obra educativa por outros meios, não escolares, através da propaganda pela palavra, por meio da publicação de livros e jornais, com a realização de conferências e comícios e também através da atividade associativa. Além disso, o articulista solicitou a cooperação do proletariado na educação de seus filhos, fornecendo modelos exemplares dos valores considerados ideais, sobretudo a solidariedade e a justiça. E deixa claro que esta educação pelo exemplo, baseada nos valores caros ao proletariado, deve ser acompanhada de instrução, compatível com a capacidade das crianças.

No mês seguinte, João Penteado voltou a publicar no órgão de imprensa da União dos Trabalhadores Gráficos. Foram dois textos: uma narrativa, intitulada "Raciocínio infantil" e assinada por João Penteado e um artigo, intitulado "Lobo entre ovelhas" e assinado por J. Camargo.

Na narrativa, João Penteado critica o comportamento de um capitalista (e protestante) que nega uma esmola a um mendigo que

---

77   *O Trabalhador Graphico*, 15/06/1920.

João Penteado: o discreto transgressor de limites

bateu em sua porta durante o jantar, o que leva sua filha a questionar a justiça e a bondade de Deus, que "dá tudo aos ricos e manda os pobres pedirem uma esmola em seu nome". Já no artigo, J. Camargo (isto é, João Penteado) criticou a ação dos jesuítas (tanto os de batina quanto os de casaca[78]) nos meios operários, através da fundação das ligas operárias católicas, que desviavam os trabalhadores do caminho da emancipação econômica, política e social. No artigo, os jesuítas são apontados como adversários das ideias modernas e do progresso, como obstáculos para a organização do movimento proletário e partidários da exploração, do roubo, da escravidão e do parasitismo social. Cita o articulista os assim considerados mártires da liberdade de pensamento – Giordano Bruno, Savonarola e Ferrer – para apontar em seguida a situação da Rússia e afirmá-la como o começo de uma nova era de liberdade e de justiça para a humanidade. E prossegue na argumentação:

> A religião é uma questão de consciência, que é respeitada nas nossas associações, que têm por fim a implantação do céu na terra, nesta mesma terra onde hoje produzimos para alimentar a faustosidade [sic] e a vagabundagem de seres que levam a vida toda a divertir-se, a passear e desfrutar e a gozar intensamente, despreocupadamente, à custa de nosso suor, de nossas fadigas.
> Católicos, protestantes, maometanos, espíritas, todos, basta serem operários, para que tenham o dever de associar-se nos sindicatos de sua profissão, agindo de acordo com os próprios interesses de sua classe, diretamente, sem a intercessão de indivíduos estranhos a ela.[79]

---

78   Para o jornal *A Lanterna*, jesuítas "de batina" eram os membros da Companhia de Jesus, enquanto os "de casaca" eram seus apoiadores na sociedade civil.

79   *O Trabalhador Graphico*, 10/07/1920. Na edição seguinte deste jornal, João Penteado publicaria uma réplica a artigo saído no jornal *O Operário*, órgão do

João Penteado também escreveria um artigo no jornal *O Trabalhador Graphico* para tratar da "organização do proletariado infantil". O artigo principia com a constatação de que as crianças – apresentadas como "alminhas ridentes e encantadoras" – diante da falta de escolas operárias, modernas ou racionalistas, acabavam desprotegidas e abandonadas, à mercê da exploração nas fábricas e oficinas, na condição de "aprendizes". Diante deste quadro, Penteado então propõe que cada classe (isto é, cada ramo profissional) deveria organizar os aprendizes nas respectivas fábricas ou oficinas, com reuniões aos domingos para desenvolver um programa educativo, com atividades diversas: canto de hinos proletários; recitação de poesias e monólogos; contos, anedotas e narrativas morais; palestras educativas e festas periódicas.[80]

Estes documentos comentados acima, escritos no decorrer de 1920, permitem que sejam percebidas algumas certezas a que chegou nossa personagem, fundamentais para que ele tomasse algumas decisões.

No âmbito da argumentação jurídica (*Habeas corpus* e *Petição*) as Escolas Modernas não poderiam ser fechadas, pois não descumpriam a lei. Afinal, não eram anarquistas, não divulgavam a doutrina anarquista e não conformavam uma rede com a experiência de São Caetano, José Alves e as bombas no Brás. Além disso, não poderiam ser criminalizadas por defender o ensino leigo e racionalista e o livre-pensamento. Mas João

---

Centro Operário Católico Metropolitano, em que o autor cita Tolstoi, Letorneau e Proudhon (15/09/1920).

80   *O Trabalhador Graphico*, 26/09/1920. A última colaboração de João Penteado no órgão dos gráficos de São Paulo ocorreu na edição de 26/03/1921, com um artigo sobre a organização operária. Em junho daquele ano houve a eleição de uma nova Comissão Executiva para a associação dos gráficos em São Paulo, sem a participação de João Penteado. Na edição de 23/08/1921 d'*O Trabalhador Graphico*, Carmo Lembo já aparece como bibliotecário da associação, função anteriormente exercida por Penteado.

Penteado percebeu (*Escola Moderna ou Um caso curioso*) que *exatamente* por ser um estabelecimento racionalista e livre-pensador, e ainda mais dirigido por um anarquista, foi o mesmo perseguido pelas autoridades, que desconsideraram os elevados princípios morais de seu diretor. Ou seja, para continuar como educador, a partir de então, ele deveria desvincular a sua obra educativa das marcas anarquistas.

Ao mesmo tempo em que João Penteado elaborava estas mudanças, é possível também perceber que o grupo de anarquistas enfrentava a mesma questão e que ambos, a personagem e o grupo, tomaram posição.

No início da década de 1920, os anarquistas efetuaram um balanço das iniciativas de propaganda desenvolvidas nos últimos trinta anos, desde 1890. Num artigo publicado n'*A Plebe*, os anarquistas procuraram responder à quádrupla acusação – segundo eles, feita pela imprensa, pelo governo e pelo clero – de serem: 1°) estrangeiros; 2°) indesejáveis; 3°) agitadores profissionais e 4°) exploradores do proletariado. O artigo afirmava que o anarquismo tendia a propagar-se especialmente entre os operários, que no Brasil eram principalmente estrangeiros – como, aliás, tudo e todos, com exceção do território em si e dos índios – e que a maioria dos anarquistas era constituída de pessoas que adotaram o ideário libertário vivendo nesta terra, "os que para o Brasil vieram crianças, aqui cresceram e formaram a sua mentalidade, aqui constituíram família e aqui se identificaram inteiramente ao meio brasileiro". Poucos anarquistas foram expulsos de outros países por motivo de opinião; aliás, mesmo que um anarquista fosse expulso em razão de um delito desta natureza, este, "longe de degradar, enaltece o indivíduo". Além disso, o artigo afirmava também que todos os propagandistas das "ideias avançadas" tinham profissão conhecida e viviam dela, fossem brasileiros ou estrangeiros, operários ou não. Ainda, que os anarquistas sacrificavam parte importante de seus magros salários e das poucas horas de descanso de que dispunham para a propaganda de ideias e não para a exploração de atividades ilícitas. O artigo concluía com a afirmação de que "a polícia, quando processa [os anarquistas], baseia-se exclusivamente em motivos de propaganda de ideias – pelo delito de opinião", o que constituía não um crime, mas uma honra para os divulgadores das doutrinas libertárias. Portanto, os anarquistas refutavam, ponto por ponto, as acusações que sofriam, ao mesmo tempo em que se pode perceber, nesta defesa, a centralidade das ideias na conformação da identidade anarquista, na perspectiva das sociedades de ideias.[81]

Os pontos capitais do programa anarquista aplicável ao Brasil naquele momento histórico, ainda segundo este artigo, eram: "a socialização de todas as riquezas nacionais, móveis e imóveis, tornando propriedade comum o que é fruto do trabalho comum"; a abolição de "toda e qualquer espécie de parasitismo – político, burocrático, industrial, comercial, militar ou mundano"; a defesa de que a administração da sociedade "passe às mãos dos trabalhadores", através da sua organização em uma vasta confederação nacional e o princípio de que "as relações entre os indivíduos, como entre os grupos de indivíduos se regulem por livre acordo, sem coerção de qualquer espécie". O que se estava propondo era libertar o povo que vivia no Brasil do "capitalismo cosmopolita" e da "politicalha esterilizante", integrando-o plenamente à "civilização proletária", baseada no trabalho útil, fecundo e dignificante. O postulado fundamental da nova civilização, da qual os anarquistas se afirmavam os pioneiros, era "(...) o trabalho para todos e todos para o trabalho".

---

81   *A Plebe*, 17/04/1920.

Ou seja, os anarquistas estavam reafirmando alguns princípios centrais de sua doutrina: a socialização da riqueza, a negação do Estado e de seus mecanismos de poder, a defesa da autogestão operária, do federalismo e das relações sociais baseadas na mais ampla liberdade. Neste movimento, os anarquistas explicitavam alguns pontos do programa que estavam tornando público desde 1916, buscando dialogar principalmente com os adeptos da doutrina libertária.

Além disso, os grupos anarquistas que atuavam em São Paulo preservaram suas preocupações com as questões educacionais após o fechamento das Escolas Modernas na cidade. Artigo publicado no jornal *A Plebe* em meados de 1921 exortava os companheiros a trilhar o caminho da união e da instrução, pois "só com estas duas alavancas do progresso" é que seria possível "o advento de uma sociedade mais justa, mais benéfica e altruísta". A associação e a instrução permitiriam a aquisição da consciência da própria força – assim como dos direitos e dos deveres – por parte dos "companheiros de labuta e de miséria". Nas associações seria possível pôr em prática a convivência diária e cotidiana, a discussão, a troca de impressões e a participação nos trabalhos associativos. Além disso, os companheiros leitores do jornal *A Plebe* deveriam inscrever-se e fazer inscrever seus filhos "como alunos das escolas já inauguradas", para estudar "todas as questões que se relacionam com a sociologia e com a questão social" e buscar conhecer

> (...) os grandes acontecimentos que se sucedem diariamente em todas as nações ditas civilizadas e que são como um prelúdio à grande e inevitável transformação

> que se está incubando e que não demorará em desatar-
> -se em opimos [sic] e salutares frutos de solidariedade
> e de igualdade universal.[82]

Todavia, cabe observar que, nesta época (1921), não havia nenhuma *escola anarquista* em funcionamento em São Paulo. A quais escolas "já inauguradas" estavam se referindo, então, os anarquistas?

Em março de 1922, os anarquistas publicaram no jornal *A Plebe* um manifesto intitulado "Os anarquistas no momento presente – definindo atitudes", que era assinado por Edgar Leuenroth, Rodolfo Felipe, Antonio Domingues, Ricardo Cipolla, Antonio Cordón Filho, Emílio Martins, João Peres, José Rodrigues e João Penteado. Os nomeados afirmavam-se como autores do texto, pois haviam participado de sua redação ou feito uma leitura atenta do mesmo e "trocado impressões" com os que o haviam redigido. Qual era a posição de João Penteado: autor ou leitor-comentador do manifesto?

Neste texto, os anarquistas de São Paulo efetuavam um novo balanço dos últimos trinta anos de atividade libertária no Brasil, concluindo que os resultados obtidos foram muito inferiores aos esforços e sacrifícios efetuados. A causa desta situação era resultado da falta de ação metódica e sistemática no trabalho de propaganda e de organização. Neste sentido, procuraram traçar um plano de ação que enfrentasse a necessidade de organização do elemento libertário. O que se propunha era a organização de grupos pelo princípio da afinidade (em sentido mais restrito, entre as várias facções libertárias), assim como a formação de federações que reunissem os grupos em cada localidade, culminando com a criação da confederação nacional. Para evitar o isolamento, aconselhava-se a ampliação dos laços

---

82　*A Plebe*, 30/06/1921. O artigo era assinado por Pinho de Riga, pseudônimo de Adelino Tavares de Pinho.

morais e materiais que – sem reduzir a autonomia de grupos e indivíduos – pudesse tornar o movimento "mais orgânico, mais coordenado e de ação mais positiva". Preconizava-se, sobretudo, uma ação capaz de difundir a propaganda dos princípios libertários nos sindicatos, buscando-se "conquistar a consciência dos trabalhadores". A relação com as outras facções político-sociais deveria basear-se na intransigente afirmação dos princípios libertários combinada com a possibilidade de conjunção de esforços, nos momentos de atividades contra os "manejos reacionários e em defesa dos direitos populares". Por último, uma autocrítica:

> Os anarquistas, se não quiserem conservar-se num isolamento atrofiante, encerrados na torre de marfim dos seus ideais, mantendo uma atitude de meros espectadores ou de propagandistas cuja ação interessa apenas a um número limitado de pessoas mais ou menos ligadas ao nosso movimento, não poderão alhear-se aos acontecimentos de interesse coletivo que se desenvolverem no país.[83]

O plano de ação defendido no manifesto nada mais era do que uma reafirmação do que os libertários já vinham fazendo nos últimos trinta anos, desde os primórdios da década de 1890:

> Julgamos que os libertários devem intervir sempre e ativamente nos debates das questões públicas em que os direitos do povo sejam postos em jogo, estudando-os, discutindo-os e agindo, no seio do povo, por meio da palavra escrita e falada, dando o exemplo da atividade e do espírito da iniciativa, de maneira a poderem

---

83 *A Plebe*, 18/03/1922.

> influir, mesmo na solução das questões de caráter imediato, na consciência popular e despertar o seu interesse pelo problema da transformação social.

Neste manifesto dos libertários, a meu ver, a propaganda emancipadora encontra tanto o seu lugar quanto os seus limites; nele também é visível a conservação das possibilidades de aproximação dos anarquistas com outras facções político-sociais. Entretanto, nenhuma palavra sobre iniciativas educacionais escolares! Voltando-se para a educação no sentido mais amplo possível do termo, os libertários, de certa maneira, repensavam suas propostas de educação popular através de iniciativas escolares próprias e adotavam outra estratégia. A *instrução* poderia ser obtida nas "escolas já inauguradas", mesmo que fossem escolas públicas ou escolas particulares sob controle governamental, e nas atividades de propaganda. Desta forma, é possível afirmar que os grupos libertários em São Paulo passaram a concentrar seus esforços na "união", reforçando o princípio de associação com vistas a atingir os fins propostos.[84]

---

84 Em meados da década de 1930, ainda houve tentativas de fazer reviver a proposta de educação racionalista, através de iniciativas escolares. Em 1934, foi proposta a recriação da Escola Moderna, a partir de ações do Centro de Cultura Social. No mesmo ano, aulas noturnas foram instaladas na sede da sucursal do Brás do Sindicato dos Manipuladores de Pão, Confeiteiros e Similares. Fundou-se ainda o Ateneu de Estudos Científicos e Sociais, iniciativa de um grupo de jovens estudantes que visava "o estudo dos problemas sociais e filosóficos" e cuja sede situava-se na Rua Onze de Agosto, 33. Proposta de fundação já havia sido feita em 1927, com a denominação de "Ateneu de Cultura Popular". O Ateneu tinha como fim "aproximar a todos os estudiosos, a todos os espíritos livres e todos os autodidatas animados por esse objetivo de alta cultura". Em abril de 1935, outro grupo, a Legião dos Amigos de *A Plebe*, realizou uma conferência pública a cargo de Clóvis de Arruda Campos, estudante de Direito e estudioso da questão social, no salão da Rua Quintino Bocaiúva, 80. Em junho do mesmo ano anunciou-se a instalação de aulas gratuitas, nas noites de quarta-feira e sábado, também a cargo de Clóvis de Arruda Campos, no salão da Federação Operária de São Paulo

Neste sentido, João Penteado ilustra exemplarmente esta nova estratégia adotada por parte dos anarquistas em São Paulo. Portanto, é possível afirmar que a manutenção de uma escola no bairro do Belenzinho – iniciativa familiar e particular, a salvo do Estado e da Igreja, mas não declaradamente "racionalista" – poderia cumprir com alguns dos novos objetivos enunciados pelos anarquistas, ao conservar em funcionamento um lugar de sociabilidade. Assim, concordo com Tatiana Calsavara (2004) quando esta afirma que João Penteado, em 1920, havia tomado "a decisão de manter uma escola" (p. 225).

Por outro lado, a busca pela "permanência da proposta libertária de educação sobrevivendo ao fechamento das Escolas Modernas" (Fregoni, 2007, p. 3) na instituição escolar que João Penteado criou em 1920 poderia resultar no reforço da mitificação de sua face anarquista, pela historiografia. Afinal, ele continuou anarquista após o fechamento das Escolas Modernas, da mesma forma que permaneceu espírita após sua adesão à doutrina libertária. Seu pensamento e principalmente sua prática permaneceram estreitamente vinculados a esses ideários que ele adotou na juventude, configurando e reforçando suas múltiplas faces.

Pode-se entender, portanto, que ao invés de dirigir uma nova iniciativa escolar patrocinada pelo grupo de anarquistas, João Penteado, a partir de 1920, simultaneamente à sua participação na associação dos gráficos, criou uma escola *particular*, enquanto iniciativa familiar dele e de dois de seus irmãos – Sebastiana e Joaquim. Era uma instituição escolar que procurava difundir a instrução aos interessados em geral, sobretudo através

---

(FOSP), situada na Praça da Sé, 39, 2º andar, por iniciativa do Ateneu de Estudos Científicos e Sociais em associação com a Legião dos Amigos de *A Plebe*. As aulas versariam sobre português, história, geografia e história natural e propiciariam "debates científico-sociais" (*A Plebe*, 12/02/1927; 23/06/1934; 04/08/1934; 15/09/1934; 24/11/1934; 17/04/1935; 08/06/1935).

da efetivação do ensino comercial. Curiosamente, uma iniciativa escolar autorizada pelo poder público, a nível federal e estadual, mesmo sendo dirigida por um anarquista.

Trata-se da *"Escola Nova" de Comércio*, posteriormente denominada *Academia de Comércio "Saldanha Marinho"*.

A família Camargo Penteado – João, Joaquim e Sebastiana – constituía o núcleo dirigente da escola de comércio. Jônatas, o quarto irmão da família Camargo Penteado, não participou diretamente das atividades da escola. Mas sua neta Marly tornar-se-ia, em 1967, a herdeira do patrimônio escolar criado pelos irmãos Penteado[85] [**Figura 4**].

---

85   Marly Aurora Penteado Arruda, filha de Antenor Souza Arruda e Isabel Camargo Penteado, é neta de Jônatas de Camargo Penteado e sobrinha-neta de João Penteado. Casou-se com Álvaro Alfarano. Marly e Álvaro foram alunos do Saldanha Marinho nos anos finais da década de 1950. Na década seguinte tornaram-se professores da escola e assumiram sua direção em 1967, nela permanecendo até o encerramento das atividades em 2002. Entrevista de Marly Aurora Penteado Arruda e Álvaro Alfarano ao CME/FEUSP. 19/05/2005.

CAPÍTULO 3
Buscando a luz da instrução,
entre mil alunos endiabrados

Como vimos no capítulo anterior, o fechamento da Escola Moderna N. 1 causou profundo impacto no professor João Penteado, mas não o afastou do campo educacional escolar. Há fortes indícios de que já no princípio de 1920, João Penteado criou outra escola no Belenzinho, *no mesmo prédio da antiga Escola Moderna*, chamando-a de "Escola Nova" ou "Escola Nova" de Comércio.[1] Em setembro de 1920, aparecia n'*O Trabalhador Graphico* uma propaganda da "Escola Nova", localizada na Avenida Celso Garcia, 262, que apresentava "aulas diurnas e noturnas" de "português, aritmética, datilografia". Notas publicadas no jornal *A Plebe* em 1921 divulgaram a criação de um "novo curso" anexo à "Escola Nova", confirmando que esta já se encontrava em funcionamento há algum tempo:

> Comunica-nos o prof. João Penteado, diretor da Escola Nova, que acaba de ser instituído, anexo a este estabelecimento de ensino um curso, comercial e de

---

[1] Tratava-se apenas de uma *nova* instituição escolar em relação à Escola Moderna, um *novo* nome enquanto tática de camuflagem perante as autoridades governamentais?

> línguas em que se habilitarão alunos para as funções de guarda-livros, chefes de contabilidade de empresas comerciais e estabelecimentos bancários, peritos judiciais, etc., etc.
>
> Essas aulas serão ministradas à noite, à Avenida Celso Garcia, nº 262.[2]

Conforme se lê em outra nota publicada no final daquele ano, a "Escola Nova", então instalada à Rua Saldanha Marinho, 8, era um estabelecimento de instrução que mantinha um curso primário e um curso comercial, no qual se preparavam os alunos "para o exercício das profissões de guarda-livros, contador, perito judicial, etc", além de ministrar aulas especiais de francês e de inglês.[3]

Neste ponto, duas questões se colocam: por que João Penteado continuou a atuar na área educacional escolar no Belenzinho? E por que foi escolhida uma escola centrada nos cursos comerciais, uma escola de comércio?

NOVO CAMPO DE POSSIBILIDADES

A explicação sobre o Belenzinho parece ser mais simples; afinal, João Penteado estava residindo naquele bairro havia uma década, nele constituindo seu lugar privilegiado de sociabilidade, centro de uma rede que incluía tipógrafos, anarquistas e operários, uma parcela do espaço geográfico que se tornou também afetivo. Portanto, apesar dos riscos, era preferível ali permanecer a mudar-se para outro bairro (ou cidade) em que fosse desconhecido, a

---

2   *O Trabalhador Graphico*, 15/09/1920; *A Plebe*, 26/03/1921; 06/05/1921.

3   *A Plebe*, 05/11/1921. Nesta nota, a expressão "curso comercial" aparecia em caixa-alta. Convém lembrar que *A Plebe* era o principal jornal anarquista editado em São Paulo na época.

João Penteado: o discreto transgressor de limites

salvo da repressão, mas também à margem das redes de sociabilidade que havia criado.

Quanto à questão do ensino comercial, uma primeira hipótese pode ser buscada nos tempos da juventude de João Penteado, em Jaú; afinal, Paulino de Oliveira Maciel, que o influenciou quanto às doutrinas espíritas, foi guarda-livros prático naquela localidade. O próprio Penteado trabalhou no comércio em sua mocidade, por ocasião da morte do pai, como vimos acima.

Outra hipótese, no mesmo sentido e em reforço à anterior, pode ser identificada na época em que João Penteado esteve na cidade de Juiz de Fora, localidade em qual havia se instalado uma das mais antigas escolas de comércio do país: a Academia de Comércio de Juiz de Fora.[4]

Outra possibilidade pode ser encontrada na capital paulista, no período em que Penteado lecionou as artes tipográficas no Instituto Natalício de Jesus, uma das iniciativas escolares de Anália Franco, afinal, Francisco Antônio Bastos, colaborador e esposo de Anália, diretor do Instituto e da Colônia Regeneradora D. Romualdo, exercia a profissão de guarda-livros.[5] Além disso, Rivail, muito antes de adotar o pseudônimo de Kardec, ainda na época em que conviveu com Pestallozzi em Yverdon, dedicou-se ao estudo da contabilidade, o que pode indicar uma forte ressonância do criador do espiritismo sobre seus discípulos.

---

4   A Academia de Comércio de Juiz de Fora foi criada, na forma de uma sociedade anônima, por Francisco Baptista de Oliveira, em 1891. Oliveira era um próspero comerciante da cidade, e ainda católico praticante. As aulas da Academia de Comércio iniciaram-se em julho de 1894. Em 1901, após a dissolução da sociedade anônima, a Academia de Comércio passou para o controle da Congregação do Verbo Divino (Bastos, 1982).

5   Segundo Monteiro (2004), o futuro marido havia se aproximado de Anália Franco nos primórdios da Associação Feminina Beneficente e Instrutiva, pois esta sociedade crescera e, portanto, tinha necessidade de um guarda-livros.

A própria experiência de Penteado na direção da Escola Moderna N. 1 pode ter representado uma primeira aproximação com o ensino comercial; até por que como se viu anteriormente, havia uma antiga proposta (que aparecera nos primórdios da divulgação do projeto nos jornais) de cultivar o ensino profissional nas Escolas Modernas, na medida da disponibilidade dos recursos.[6] Mas não há evidências, na historiografia, de que esta proposta tenha prosperado.

Entretanto, um dos documentos mais importantes preservados sobre o episódio do fechamento das Escolas Modernas de São Paulo – o manuscrito intitulado *Escola Moderna* ou *Um caso curioso* – ao qual já fiz referência, foi redigido (em parte) no verso de um panfleto. Este panfleto trazia uma propaganda da Escola Moderna, apresentando as seguintes informações: fundada em 1912 e localizada na Av. Celso Garcia, 262; aulas diurnas e noturnas, para menores e adultos, de ambos os sexos; e "autorizada pela Diretoria Geral de Ensino". Segundo este material (que não traz data), a Escola Moderna naquele momento oferecia também cursos de datilografia (com exercícios de correspondência comercial; uma aula por dia, mensalidade de 10$000 réis) e cursos de preparatórios (francês, português, inglês, aritmética e escrituração mercantil; sem maiores informações).[7] Igualmente, numa das últimas publicações editadas pela Escola Moderna, havia uma pequena nota divulgando o curso de datilografia, com a matrícula feita "mediante módica contribuição mensal".[8]

---

6   *A Lanterna*, 27/11/1909.

7   *Escola Moderna* ou *Um caso curioso*. Verso. AJP. Curioso mesmo é a indicação de que a Escola Moderna era "autorizada pela Diretoria Geral de Ensino", ou seja, pelo governo estadual de São Paulo.

8   *Boletim da Escola Moderna*, 01/05/1919.

Estas evidências permitem supor que João Penteado, antes do fechamento das Escolas Modernas pelo governo estadual em 1919, já estivesse ministrando cursos na área de comércio a seus alunos, enriquecendo o ensino primário ou ensaiando sua continuação, em nível médio.

Como não é possível comprovar quaisquer das hipóteses levantadas sobre as motivações que levaram João Penteado a adotar o ensino comercial ao reabrir a escola no Belenzinho, estes preciosos indícios levam a algumas conclusões. Primeiro: João Penteado fez uma escolha de continuar trabalhando com a educação escolar, na medida em que essa era sua principal atividade nos sete anos anteriores. Segundo: o curso comercial adequava-se a um projeto escolar pessoal e familiar, pelo seu baixo custo de implantação e com a possibilidade de capacitar o aluno para atividades profissionais a serem exercidas com maior liberdade do que numa fazenda ou fábrica, em função da natureza do trabalho no setor terciário. Terceiro e último: as redes de sociabilidade criadas nas décadas anteriores, neste sentido, foram fundamentais para a percepção da viabilidade destas escolhas, pois figuras importantes para João Penteado, como Paulino e o esposo de Anália Franco, foram guarda-livros.

A "Escola Nova" de Comércio

Há poucos vestígios preservados sobre os anos iniciais da "Escola Nova" de Comércio. Além das referências citadas acima, publicadas nos jornais (*O Trabalhador Graphico* e *A Plebe*), não há nenhum outro documento textual referente à "Escola Nova" entre 1920 e 1922. Mas em 12 de outubro de 1922 veio à luz *O Início*, publicação literária e instrutiva, órgão dos alunos da "Escola Nova" distribuído gratuitamente. No editorial, apresentou-se ao público como um "órgão escolar", dedicado a "servir de recurso para a preparação e o adestramento intelectual dos alunos da Escola Nova".[9]

Segundo esse jornal escolar, a "Escola Nova" apresentava-se ao público como um "estabelecimento de instrução e educação", fundado em 1912, sob o regime de internato e externato e então instalada na Rua Saldanha Marinho, 8. Era uma escola regulamentada pelo decreto federal de 5 de janeiro de 1905 e autorizada pela Diretoria Geral de Instrução Pública do Estado de São Paulo, de acordo com a Lei estadual n° 1.579, de 1917. Possuía o curso primário e o "médio",[10] diurnos e noturnos, para ambos os sexos,[11] além de cursos de comércio, datilografia e taquigrafia, também diurnos e noturnos. Em 1922, conforme as listas com o nome de todos os alunos, publicadas no número inaugural do jornal escolar, a "Escola Nova" possuía 118 alunos, assim distribuídos: 64 no curso primário, 24 no médio, 8 no comercial e 22 no de datilografia. Como nesta lista estão arrolados apenas os alunos do primeiro ano do curso comercial, talvez este curso tenha sido implantado em 1922, o mesmo ano da publicação do novel jornal escolar[12] [**Figura 5**].

O curso de datilografia na "Escola Nova" tinha a duração de três meses e utilizava-se de exercícios graduados e intuitivos, com ênfase na correspondência comercial, faturas e prática sobre o tabulador decimal. Havia também o curso de esteno-datilografia, em dezoito meses, constituído de um curso de datilografia acrescido

---

9   *O Início*, 12/10/1922.

10   Neste caso, por curso "médio" devemos entender um curso de um ano, complementar ao primário (então de três anos).

11   Apesar de ser uma escola destinada à matrícula de alunos de ambos os sexos, com cursos diurnos e noturnos, nas escolas dirigidas por João Penteado (a partir de 1920) sempre houve a prevalência do "naipe masculino" – a expressão é de Abreu e Cunha (1965) – e dos cursos noturnos.

12   *O Início*, 12/10/1922.

de português, francês, inglês e taquigrafia, com "método prático e aplicável às funções comerciais". O curso primário, com duração de três anos, era constituído das seguintes matérias: aritmética, geografia, história do Brasil, leitura, português, caligrafia, desenho elementar e trabalhos manuais (para as meninas). O curso "médio", feito em apenas um ano, apresentava as mesmas matérias do curso primário, só que mais desenvolvidas, e com aplicações práticas dos conteúdos aprendidos em exercícios graduais e progressivos, cálculos e produção de textos (composição, descrição e redação). O curso comercial – este, de fato, um curso médio – apresentava um "programa completo" após a "recente reforma" promovida por João Penteado, que parece ter consistido na contratação do professor René Hugeneyer, contador diplomado pela Escola de Comércio Álvares Penteado, para as aulas de escrituração mercantil. O curso comercial, com duração de três anos, exigia a conclusão do curso médio e apresentava as seguintes matérias: contabilidade, matemática, português, francês, inglês, geografia, história, direito civil e comercial, caligrafia, física, química, história natural e taquigrafia. O aluno receberia o diploma de habilitação de guarda-livros após dois anos de curso e o diploma da habilitação de contador com mais um ano deste mesmo curso comercial.[13]

O método de ensino da "Escola Nova" era descrito – em artigo assinado por João Penteado e publicado no terceiro número do jornal "*O Início*" – como "rápido, intuitivo e racional", propondo-se a

> (...) preparar vantajosamente o espírito e a inteligência dos alunos para as lutas pela vida, dando-lhes por meio de lições práticas, o verdadeiro conhecimento das matérias constantes do seu programa que encerra e condensa todos os conhecimentos indispensáveis a

---

13   *O Início*, 22/10/1922.

> quem se dedica à carreira comercial (...) pondo de parte as abstrações teóricas.[14]

Como podemos entender o método de ensino da "Escola Nova", o qual, segundo afirmava o artigo, era diferente "do que se observa em outros estabelecimentos congêneres"?

O ensino na "Escola Nova", "indo do simples para o complexo, gradual e sistematicamente, com passos firmes e visão bastante clara", cumpria seus objetivos, ao satisfazer tanto "a vontade dos alunos" quanto "o desejo dos professores". Atingiam-se assim os fins daquele estabelecimento de ensino, que era habilitar o aluno com perfeição e em pouco tempo "para todos os trabalhos concernentes à escrituração mercantil, correspondência e cálculos comerciais, bem como para toda ordem de exercícios mentais". Afirmava-se também como "meio de ensaio" destas habilidades tanto os exercícios cotidianos realizados na "Escola Nova" quanto o próprio jornal escolar, visto como incentivo e estímulo para iniciar as "jovens inteligências (...) nos segredos da linguagem", pois nela estimulava-se tanto a prática de exercícios de descrição – de locais, objetos, fatos ocorridos no cotidiano ou no passado – quanto a produção de textos opinativos, alguns dos quais eram publicados no órgão escolar. Como nas Escolas Modernas, na "Escola Nova" também eram realizados passeios campestres e visitas aos museus, às exposições de arte e aos monumentos "que relembram as datas e os homens célebres da nossa história".[15]

A meu ver, o método empregado na "Escola Nova" revela a combinação do ensino comercial com práticas características do ensino racional, promovidas por Penteado na Escola Moderna N. 1, anos antes.

---

14   *O Início*, 28/05/1923.

15   *O Início*, 06/10/1923.

Ao divulgar o método de ensino da "Escola Nova", João Penteado afirmou diferenciá-la de outros estabelecimentos "congêneres". Com isto, ele insinuava que o novo estabelecimento de ensino preservava algumas características do anterior, fechado pelo governo paulista. Outra leitura da mesma afirmativa dá a entender que ele também empregava um argumento de propaganda, qualificando sua escola em detrimento de outras da região, que não possuíam as mesmas características. Ele também poderia ter atendido à sugestão de Oscar Thompson, de reabertura da escola em novas bases. João Penteado parece ter acatado aquela proposta, mas inverteu-a, mantendo as bases e edificando uma nova modalidade de ensino no bairro em que vivia.

Mas faço uma distinção importante entre a Escola Moderna N. 1 e a escola de comércio criada por João Penteado no Belenzinho após o fechamento daquela. Considero-as como duas instituições escolares distintas, ambas dirigidas por João Penteado e instaladas no mesmo bairro operário. Mas enquanto a Escola Moderna N. 1 foi uma iniciativa dos grupos anarquistas de São Paulo, a escola de comércio, nas várias denominações que receberia no futuro ("Escola Nova"; Academia de Comércio, Escola Técnica e Ginásio e Escola Técnica "Saldanha Marinho") foi uma escola particular e familiar, centrada na figura de seu diretor. Por isso, nas páginas seguintes, a "escola de comércio dirigida por João Penteado" é referida assim, de forma genérica, ou ainda por suas denominações específicas de cada período, quando tal se fizer necessário para atribuir maior clareza ao texto.

Academia de Comércio "Saldanha Marinho"

Em 1924, João Penteado mudou o nome da "Escola Nova", que passou a chamar-se *Academia de Comércio "Saldanha Marinho"*. No período em que esta instituição escolar foi dirigida por João

Penteado, isto é, de 1920 a 1958, ela sofreria duas outras alterações em sua denominação. Em 1943, passou a chamar-se Escola Técnica de Comércio "Saldanha Marinho", em função da reforma do ensino comercial promovida por Capanema e, em 1948, com a criação do curso ginasial, tornou-se o Ginásio e Escola Técnica de Comércio "Saldanha Marinho".

A denominação Academia de Comércio "Saldanha Marinho", conforme explicado muito tempo depois nas páginas de seu órgão escolar, foi adotada por João Penteado por dois motivos: a generalização do uso do termo "academia", mas principalmente como reivindicação dos alunos, "diminuídos em sua vaidade" com o nome anteriormente adotado. A escolha de Joaquim Saldanha Marinho como patrono resultou tanto do nome do logradouro em que se localizava então a escola quanto da "justa homenagem [prestada] ao grande vulto da nossa história, de tão grande projeção nos últimos tempos do império".[16] Cumpre observar que a mudança do nome pode ter outras implicações: a denominação "academia de comércio" sobrelevava aquela instituição a uma simples escola; e Saldanha Marinho foi republicano, maçom e "amigo dos espíritas". Neste contexto, a adoção de Saldanha Marinho como patrono da escola pode ser entendida como a busca de outros liames, neste caso com os republicanos e abolicionistas dos anos finais do Império, sem romper com as marcas de origem, sobretudo com os espíritas. Afinal, como afirmou Machado (1997),

> O próprio Saldanha Marinho revelava simpatia pelos discípulos de Kardec. Aliás, o grande jornalista afagava tudo o que se opunha ao clero. Daí ter aberto as colunas [do jornal] *A República* para a divulgação do espiritismo (...). A frente dos ataques, respondendo a ferro e

---

16   *O Início*, maio/1937.

> fogo às diatribes de *O Apóstolo*, jornal do ultramontanismo, estava Saldanha Marinho, maçom, republicano e amigo dos espíritas (p. 113 e 145).[17]

Mas em 1924 não ocorreu apenas a mudança no nome da escola de comércio dirigida por João Penteado. Com o aumento na quantidade de matrículas nos cursos existentes, fizeram-se necessárias algumas reformas, nas instalações da escola e em seus programas de ensino. A abertura de dois novos cursos – um anexo infantil e um curso comercial no período diurno, anunciados em fins de 1924 – foram projetos que aparentemente não se concretizaram. Por outro lado, criou-se um curso comercial de aperfeiçoamento, destinado a quem já conhecesse a escrituração mercantil, o que explica a necessidade de alteração nos programas dos cursos.

João Penteado, valendo-se das colunas do jornal escolar, tornou público, nessa ocasião, o propósito maior da Academia de Comércio "Saldanha Marinho": dialogar com a mocidade escolar, que

> (...) estuda e trabalha, com os olhos fitos no futuro, treinando e preparando-se por meio da *instrução* e da *educação*, para assim poderem corresponder galhardamente às esperanças que o Brasil e a *Humanidade* lhe deposita [sic], esperança essa que se funda na eficiência e no valor da ação da mocidade no que diz respeito ao ideal de *Luz*, de *Amor*, e de *Justiça* (grifos meus).[18]

Neste sentido, a fim de atingir estes elevados ideais, João Penteado apresentava o jornal escolar como um "estímulo ao

---

17 Artur Cesar Isaia (2008) situa a relação dos espíritas com os republicanos num contexto mais amplo, no campo das ciências médicas.

18 *O Início*, 15/11/1925.

aluno", um instrumento disponível na escola de comércio, capaz de exercitá-los no "manejo da pena", para que eles

> (...) possam mais tarde desempenhar as grandes funções que o futuro lhes reserva no *vasto e complexo cenário das lutas* onde se digladiam os *modernos pioneiros da inteligência e do pensamento*, aos pés dos quais, de certo se submeterão, *as forças tenebrosas do obscurantismo e da ignorância*, cedendo lugar ao *império da luz e da razão* que redimirá a humanidade, dando-lhe a *felicidade e a paz* (grifos meus).[19]

O objetivo explícito da escola de comércio era promover o ensino das matérias que capacitariam o aluno para a atividade profissional no setor comercial. Para além disso, justificando o destaque das palavras nos textos acima, entendo que João Penteado apontou o diferencial da escola que dirigia em relação às "congêneres": seu "objetivo maior" estava vinculado à tábua de valores que marcou sua vida desde a primeira década do século, com a defesa do ideário espírita combinado com o anarquista.

A leitura dos artigos citados também permite a localização de objetivos complementares, que João Penteado estabeleceu para a Academia de Comércio "Saldanha Marinho": publicar textos redigidos pelos alunos e por outros colaboradores e promover a comemoração das datas cívicas, valendo-se, para tanto, do jornal escolar de caráter literário e científico.

A publicação de textos redigidos pelos alunos do "Saldanha Marinho" foi uma prática que demonstra a efetivação de um destes objetivos, na coluna no jornal escolar denominada "Colaborações dos alunos". Nesta coluna, os textos produzidos pelos estudantes

---

19   *O Início*, 18/06/1926.

João Penteado: o discreto transgressor de limites

eram assinados e tinham títulos. A difusão de ideais elevados, por exemplo, apareceu através de artigos extraídos de outras publicações, tais como "O Vegetariano" e "Conselho aos Empregados do Comércio". Eram textos que traziam orientações sobre higiene e saúde física, e recomendavam a prática de exercícios ao ar livre e o combate ao consumo de bebidas alcoólicas.[20]

Quanto às datas cívicas, a principal celebrada no "Saldanha Marinho" era o 13 de Maio. Além de ser a data de fundação da escola dirigida por João Penteado, também era o marco da abolição da escravidão no Brasil.

Ao comemorar o 13 de Maio na Academia de Comércio, em meados da década de 1920, João Penteado procurou dar especial relevância à atuação de Antônio Bento de Sousa e Castro, Luiz Gama e ao patrono da escola, Joaquim Saldanha Marinho. Três figuras históricas ligadas à luta pela emancipação dos escravos no Brasil e que atuaram na imprensa republicana e abolicionista.[21]

Antônio Bento de Sousa e Castro formou-se em Direito em 1868 e atuou como promotor e juiz municipal. Foi redator-chefe do jornal *A Redempção*, que fundou em 1887. Este jornal abolicionista tornou-se um núcleo aglutinador dos segmentos sociais que combatiam a escravidão: advogados, jornalistas, tipógrafos, cocheiros, estudantes de Direito, negociantes, funcionários de estradas de ferro e professores. Segundo Emília Viotti da Costa, sua tipografia era um "verdadeiro núcleo revolucionário", que promovia a denúncia dos horrores da escravidão e também reunia os membros da Irmandade de Nossa Senhora dos Remédios – na maioria, "operários negros". Para além do "campo teórico doutrinário, jornalístico e jurídico", este grupo abolicionista – os

---

20   *O Início*, 18/06/1926.

21   *O Início*, 18/06/1926. Apesar de em 1924 ter ocorrido a mudança no nome da escola, apenas em 1926 o jornal escolar *O Início* publicou um artigo sobre o seu patrono.

caifases, sob a liderança de Antônio Bento em São Paulo – combatia a escravidão de forma bastante radical, pois promovia desordens e agitações e facilitava a fuga em massa dos escravos, além de perseguir capitães-do-mato e ameaçar senhores que fossem cruéis com seus escravos (Costa, 1966, p. 442ss).

Luiz Gama, filho de uma africana livre e de um fidalgo baiano de origem portuguesa, foi vendido pelo próprio pai como escravo. Aprendeu as primeiras letras em São Paulo, aos 17 anos, com um estudante de Direito a quem servia como pajem. Fugiu do cativeiro, assentou praça, tornou-se copista, escrivão e amanuense da Secretaria da Polícia; demitido pelos conservadores em 1868, passou a colaborar no jornal *O Ipiranga*, órgão do Partido Liberal. Foi redator dos jornais *O Coaraci* (1875-76) e *O Polichinelo* (1876-77). Rompeu com os republicanos paulistas que não "esposavam a causa da Abolição e com os jornais que publicavam anúncios de escravos fugidos" (Sodré, 1966, p. 204ss.).[22]

Cumpre observar que Luiz Gama havia iniciado suas "ardorosas campanhas contra a escravidão e o clericalismo" no já citado jornal *O Ipiranga*, que estava, desde 1867, sob o comando de Saldanha Marinho (Sodré, 1966, p. 200).

Saldanha Marinho também dirigiu o *Diário do Rio de Janeiro* (desde 1860) e colaborou na *Revista Popular* no final daquela década. Em 1869, juntamente com Tavares Bastos, passou a escrever no jornal *Reforma*. No ano seguinte, Saldanha Marinho ajudou a fundar (e participou ativamente) do jornal *A República*, órgão do Partido Republicano Brasileiro, sob direção de Quintino Bocaiúva, Aristides Lobo, Manuel Vieira Ferreira e Francisco Rangel Pestana (Sodré, 1966; Hilsdorf, 1986). Joaquim Saldanha Marinho, para o jornal da escola de comércio dirigida por João Penteado, foi abolicionista, republicano, ministro e governador de São Paulo; "um

---

22 Ver também o texto *Autobiografia de Luiz Gama*.

João Penteado: o discreto transgressor de limites

grande espírito propulsor de progresso e de desenvolvimento das iniciativas de alcance social, cultural e moral de seu tempo, tendo sempre em mira o interesse e o bem estar da Nação".[23]

Apesar da continuidade das comemorações do 13 de Maio no estabelecimento, as publicações a respeito destas três figuras diminuíram e praticamente desapareceram de seus jornais escolares a partir da década de 1930. Mas não há como sabermos se estas figuras continuaram a ser apresentadas e mencionadas nas atividades de celebração que ocorriam no interior da instituição escolar.

De qualquer forma, as comemorações do 13 de Maio na escola de comércio do Belenzinho parecem articular, explicitamente, as lutas dos abolicionistas, a data da fundação da Escola Moderna N. 1 e a figura histórica de Saldanha Marinho, patrono da Academia de Comércio. Implicitamente, revelam as faces de João Penteado, como espírita e anarquista, tomando como referência a Abolição. A meu ver, esta escolha é um indício de que João Penteado percebia a data como representativa do mais importante movimento social do século XIX no Brasil, colocando-a no mesmo patamar do 1º de Maio, da Comuna de Paris ou do fuzilamento de Ferrer, demasiadamente vinculadas ao calendário anarquista. Por outro lado, são marcos da história republicana oficial, vinculados ao universo letrado, à tipografia e ao jornalismo e que foram constituídas por ele como figuras na intersecção entre os lugares de sociabilidade e de ideias em que transitava. Tratou-se, na minha avaliação, de uma discreta, mas competente, manifestação da adesão aos ideários que cultivava.

Nos parágrafos acima procurei dar conta da caracterização da escola dirigida por Penteado na década de 1920 e que, de certa forma, conformam sua identidade no bairro do Belenzinho. Há traços que são peculiares a qualquer instituição de ensino: os objetivos

23 *O Início*, outubro/1941; junho/1943.

instrutivos, o regime de internato[24] e externato, com funcionamento diurno e noturno e a manutenção de diversos cursos (primário, de comércio, datilografia e taquigrafia). Na mesma linha, a afirmação de seus princípios educativos, com ênfase na capacitação – em termos intelectuais – do alunado "para a vida" (isto é, não só no campo estritamente profissional). Mas considerando-se o método de ensino como norteador da proposta pedagógica da "Escola Nova" e da Academia de Comércio "Saldanha Marinho", percebe-se uma considerável continuidade em relação às práticas da Escola Moderna N. 1, sobretudo quanto à co-educação dos sexos, o ensino intuitivo e racional, o jornal escolar considerado como um mecanismo de prática da escrita e a existência das atividades externas à sala de aula, tais como os passeios campestres. O traço subjetivo marcante desta continuidade, do liame entre as duas experiências, localiza-se na constante reafirmação do ano de 1912 como o marco da fundação da escola de comércio – que, de fato, foi criada em 1920. Já as diferenças apareciam na ênfase que se dava ao ensino comercial e na habilitação profissional, no método rápido, prático e eficaz adotado nos cursos mantidos pelo estabelecimento de ensino e no destaque à condição da escola como *regulamentada* pelo governo federal e *autorizada* pelo governo estadual.

De qualquer forma, pelo menos na década de 1920, a continuidade das práticas originárias da Escola Moderna N. 1 apresenta-se como predominante na escola de comércio, sobrepujando os novos elementos que se acrescentaram a partir da refundação do estabelecimento de ensino por João Penteado, após a intervenção do governo paulista. Como visto, essa continuidade fica evidente nos artigos publicados no jornal escolar, nos quais se afirma que aquela escola destinava-se à mocidade que estuda e trabalha, e que a mesma

---

24   Aparentemente o regime de internato, apesar de afirmado em várias ocasiões, não se concretizou na escola de comércio dirigida por João Penteado.

tinha como objetivo treinar e preparar esta mocidade para que pudesse corresponder às expectativas do Brasil e da Humanidade. Ou seja, nestes textos são definidos os objetivos da instrução e da educação que se processavam na escola de comércio dirigida por João Penteado, enquanto termos inseparáveis de um binômio, que traduzem práticas complementares naquele ambiente escolar. O resultado seria um só: através do emprego da razão, do amor e da justiça, por obra dos "modernos pioneiros da inteligência e do pensamento", garantir o império da luz e a redenção da Humanidade, fazendo-a ingressar num período de felicidade e de paz.

Trata-se de uma reafirmação implícita dos princípios anarquistas que nortearam o estabelecimento da Escola Moderna N. 1, feita sem menção explícita ao vínculo com os autores anarquistas, ou com elementos que pudessem ameaçar a sobrevivência da escola.

Avançando na interpretação daqueles textos que explicitam os objetivos da escola de comércio, neles há evidências de duas das faces de João Penteado, a de espírita e a de anarquista. A mensagem dos textos destinava-se aos moços que estudam *e* trabalham, numa referência direta à clientela escolar atendida preponderantemente na escola que dirigia: o aluno trabalhador (preocupação tanto dos espíritas quanto dos anarquistas). A eles, através da instrução *e* da educação, era possível a concretização de elevados ideais, de Amor e Justiça, com o estabelecimento do império da luz e da razão, na perspectiva nacional (Brasil) e internacional (Humanidade), capaz, enfim, de promover sua redenção, trazendo felicidade e paz. Estes ideais eram caros aos espíritas e aos anarquistas, compunham suas tábuas de valores. Além disso, através da instrução (alfabetização e letramento) e da educação (moral, na perspectiva racional dos espíritas e emancipadora dos anarquistas, para ficarmos em apenas dois exemplos), o aluno obteria o conhecimento acerca do "manejo da pena", isto é, o domínio da escrita, capacitando-se assim para participar "no vasto e complexo cenário das lutas" que então ocorriam (no Brasil e no mundo), colocando-se ao lado dos "modernos pioneiros da inteligência e do pensamento" (espíritas e anarquistas), em oposição às "forças tenebrosas do obscurantismo e da ignorância".

Olga Fregoni (2007), ao estudar as práticas escolares presentes na Academia de Comércio "Saldanha Marinho" entre 1920 e 1945, também chegou a estas conclusões, nelas reconhecendo os "resíduos e permanências das práticas racionalistas" (p. 3) nos moldes definidos por Francisco Ferrer. Enquanto esta autora identifica estas permanências no exame das práticas da escola,[25] considero, porém, que elas podem ser apreendidas de forma mais satisfatória quando o historiador, "pelo deslocamento das lentes", compõe o contexto. Para Olga Fregoni, algumas destas práticas eram compartilhadas pelos defensores dos princípios pedagógicos escolanovistas, sobretudo "a preocupação de tornar o aluno participante do processo de aprendizagem", as atividades extra-classe (passeios, festivais escolares, teatro e cinema) e o método intuitivo preconizado como o mais satisfatório para o ensino das ciências (p. 99ss). A meu ver, pelo exposto ao longo deste estudo,

---

25 Para Fregoni, estas práticas são: a ausência de ensino religioso no currículo escolar; o ensino de ciências por meio da observação da natureza e dos fenômenos físicos, através do laboratório de ciências e de visitas (aos campos, à cidade, às fábricas e aos institutos científicos); a escolha de "heróis" – Luiz Gama, Carlos Gomes, Pereira Barreto e Saldanha Marinho – para o ensino de história, divergente da proposta oficial e em estreita relação com um calendário de comemorações próprio; a leitura "heterodoxa" do papel de Tiradentes na história do Brasil e a presença em sala de aula das "contradições inerentes ao mundo capitalista" ao se abordar a temática do trabalho e dos trabalhadores. Para a autora, as permanências das práticas escolares da pedagogia de Ferrer no "Saldanha Marinho" podem ser identificadas na edição de um jornal escolar, feito em parceria com os alunos; nas atividades extracurriculares promovidas pela escola (passeios, festivais escolares, teatro, cine-educativo e conferências públicas) e na existência do grêmio estudantil.

algumas destas práticas foram anteriores ao escolanovismo, pois foram vinculadas à escola republicana e a outras iniciativas escolares do período, anarquistas e espíritas. Ou seja, elas se explicam em função de um contexto ampliado.

Esta explicação pelo contexto traz outro benefício à análise que estou efetuando, ao possibilitar o entendimento da opção de João Penteado pelo ensino comercial, na medida em que ele percebeu que havia uma demanda escolar para esta modalidade no Belenzinho.

Portanto, para João Penteado, o ensino comercial configurou-se como mais um campo de possibilidades.

O ENSINO COMERCIAL NO BRASIL E O CONTROLE ESTATAL

João Penteado criou uma escola de comércio no Belenzinho afirmando-a como um estabelecimento de ensino regulamentado pela legislação federal.

O Decreto nº 1.339, de 09/01/1905, primeira legislação normativa e de caráter geral referente ao ensino comercial no país,[26] declarou a Academia de Comércio do Rio de Janeiro e a Escola Prática de Comércio de São Paulo, ambas fundadas em 1902, instituições de utilidade pública, ao mesmo tempo em que reconhecia como caráter oficial os diplomas por elas conferidos.

---

26 A história do ensino comercial no Brasil iniciou-se com a vinda de D. João VI, que em 1808 criou a cadeira e a aula pública de ciência econômica (a cargo do Visconde de Cairu) e, no ano seguinte, as aulas de comércio, ambas no Rio de Janeiro. Estas aulas de comércio sofreram uma primeira regulamentação por parte do governo do Império em 1846. Dez anos depois, foram transformadas no Instituto Comercial do Rio de Janeiro. Mesmo com os currículos reformulados em 1861, 1863 e 1880, a frequência às aulas no Instituto Comercial era baixíssima, o que ajuda a compreender o encerramento de suas atividades em 1902. Por outro lado, desde fins do Império, aulas avulsas de contabilidade, economia, legislação e matemática comercial foram criadas nas faculdades de direito e engenharia, assim como nas escolas normais (Carvalho, 1965; Rodrigues, 1984; Saes, 2001).

Além disso, este decreto estabelecia dois cursos para aquelas instituições de ensino comercial, criadas e mantidas pela iniciativa particular, e para todas as demais que viessem a ser reconhecidas pelo governo da União: o curso geral e o curso superior. Em ambos buscava-se o ensino essencialmente prático, com as matemáticas aplicadas ao comércio e capacitação para falar e escrever os idiomas lecionados. Ou seja, a ênfase que havia na escola dirigida por João Penteado ao uso do método prático em seus cursos, na década de 1920, deve ser entendida como atendimento às exigências legais da regulamentação do ensino de comércio feita pelo governo federal no princípio do século XX.

Segundo o decreto de 1905, o curso geral, que habilitava para as funções de guarda-livros, perito judicial e empregos públicos nas áreas da Fazenda, compreendia o ensino de português, francês, inglês, aritmética, álgebra, geometria, geografia, história, ciências naturais (inclusive o reconhecimento de drogas, tecidos e outras mercadorias), noções de direito civil e comercial (e legislação de Fazenda e aduaneira), prática jurídico-comercial, caligrafia, estenografia, desenho e escrituração mercantil. Já o curso superior – que não chegou a ser implantado na escola de comércio do Belenzinho – exigia o curso geral como preparatório e habilitava para os cargos de agentes consulares, funcionários do ministério das Relações Exteriores, atuários das companhias de seguros e chefes de contabilidade de estabelecimentos bancários e de grandes empresas comerciais. Compreendia o ensino de geografia comercial e marítima, economia política, ciência das finanças, contabilidade do Estado, direito internacional, diplomacia, história dos tratados e correspondência diplomática, alemão, italiano, espanhol, matemática superior, contabilidade mercantil comparada e banco-modelo.

João Penteado: o discreto transgressor de limites

A criação destas escolas de comércio, na capital federal e em São Paulo – reconhecidas pela legislação federal como modelares – expressava as condições excepcionalmente favoráveis para o desenvolvimento do ensino comercial no período republicano, caracterizado pela expansão da economia de mercado, pela urbanização acelerada, pelo estabelecimento de grandes indústrias, bancos e casas de comércio e pela imigração. Além disso, como afirma Flávio Saes (2001), nesta época ocorreu uma verdadeira multiplicação dos órgãos administrativos do Estado brasileiro, o que exigia a formação e qualificação de um corpo de funcionários especializados para o desempenho de funções burocráticas. Uma observação importante, já vista anteriormente, diz respeito ao caráter dinâmico das atividades comerciais, não só as ligadas ao grande comércio exportador e importador, mas também ao comércio varejista, para o qual a cidade de São Paulo afirmou sua vocação desde fins do Império, como lembra Marisa Midori Deaecto (2002). Convém acrescentar então que considerações semelhantes podem ser feitas para outras cidades, como Jaú, cujos segmentos sociais ligados ao comércio constituíam-se em seu polo dinâmico e, por isso, foram os que criaram seus primeiros jornais. Por esse motivo, em função desta demanda, os contabilistas José Nicolau Pirágine e Gentil Ferreira fundaram a Academia de Comércio Horácio Berlinck na cidade de Jaú, em 1922 (Levorato, 2003).[27] Certamente, não se tratou de uma especificidade de Jaú, pois várias outras cidades do interior paulista tinham suas escolas de comércio. A título de exemplo, em Piracicaba, na mesma época, havia três escolas particulares de comércio: Escola Livre de Comércio "Cristóvão Colombo", Escola Prática de Contabilidade "Moraes Barros" e a Escola de Comércio "Prudente de Moraes",

---

27 Este estabelecimento de ensino existe até o presente, com o nome de Colégio Horácio Berlinck, dirigido pelo neto de José Nicolau Pirágine.

além de um curso prático comercial, ofertado por um professor avulso (Hilsdorf, 1998).

Cumpre observar que no Brasil o ensino comercial, a cargo majoritariamente da iniciativa particular, foi promovido por atores sociais comprometidos com as mais diversas propostas educacionais desde fins do século XIX. Os protestantes promoveram a criação de cursos de comércio no *Mackenzie College* (em São Paulo) e no já citado Instituto Granbery (em Juiz de Fora). Houve inúmeras escolas e cursos criados e mantidos pelos católicos e suas ordens religiosas – como a Academia de Comércio de Juiz de Fora e o Liceu Coração de Jesus na capital paulista. Cândido Mendes de Almeida, criador da Academia de Comércio do Rio de Janeiro, pertencia à elite intelectual e política do Brasil. Horácio Berlinck, um dos fundadores da Escola Prática de Comércio de São Paulo (atual "Álvares Penteado"), era de origem humilde, filho de imigrantes que aprendera as noções de contabilidade ao trabalhar nos escritórios das indústrias de Álvares Penteado[28] *[Figuras 6 e 7]*.

Em 1954, havia 68 escolas na cidade de São Paulo que possuíam cursos de comércio (básico ou técnico). Destas, 18 eram "escolas de comércio", pois apresentavam apenas o curso básico (nível ginasial) e 50 eram "escolas técnicas de comércio", pois apresentavam um ou mais cursos técnicos de comércio. No Brasil havia, em 1955, 750 estabelecimentos de ensino comercial reconhecidos

---

28 Cronologicamente, a primeira destas iniciativas foi a do *Mackenzie College*, com a implantação de aulas de escrituração mercantil em 1880 e um curso experimental de comércio, estabelecido em 1886 por Horace Lane, ainda na época da denominação antiga (Escola Americana); o curso regular de comércio foi implantado em 1890 e a Escola Prática de Comércio em 1902. A fundação da Academia de Comércio de Juiz de Fora data de 1891, com o início das aulas em 1894. A Academia de Comércio do Rio de Janeiro e a Escola Prática de Comércio (de São Paulo) datam ambas de 1902. O curso de comércio no Granbery é mais tardio, datando de 1917 (Bastos, 1982; Novaes Netto, 1997; Peres, 2007).

João Penteado: o discreto transgressor de limites

pelo governo federal, que atendiam 96.497 alunos. Trinta e cinco anos antes, em 1920, eram seis escolas com 773 alunos.[29]

Neste sentido, com sua trajetória pessoal e profissional e com a rede de sociabilidade que havia criado, João Penteado foi capaz de perceber as potencialidades do ensino comercial de modo geral e sua aplicabilidade junto à população do Belenzinho, provavelmente alguns anos antes da intervenção do governo estadual sobre as Escolas Modernas e por ocasião da necessidade de sua reabertura em outros moldes. Além disso, o poder federal encontrava-se distante, o que poderia talvez atenuar significativamente os mecanismos de controle e fiscalização, pelo menos de forma simbólica, no imaginário de João Penteado.

A ampliação do controle do Estado – entendido aqui como aparato estatal, independente de sua esfera geográfica – sobre as escolas particulares no Brasil foi um fenômeno muito anterior ao ano de 1930, considerado por uma parte da historiografia como marco desta mudança de orientação governamental no país.[30] Confirma-o a história do ensino comercial brasileiro e nela, em particular, a trajetória da escola de comércio criada por João

---

29 A par de todas estas iniciativas, afirmo, no entanto, que o ensino comercial apresenta-se como um filão ainda inexplorado pela história da educação, com poucos estudos monográficos e de síntese sobre esta modalidade de ensino médio, que foi bastante difundida no Brasil entre as décadas de 1920 e 1960 (Freitas, 1954; Peres, 2007). Neste sentido, aponto na área acadêmica os estudos de Maria Aparecida Montero Del Rio, *O curso comercial do Colégio Stella Maris de Santos (1928-1938): uma reconstrução histórica* (1998); e de Débora Maria Marcondes Querido, *A implantação do sistema preventivo em São Paulo:* a especificidade de sua aplicação no Liceu Coração de Jesus (2011).

30 Tal é, por exemplo, a posição de Otaíza Romanelli, na obra *História da educação no Brasil,* publicada em 1978: "Todas essas reformas [ocorridas na Primeira República], porém, não passaram de tentativas frustradas e, mesmo quando aplicadas, representaram o pensamento isolado e desordenado dos comandos políticos, o que estava muito longe de poder comparar-se a uma política nacional de educação" (p. 43).

Penteado no Belenzinho. Percebe-se nitidamente que houve um esforço constante por parte dele para conservar a escola que criou funcionando de acordo com os preceitos legais, principalmente após 1926, quando a fiscalização se tornou ostensiva.

Alguns anos antes desta data, o Decreto federal nº 4.724-A, de 23/08/1923, já havia equiparado os diplomas expedidos por outras instituições de ensino comercial[31] aos da Academia de Comércio do Rio de Janeiro, além de determinar a utilização, por todas elas, dos programas de ensino estabelecidos em 1905. Este decreto também instituiu o princípio da fiscalização do ensino comercial, a ser determinado por lei ou ato governamental. Tal princípio *fiscalizatório* foi implantado através do Decreto federal nº 17.329, de 28/08/1926, que criou um *regulamento* para os estabelecimentos de ensino técnico-comercial oficialmente reconhecidos pela União. Composto de dezenove artigos, este texto legal determinou a distribuição anual das matérias dos cursos geral e superior, assim como um regime escolar mínimo, ao definir três aulas de quarenta minutos de duração para cada uma das matérias e o período letivo de, no mínimo, nove meses por ano. Também estabeleceu como indispensáveis os laboratórios de química e de análises e as bibliotecas especializadas para cada uma das matérias existentes nos cursos comerciais.

Este regulamento também estabeleceu critérios para os exames de admissão e para a validação e o registro dos diplomas expedidos pelas instituições de ensino comercial. Desta forma,

---

31 Trata-se da Academia de Ciências Comerciais do Estado de Alagoas; dos cursos de comércio do Liceu de Artes, Ofícios e Comércio do Sagrado Coração de Jesus (em São Paulo), do Instituto Comercial Mineiro, do Instituto Lafaiete (na Capital Federal) e do Liceu Nossa Senhora Auxiliadora (em Campinas), mantidos pela Pia Congregação Salesiana; da Escola Comercial (mantida pela Sociedade de Educação e Ensino de Campinas); da Escola Prática de Comércio (da Associação Comercial do Pará); da Escola de Comércio (da Fênix Caixeiral do Ceará) e da Academia de Comércio (da Associação Comercial de Pernambuco).

determinou-se que os concluintes do curso geral recebessem o título de contador e os do curso superior, o de graduado em ciências econômico-comerciais.

Pela nova legislação, a matrícula no curso geral dar-se-ia através da comprovação da idade mínima de 12 anos, atestado de saúde e vacina e aprovação em exame de admissão das seguintes matérias: português, aritmética prática, elementos de geografia física e de cosmografia, noções gerais de história do Brasil, instrução moral e cívica, desenho e morfologia geométrica. O exame de admissão era dispensável mediante apresentação de certificado de aprovação, em estabelecimento de ensino oficial ou equiparado, nas matérias acima citadas que – diga-se de passagem – não constituíam o currículo das escolas primárias. A matrícula no curso superior dar-se-ia através da comprovação da idade mínima de 16 anos, atestado de saúde e vacina e apresentação do diploma do curso geral, expedido por estabelecimento oficial ou equiparado.

O regulamento citado também reafirmou as diretrizes do decreto de 1905 quanto ao caráter prático do ensino comercial. O ensino das línguas estrangeiras, por exemplo, a ser feito no respectivo idioma, deveria habilitar o aluno a falar e escrever com facilidade e correção as línguas ensinadas.

Os mecanismos de fiscalização do ensino comercial também foram definidos através desta norma legal. Encaminhados anualmente por seus diretores, os relatórios de funcionamento das instituições escolares complementar-se-iam pela ação de fiscais nomeados pelo ministro da Agricultura, Indústria e Comércio. A fiscalização abrangeria toda a organização e o funcionamento dos estabelecimentos de ensino comercial, especialmente quanto à regularidade das aulas, ao cumprimento dos programas, à moralidade dos exames e provas parciais, à suficiência do aparelhamento escolar, à aptidão do corpo docente (com as vagas preenchidas por concurso ou por estágio de no mínimo dois anos) e à legalidade dos diplomas conferidos.

O regulamento do ensino comercial também estabeleceu as matérias ou disciplinas dos dois cursos de comércio: o geral e o superior. O curso geral apresentava vinte e oito cadeiras, distribuídas em quatro anos, além de aulas de caligrafia, datilografia, desenho geométrico, mecanografia, estenografia, métodos de classificação de papéis e sistemas de fichas e prática de comércio. Português, francês, inglês e matemática eram matérias que figuravam em três anos do curso. Contabilidade aparecia em todos os anos, nas modalidades geral, comercial, agrícola e industrial, bancária, de companhias de seguros e pública. As outras matérias eram as seguintes: instrução moral e cívica; geografia política e econômica; geografia do Brasil; história geral e do Brasil; álgebra; desenho à mão livre, aplicado ao comércio; noções de física, química e história natural; complementos de física, química e história natural aplicadas ao comércio; noções de direito constitucional, civil e comercial; legislação de fazenda e aduaneira e prática jurídico-comercial; noções de merceologia e tecnologia merceológica.[32]

Em 1927, na escola de comércio dirigida por João Penteado, as matérias do curso comercial (geral) eram as seguintes: contabilidade, matemática, português, francês, inglês, geografia comercial,

---

32 O curso superior, que não chegou a ser implantado no Saldanha Marinho, compunha-se de quinze cadeiras, distribuídas em três anos. Alemão, italiano ou espanhol apareciam nos três anos do curso. As demais matérias eram: matemáticas aplicadas às operações comerciais; geografia humana e comercial; tecnologia industrial e mercantil; contabilidade administrativa, agrícola e industrial; obrigações de direito civil, direito comercial e marítimo; economia política e ciência das finanças; história do comércio, da agricultura e da indústria; direito constitucional e administrativo; ciência da administração; contabilidade mercantil comparada e banco-modelo; direito internacional, diplomacia, história dos tratados e correspondência diplomática; direito industrial e legislação operária e psicologia aplicada ao comércio.

história universal e do Brasil, história do comércio, física, química e história natural, ciência das finanças, economia política, direito civil e comercial, prática jurídico-comercial, tecnologia mercantil, datilografia e taquigrafia. Tratava-se de um currículo simplificado, parcialmente diferente daquele estabelecido na legislação e com a provável fusão de algumas cadeiras. Entre as matérias lecionadas não havia instrução moral e cívica nem desenho. Além disso, a Academia de Comércio "Saldanha Marinho" continuava a oferecer diplomas de habilitação para guarda-livros (com dois anos de curso) e para contador (com três anos). Quanto aos seus outros cursos, os de aperfeiçoamento ofereceriam ao aluno já empregado no comércio "tudo quanto lhe seja necessário para o completo aperfeiçoamento profissional, de acordo com a sua condição de adiantamento" – tratava-se, portanto, de um curso livre. O curso de preparatórios ministrava aos alunos os conteúdos necessários para prestar os exames seriados e de admissão ao Ginásio do Estado. As matérias do curso primário eram: aritmética, geografia, história do Brasil, leitura, português, caligrafia, desenho elementar e trabalhos manuais (para as meninas). O curso médio apresentava as matérias do curso primário, só que mais desenvolvidas e com aplicações práticas, acrescido de álgebra, geometria e desenho. Datilografia (em três meses) era complementada com correspondência comercial, enquanto o curso de esteno-datilografia (em dezoito meses) tinha, além da correspondência comercial, também português, francês, inglês e taquigrafia. Havia ainda aulas de desenho (pintura e artes aplicadas) e préstimos domésticos (para meninas), assim como aulas domiciliares. Além disso, a partir de 1927, o corpo docente da Academia de Comércio "Saldanha Marinho" passou a ser apresentado com o detalhamento das qualificações acadêmicas e profissionais de cada um de seus membros.[33]

Neste sentido, é cabível afirmar que entre 1905 e 1926 ocorreu uma ampliação – talvez mesmo uma *intensificação* – do controle do Estado sobre as escolas de comércio, estabelecimentos de ensino totalmente sob responsabilidade da iniciativa particular. A determinação do quadro curricular e a orientação de que o ensino comercial tivesse um caráter "prático" – sobretudo em relação às matemáticas e línguas – foi reafirmado neste processo. Além disso, houve uma intensa normatização quanto aos programas do curso, o regime escolar (isto é, duração das aulas, quantidade mínima de aulas por matéria e período letivo mínimo), o aparelhamento dos estabelecimentos (com a exigência de laboratórios e bibliotecas especializadas), a articulação dos cursos geral e superior e o estabelecimento de critérios para os exames de admissão, a matrícula de novos alunos (combinando idade mínima, avaliação de suficiência de conhecimentos – através do exame de admissão – e atestado de vacinação) e o registro e validação dos diplomas. A fiscalização, assentada em dois instrumentos básicos – os relatórios anuais elaborados pelos diretores e a presença de fiscais federais nomeados pelo ministério – buscaria dar conta de toda a organização e funcionamento dos estabelecimentos de ensino, isto é, de seus elementos objetivos descritos acima, e ainda deveria tentar controlar dois quesitos relativamente subjetivos: a "moralidade" das avaliações de aprendizagem dos alunos e a "aptidão" do corpo docente.

As afirmações feitas acima sobre a intensificação do controle do Estado sobre as escolas de comércio ficam bastante evidentes se tomarmos em conta a visão das autoridades governamentais.

---

33 *Boletim da Academia de Comércio Saldanha Marinho*, 01/10/1927; *O Início*, 18/12/1927.

O ensino comercial apareceu pela primeira vez no relatório anual do Ministro da Agricultura em 1926. Segundo este relatório, com o objetivo de "melhorar e coordenar" o ensino comercial no Brasil, o decreto aprovado naquele mesmo ano aprofundou a fiscalização e o controle do governo sobre os estabelecimentos de ensino comercial criados pela iniciativa particular. O poder público buscava assim "garantir a eficiência, uniformização e graduação conveniente a todos os estabelecimentos, estimulando-os e aperfeiçoando-os de acordo com os métodos modernos".[34] Afirmou o ministro que, dos trinta estabelecimentos de ensino comercial existentes no país, vinte já haviam solicitado o reconhecimento.

Relatório da mesma autoridade referente a 1927 foi mais explícito ao afirmar as vantagens da regulamentação do ensino comercial verificada no ano anterior. O decreto de 1926 permitiu, em primeiro lugar, distinguir as "escolas sérias" daquelas que promoviam a "concorrência desleal" neste ramo de ensino; na visão governamental, garantia-se "a moralidade e a idoneidade pedagógica" dos estabelecimentos fiscalizados. Além disso, promovia-se o "ensino verdadeiro" de línguas estrangeiras, assim como a introdução de disciplinas inexistentes nas escolas de comércio, tais como a merceologia, a "arte de vender e de comprar", a arte de anunciar e a prática de escritório, com o emprego da mecanografia. Na visão governamental, o ensino do comércio assumia um caráter mais complexo, deixava de ser um curso noturno para empregados que buscavam "promoção nos escritórios" para transformar-se numa modalidade capaz de atrair "parte da clientela dos internatos". Como resultado, "formar-se-ão (...) contabilistas, patrões, gerentes, vendedores, compradores, anunciantes, homens de visão nova, capazes de manejar a riqueza do Brasil".[35]

---

34   *Relatório do Ministro da Agricultura, Indústria e Comércio*, 1926.

35   *Relatório do Ministro da Agricultura, Indústria e Comércio*, 1927.

Na mesma linha, o relatório do ministro da Agricultura em 1928 ressaltou a importância da fiscalização governamental, enquanto fator de informação e organização das escolas de comércio. A cooperação advinda da fiscalização auxiliava as escolas na "organização de sua secretaria, de seus arquivos e programas", na implantação de novos cursos ou no aperfeiçoamento e melhoria dos já existentes. Reafirmava-se a necessidade de instalações mínimas para garantir a excelência dos estabelecimentos de ensino comercial oficializados, tais como o gabinete de física, o laboratório de química, o museu comercial e o escritório-modelo. No mesmo sentido, o relatório destacava as vantagens do método direto (e prático) para o ensino das línguas e mencionava 21 escolas oficializadas e 27 fiscalizadas – dentre as quais a Academia de Comércio "Saldanha Marinho" – além de enfatizar os progressos dos últimos anos, a saber: o aumento na quantidade de matrículas nos cursos de comércio; a criação de cursos comerciais nos internatos e nas escolas secundárias, com a matrícula dos filhos das "melhores famílias" nesta modalidade de ensino e a criação de disciplinas anteriormente inexistentes, permitindo a especialização em todas as carreiras do comércio. Afirmava o relatório do ministro que o ensino comercial estava se tornando "fator decisivo para melhor exploração e desenvolvimento da riqueza brasileira", através da formação de "homens competentes" para o seu manejo.[36]

Em 1928, após oito anos de funcionamento como estabelecimento de ensino livre, João Penteado solicitou o reconhecimento da Academia de Comércio "Saldanha Marinho" junto ao governo federal. Tal medida concretizou-se com a nomeação do Dr. João Luiz do Rego, médico residente na capital de São Paulo, como o primeiro fiscal federal para a escola de comércio localizada no Belenzinho. Cumpre observar que a Academia de Comércio

---

36   *Relatório do Ministro da Agricultura, Indústria e Comércio*, 1928.

"Saldanha Marinho" foi uma das primeiras escolas dedicadas ao ensino comercial a solicitar (e obter) este reconhecimento legal. Nos primeiros meses deste mesmo ano, entre janeiro e maio, a escola já havia mudado da Rua Saldanha Marinho, instalando-se na Avenida Celso Garcia, 368. O elevado número de alunos foi apresentado como a motivação para a instalação da escola de comércio em um prédio mais amplo[37] [**Figura 8**].

O relatório do Ministro da Agricultura em 1929 destacou a tarefa fiscalizadora da Superintendência do Ensino Comercial, centrada nos exames, na expedição dos diplomas e na escolha dos métodos e dos livros empregados nos cursos. Além disso, o relatório destacava a existência, naquele ano, de mais de 70 estabelecimentos de ensino comercial fiscalizados, assim como o importante papel desempenhado pelo contador (profissional da contabilidade) na "sociedade moderna", no desempenho de atividades no comércio, na indústria, nas fazendas e explorações rurais, nos bancos e na administração, pública e privada.[38]

Neste contexto de *oficialização* do ensino comercial no Brasil,[39] numa ação promovida e conduzida pelo governo federal, João Penteado, na direção da escola de comércio criada por ele no Belenzinho foi paulatinamente dotando-a de uma nova identidade, afastando-a de suas raízes anarquistas, sem negá-las de forma categórica – até porque nunca as havia afirmado oficialmente para o seu

---

37 *O Início*, maio/1928; 15/09/1928. *Relatório do Ministro da Agricultura, Indústria e Comércio*, 1928. Em 1941, provavelmente por conta da atualização, feita pela prefeitura, dos números das edificações existentes na Avenida Celso Garcia, a escola de comércio passou a situar-se nos números 1580 e 1600 (*O Início*, janeiro/1941).

38 *Relatório do Ministro da Agricultura, Indústria e Comércio*, 1929.

39 Ferreira (1980), acertadamente, apresenta três fases para o desenvolvimento do ensino comercial no Brasil: a "embrionária", da vinda de D. João até 1905; a de "oficialização", de 1905 até 1943; e a de "profissionalização", após a edição da lei orgânica do ensino comercial.

estabelecimento de ensino. O Estado republicano brasileiro reservava para si a prerrogativa de fiscalizar e controlar o ensino comercial, submetendo com eficiência as escolas de comércio às suas diretrizes. Neste quadro, João Penteado buscou adequar a escola que dirigia a este ordenamento legal, nem que fosse para evitar a repetição do fechamento da escola por parte das autoridades governamentais.

João Penteado agiu desta forma por que não tinha outra opção, diante do quadro que se configurava? Ou deve-se percebê-lo adotando procedimentos para preservar a escola em funcionamento e, simultaneamente, criar possibilidades para as práticas emancipadoras que ele valorizava?

Para João Penteado, oficializar a escola pela esfera federal significou preservá-la da repressão pela esfera estadual, que poderia redundar em seu fechamento, mais uma vez. Paralelamente, também seria possível conservar as redes de sociabilidade criadas até aquele momento e continuar sustentando as práticas emancipadoras no cotidiano da escola – acolhendo anarquistas, espíritas ou adeptos das ideias avançadas, contratados como professores ou recebidos como alunos; treinando os alunos no "manejo da pena"; promovendo, recomendando a leitura ou mesmo distribuindo livros de conteúdo avançado; promovendo atividades emancipadoras, através do teatro ou de palestras, conferências, comemorações cívicas; disseminando o conhecimento de línguas e das ciências.

Há indícios destas práticas acima descritas na Academia de Comércio "Saldanha Marinho". Por outro lado, João Penteado, desde fins da década de 1920, estava assimilando os argumentos, encontrados nos relatórios ministeriais citados acima e depois transformados em hegemônicos, de que a oficialização do ensino comercial foi vantajosa para todos os envolvidos: os alunos, seus pais, as escolas de comércio "sérias" e os setores da economia que necessitavam de profissionais qualificados. Desta forma, *naturalizava-se* uma decisão política, que encontrava sua legitimação ao ser incorporada pelos responsáveis pelas escolas de comércio, dentre os quais, João Penteado. Uma propaganda da escola publicada em seu jornal em 1934 demonstra como tal processo se deu na Academia de Comércio "Saldanha Marinho".

Dirigindo-se "aos senhores pais de família" e à "mocidade deste grande bairro", João Penteado apresentou o curso comercial no jornal escolar *O Início* como um promissor caminho para a "conquista de um lugar na vida", principalmente se realizado numa escola "com condições", como era o "Saldanha Marinho": vinte anos de existência, corpo docente habilitado e competente, fiscalização federal, programa de acordo com a lei do ensino comercial, "aparelhamento didático e adaptações suficientes". Além disso, a escola possuía um grêmio literário e recreativo bastante ativo, dotado de cine educativo, biblioteca escolar, instalações para jogos esportivos e aparelhagem para ginástica. Na mesma edição foram divulgados também os valores das mensalidades e os horários dos cursos existentes no "Saldanha Marinho" naquela época, a saber: curso propedêutico (tarde e noite): 1º ano, 25$000 réis; 2º e 3º anos, 30$000 réis; curso técnico comercial (noite): 1º ano, 35$000 réis; 2º ano, 40$000 réis; 3º ano, 45$000 réis; curso anexo primário (manhã, tarde e noite): 1º e 2º anos: 10$000 réis; 3º ano, 15$000 réis; curso de admissão (tarde e noite): 20$000 réis. As aulas avulsas de datilografia, taquigrafia, caligrafia e correspondência comercial tinham mensalidade de 10$000 réis, com redução no preço se vários cursos fossem feitos simultaneamente. Havia aulas de datilografia das 8 às 22 horas, enquanto os demais cursos anexos eram oferecidos de manhã e à tarde.[40]

Este tipo de propaganda, razão de existir do *Boletim da Academia de Comércio Saldanha Marinho*, passou a aparecer com

---

40   *O Início*, fevereiro/1934.

mais frequência no jornal escolar *O Início*, através de quadros especiais – tecnicamente, clichês – que foram publicados e republicados inúmeras vezes, praticamente sem alterações gráficas ou de conteúdo. Desta forma, os objetivos iniciais do jornal escolar que, como vimos, era "servir de recurso para a preparação e o adestramento intelectual dos alunos da Escola Nova", foram completamente alterados. A partir de então, percebe-se uma gradual redução do espaço destinado à colaboração dos alunos no órgão escolar, criado exatamente com esta finalidade.

Em que pese a necessidade de conservar-se de acordo com a legislação federal, na medida em que a escola de comércio era reconhecida pelo governo da União, esta propaganda incorporava as vantagens das escolas oficializadas, ao dirigir-se à "mocidade do bairro" e seus pais para lhes oferecer a "conquista de um lugar na vida" – leia-se uma ocupação promissora, um bom emprego – e orientá-los a procurar uma "escola com condições" (isto é, que tivesse experiência institucional, corpo docente habilitado e competente, fiscalização federal, programa oficial e aparelhamento didático). São os mesmos argumentos empregados pelas autoridades governamentais nos relatórios ministeriais dos anos finais da década de 1920, que rejeitavam os cursos livres, não fiscalizados e que, por conta desta *liberdade*, talvez não tivessem professores habilitados e competentes e aparelhamento didático apropriado; ou seguissem um programa inadequado às expectativas dos empregadores. Percebe-se ainda o deslocamento, para um segundo plano, do diferencial pedagógico da Academia de Comércio "Saldanha Marinho" em relação às concorrentes: o grêmio literário e recreativo, o cine educativo, a biblioteca escolar, as instalações para a prática de esportes e a aparelhagem para ginástica.

Os cursos de comércio referidos nesta propaganda de 1934 são chamados de "propedêutico" e "técnico comercial", com as denominações determinadas pela reforma desta modalidade de ensino decretadas por Vargas em 1931.

AS REFORMAS NO ENSINO COMERCIAL: CAMPOS E CAPANEMA

Vistos os antecedentes na década de 1920, não espanta que a reforma geral do ensino comercial (promovida por Francisco Campos) efetivou-se menos de um ano após a tomada do poder por Getúlio Vargas, com a publicação do Decreto n° 20.158, de 30/06/1931. Este ato legal, composto de 82 artigos, estabeleceu a organização do ensino comercial reconhecido pelo governo federal, ao definir cursos e programas, o regime escolar, a estrutura de fiscalização federal e, também, a regulamentação da profissão de contador.

Esta reforma redefiniu toda a estrutura do ensino comercial, ao criar um curso propedêutico de três anos, cursos técnicos (de um, dois ou três anos), um curso elementar de auxiliar de comércio de dois anos e um curso superior de administração e finanças, de três anos. Os cursos técnicos eram: de secretário (um ano); de guarda-livros (dois anos); de administrador-vendedor (dois anos); de atuário (três anos) e de perito-contador (três anos). O referido decreto também estabeleceu as disciplinas de cada curso, assim como o detalhamento de seus programas.

Com a regulamentação da profissão de contador, João Penteado passou a apresentá-la como uma das "mais garantidas, mais vantajosas e mais convenientes da atualidade". As garantias legais foram capazes de transformar o curso comercial numa "carreira vantajosa", uma modalidade de ensino secundário que garantia o futuro bem-estar à mocidade daquela época. Para ele, as profissões de guarda-livros e de contador encontravam-se, antes da regulamentação federal, em situação de "concorrência desleal", desamparadas pelos poderes constituídos e à mercê da sorte; o decreto de 1931 solucionou este problema, ao colocá-la "em pé de igualdade com a de farmacêuticos e cirurgiões-dentistas".[41]

Com esta reforma, a escola de comércio dirigida por João Penteado passou a contar com os cursos de auxiliar de comércio, propedêutico, guarda-livros e perito-contador.[42] Quanto ao regime escolar, a reforma Francisco Campos estabeleceu o início do ano letivo em 1º de março, com término em 30 de novembro, sendo as férias programadas para a segunda quinzena de junho e a primeira de julho. Os cursos teriam, no mínimo, dezoito aulas semanais de quarenta minutos cada, sendo duas de cada disciplina. A frequência era obrigatória, exigindo-se dois terços de presença para prestação dos exames finais. A avaliação consistiria de arguições, trabalhos práticos, provas escritas parciais e provas finais, estas orais e escritas. Os professores poderiam elaborar os

---

41 *Boletim Mensal da Academia de Comércio Saldanha Marinho*, 15/07/1931. *O Íris*, setembro/1931.

42 *Livro de visitas dos srs. Fiscais Estaduais*. AJP. Pela legislação, o curso de auxiliar de comércio compunha-se das seguintes matérias: português; inglês; aritmética; noções preliminares de contabilidade e contabilidade mercantil. Previa também aulas de datilografia e caligrafia. Já para o propedêutico, previa-se português, francês, inglês e matemática em todos os três anos do curso, além de geografia e história da civilização, corografia do Brasil, história do Brasil, física, química, história natural e caligrafia. No curso técnico de guarda-livros estudava-se: noções preliminares de contabilidade; matemática comercial; noções de direito comercial; contabilidade mercantil; matemática comercial; legislação fiscal; técnica comercial e processos de propaganda; estenografia e mecanografia. Para o curso de perito-contador as seguintes matérias estavam previstas: noções preliminares de contabilidade; contabilidade mercantil; contabilidade industrial e agrícola; contabilidade bancária; matemática comercial; matemática financeira; história do comércio, da indústria e da agricultura; noções de direito constitucional e civil; legislação fiscal; noções de direito comercial terrestre; prática do processo civil e comercial; economia política e finanças; merceologia e tecnologia merceológica; técnica comercial e processos de propaganda; seminário econômico; estatística; estenografia e mecanografia.

programas das aulas e escolher os compêndios dos cursos, mediante prévia aprovação do superintendente do ensino comercial.

O reconhecimento oficial do governo da União seria concedido às escolas de comércio que tivessem o curso propedêutico e pelo menos um curso especializado, e que comprovassem possuir instalações mínimas apropriadas a estes cursos (gabinete de física, laboratório de química, museu de merceologia e história natural, biblioteca especializada e escritório-modelo), além de apresentar o provimento dos cargos de professor mediante concurso ou através de estágio de docência (de no mínimo dois anos) e cumprir a seriação, a organização didática e o regime escolar estabelecidos no decreto. Além disso, das escolas de comércio reconhecidas oficialmente exigir-se-ia a organização dos exames finais através de bancas examinadoras, com os devidos registros em documentos apropriados a este fim. Estabelecia-se também a concessão de diplomas somente aos alunos que de fato concluíssem os cursos.

A fiscalização das escolas de comércio estaria a cargo da Superintendência do Ensino Comercial (antiga Superintendência de Fiscalização dos Estabelecimentos de Ensino Comercial). Este órgão, diretamente subordinado ao ministro de Educação e Saúde Pública, deveria fiscalizar os estabelecimentos privados de ensino comercial e registrar os diplomas por eles conferidos.

O relatório do Ministro da Educação e Saúde Pública em 1932 efetuou um balanço das ações governamentais desde meados da década de 1920, ressaltando que o principal mérito do decreto de 1926 foi reprimir a princípio e depois evitar "os abusos que viciavam a concessão dos diplomas", embora reconhecesse que os diplomados não gozassem de privilégios ou regalias antes de 1931. A própria criação do Ministério da Educação e a reforma do ensino comercial promovida por Francisco Campos foram duas outras ações do governo federal que mereceram elogios no relatório de 1932. Quanto a esta reforma do ensino comercial, o relatório ministerial destacou quatro benefícios imediatos: a melhoria da fiscalização desta modalidade de ensino; a ampliação dos programas; a diversificação dos cursos e as regalias conferidas aos diplomados, principalmente o reconhecimento do prestigioso trabalho dos contadores e guarda-livros. "A habilitação técnica dos empregados do comércio e dos seus dirigentes" representou um duro golpe nos "processos rotineiros" que causavam "entraves à prosperidade das indústrias" e "prejuízos ao consumo". O ensino comercial visava portanto prover do necessário esclarecimento os responsáveis pelas "atividades intermediárias entre produtores e consumidores na vida econômica do país", nos moldes do que já era praticado nos centros mais adiantados do mundo.[43]

Pode-se compreender a reforma de 1931 como uma *continuidade* do processo anteriormente desencadeado de ampliação do controle do Estado sobre o ensino comercial, ao mesmo tempo em que se buscava, com ela, atender aos reclamos de uma sociedade cada vez mais complexa, que exigia profissionais qualificados para uma economia em crescente diversificação. O Estado assumiu para si a tarefa de definir os parâmetros da qualificação profissional para vários setores e critérios de formação. Trata-se do processo investigado por Ângela de Castro Gomes (1994) em relação ao surgimento das novas elites burocráticas no Brasil, desde a década de 1920, em especial quanto aos engenheiros e economistas, cujo

---

43   *Relatório do Ministro da Educação e Saúde Pública*, 1932. Segundo este documento, havia em 1932, distribuídos por todo o Brasil, 192 cursos em estabelecimentos fiscalizados, dos quais quase a metade (81 cursos) no estado de São Paulo, 29 no Distrito Federal e 27 em Minas Gerais. Cem destes estabelecimentos de ensino comercial – dentre os quais a Academia de Comércio Saldanha Marinho – possuíam o curso propedêutico e o curso técnico de contador, enquanto 64 apresentavam o curso propedêutico e o curso técnico de guarda-livros, o que representava cerca de 85% das escolas de comércio em todo o país.

saber técnico especializado (e despolitizado) aparecia como contraponto à experiência liberal do Império e da Primeira República, períodos em que os homens públicos eram essencialmente os que viviam no mundo da política. Neste caso, considerações semelhantes devem ser aplicadas à formação em nível médio, como era o ensino comercial.

João Penteado tratou de prontamente adequar e adaptar a Academia de Comércio "Saldanha Marinho" às disposições da nova legislação do ensino comercial, tendo, portanto, renovado o seu reconhecimento pelo governo federal. A escola de comércio apresentou uma grande expansão no período, ao incorporar o "prédio vistoso e grande" situado à Avenida Celso Garcia, 372, cuja fotografia apareceu estampada nas páginas do jornal escolar[44] [Figura 9]. Anos depois, em fins da década de 1950, este prédio "vistoso e grande" seria demolido, para dar lugar a uma construção funcional, mas, em contraste, de gosto arquitetônico duvidoso. [Figura 10].

A segunda reforma do ensino comercial promovida na Era Vargas aconteceu doze anos após sua remodelação por Francisco Campos. Como afirmei em estudo anterior (Peres, 2007), estas duas reformas representam a síntese da política educacional para o ensino comercial no Brasil e contribuíram de forma decisiva para a grande expansão dessa modalidade de ensino, ocorrida nas décadas de 1950 e 1960.

A reorganização do ensino comercial promovida por Gustavo Capanema efetivou-se através da edição de três textos legais, todos de 28/12/1943: o Decreto-Lei n° 6.141 (Lei Orgânica do Ensino Comercial); o Decreto-Lei n° 6.142 e o Decreto n° 14.373. Cumpre observar que a Lei Orgânica do Ensino Comercial estabeleceu as bases da organização e do regime do ensino comercial,

---

44   *O Início*, dezembro/1935.

transformando-o num ramo do ensino secundário. Esta nova organização do ensino comercial manteve-se praticamente inalterada até a reforma do ensino, promovida pelos governos militares em 1971.

A partir de 1943, o ensino comercial passou a dividir-se em dois ciclos, cada qual desdobrado em cursos – qualificados como de formação, de continuação e de aperfeiçoamento. Os cursos de continuação (ou cursos práticos de comércio) eram de primeiro ciclo e destinavam-se a uma sumária preparação profissional, que habilitasse profissionais não diplomados para as mais simples ou correntes atividades no comércio e na administração. Os cursos de aperfeiçoamento poderiam ser do primeiro ou do segundo ciclo, e tinham por finalidade proporcionar a ampliação ou elevação dos conhecimentos e capacidades técnicas de profissionais já diplomados.

Quanto aos cursos de formação, no primeiro ciclo havia apenas um: o curso básico de comércio, dividido em quatro séries anuais. Já o segundo ciclo apresentava cinco cursos comerciais técnicos, cada qual com a duração de três anos, a saber: comércio e propaganda; administração; contabilidade; estatística e secretariado. Da mesma forma, os estabelecimentos de ensino comercial que apresentassem somente o curso básico de comércio seriam denominados como "escolas comerciais"; já os que tivessem um ou mais cursos comerciais técnicos seriam chamados de "escolas técnicas de comércio", podendo ministrar também o curso básico. Além dos estabelecimentos federais de ensino comercial (mantidos e administrados pela União, e gratuitos para os alunos), haveria os estabelecimentos *equiparados* (mantidos pelos estados ou pelo Distrito Federal, desde que autorizados pela União) e os estabelecimentos *reconhecidos* (mantidos e administrados pelos municípios ou pela iniciativa privada). A inspeção dos estabelecimentos de ensino equiparados e reconhecidos, nos aspectos administrativos e pedagógicos, era competência do Ministério da Educação.

Os concluintes do curso básico de comércio poderiam progredir para quaisquer dos cursos técnicos de comércio. Da mesma forma, o curso básico de comércio estaria articulado com o ensino primário e os cursos comerciais técnicos, com o ensino secundário (e o ensino normal de primeiro ciclo). Aos concluintes de quaisquer dos cursos comerciais técnicos seria facultado o ingresso em estabelecimento de ensino superior, observados os critérios para a admissão a este ramo de ensino, com a ressalva de que somente seria possível a matrícula em curso superior diretamente relacionado com o curso comercial técnico concluído.

Os cursos de formação seriam constituídos do ensino de disciplinas (de cultura geral e de cultura técnica) e de práticas educativas (educação física, para os alunos dos cursos diurnos até a idade de 21 anos; canto orfeônico, para os alunos até 16 anos; e instrução pré-militar aos alunos do sexo masculino[45]). Além destas, estavam previstas também atividades sociais escolares e excursões. A educação moral e cívica seria desenvolvida na execução de todos os programas e no próprio processo da vida escolar, sem constituir-se em disciplina ou prática educativa separada.

Quanto ao regime escolar para os cursos de formação, a legislação estabelecia como trabalhos escolares as lições, os exercícios e os exames, assim como um período letivo de nove meses, de 15 de março a 15 de dezembro, com dez dias de férias no final de junho. Os exames poderiam ser feitos também nos períodos de férias. Os cursos deveriam apresentar de 18 a 21 horas semanais de trabalhos escolares, com frequência obrigatória (mínimo de 75% nas disciplinas e 70% nas práticas educativas).

---

45   A instrução pré-militar foi extinta a partir de 1947, pelo Decreto-Lei nº 9.331/46.

A matrícula nos cursos de formação far-se-ia mediante comprovação do candidato não ser portador de doença contagiosa e de estar vacinado. Além disso, para a matrícula no curso comercial básico havia a exigência da idade mínima de 11 anos (completos ou a completar até 30 de junho), uma satisfatória educação primária e aptidão intelectual para acompanhar o curso, revelada através de exames de admissão (com provas orais e escritas de português, matemática, história e geografia do Brasil). Para os cursos comerciais técnicos, exigir-se-ia a conclusão do curso comercial básico ou o curso de primeiro ciclo do ensino secundário (ou normal). Facultava-se também aos estabelecimentos de ensino comercial estabelecer exames de admissão para os cursos técnicos de comércio.

Ao aluno concluinte do curso comercial básico seria conferido o diploma de auxiliar de escritório. O concluinte dos cursos técnicos de comércio receberia um dos seguintes diplomas: técnico em comércio e propaganda, técnico em contabilidade, técnico em estatística, assistente de administração ou secretário, conforme o curso terminado.[46] Todos os diplomas deveriam ser registrados no Ministério de Educação.

---

46 O curso comercial básico apresentava as seguintes disciplinas de cultura geral: português, francês e matemática (nas quatro séries); inglês (em três séries); geografia geral, história geral, geografia do Brasil e história do Brasil (em duas séries) e ciências naturais e economia doméstica (em uma série, sendo esta última apenas para as alunas). As disciplinas de cultura técnica eram: desenho, caligrafia, datilografia, estenografia e prática de escritório e escrituração mercantil. Todos os cursos técnicos de comércio apresentavam as seguintes disciplinas de cultura geral: português (nas três séries); francês ou inglês (em duas séries, exceto o curso técnico de secretário, que exigia as duas línguas estrangeiras, sendo a inglesa em três séries); matemática (em duas séries); física e química, biologia, geografia humana do Brasil, história administrativa e econômica do Brasil (em uma série). As disciplinas de cultura técnica variavam de acordo com os cursos. Para o curso de contabilidade - o único de nível médio que permaneceu na escola de comércio dirigida por João Penteado, com a reforma de Capanema - eram: contabilidade geral; contabilidade comercial; contabilidade industrial; contabilidade bancária; contabilidade pública; elementos de economia; elementos de estatística;

Como já havia ocorrido em 1931, a escola de comércio dirigida por João Penteado também se adaptou de imediato às disposições desta nova legislação do ensino comercial. Por conta deste movimento contínuo de adaptação aos princípios normativos governamentais, também teve renovado o seu reconhecimento pelo Rio de Janeiro em 1943. Nominalmente, deixou de ser Academia de Comércio "Saldanha Marinho" se tornou a Escola Técnica de Comércio "Saldanha Marinho".[47]

Portanto, nas décadas de 1930 e 1940, a Academia de Comércio "Saldanha Marinho", enquanto instituição escolar, foi um exemplo do processo de oficialização vitoriosa do ensino comercial no Brasil.[48]

PRÁTICAS EMANCIPADORAS

No entanto, quando se observa a instituição escolar em sua dinâmica de funcionamento cotidiano, é possível flagrar práticas contraditórias com o processo descrito acima. Trata-se de práticas emancipadoras não prescritas, que emergem numa escola de comércio, conformada pela legislação.

---

organização e técnica comercial; merceologia; prática jurídica geral e comercial e mecanografia.

47 *Estatísticas de Aproveitamento - 1943*. AJP.

48 A escola de comércio criada por João Penteado conheceu um grande crescimento entre as décadas de 1920 e 1960. Se em 1922 havia oito alunos matriculados no curso comercial e 22 no de datilografia, em 1958, ano em que João Penteado afastou-se da direção da escola, eram 866 alunos matriculados em seus diversos cursos comerciais (básico e técnico em contabilidade, em seus três turnos de funcionamento), além de 390 alunos frequentando o curso ginasial matutino, num total de 1.266 alunos, sem contar os do curso de admissão e de datilografia. Tratava-se, portanto, de uma escola de grandes dimensões, pela quantidade de alunos que atendia. Além disso, em 1922 havia 88 alunos matriculados no curso primário. Este curso deixou de existir no Saldanha Marinho em 1957, pois no ano anterior havia apenas sete alunos matriculados. *O Início*, 12/10/1922. *Relatório para suplementação (março de 1958)*. AJP.

João Penteado, na direção da escola de comércio, continuou a valorizar a edição de órgãos escolares, que eram amplamente distribuídos aos alunos, seus pais e a comunidade em geral. À semelhança do que representou *O Início* e o *Boletim da Escola Moderna* para a Escola Moderna N. 1, pode-se considerar na mesma perspectiva *O Início*, *O Íris* e o *Boletim da Academia de Comércio Saldanha Marinho* para a escola de comércio. O reaproveitamento dos títulos dos periódicos são indícios da importância da imprensa escolar – pelo menos em suas intenções – e revelam o grau de compromisso de João Penteado com tais publicações. Trata-se de um princípio forjado em sua juventude, aperfeiçoado junto aos espíritas e anarquistas, que valorizava a produção e circulação de impressos, entendidos como portadores de ideias. A própria interrupção da publicação no momento em que ele se afastou da direção da escola de comércio, em 1958, evidencia que, de fato, João Penteado era o *editor* dos órgãos escolares.[49]

Neste sentido, ainda em 1938 podemos identificar que, pelo menos uma vez, um dos objetivos do jornal escolar *O Início*, afirmado em meados da década de 1920, foi alcançado: de ser um "estímulo ao aluno", exercitando-os no "manejo da pena". Pode-se perceber, num caso exemplar, como se processava a produção dos textos publicados nos jornais da escola de comércio; o aluno Adolfo Afonso, do 3° ano técnico, escreveu como introdução de seu artigo: "Convidado, há dias, pelo nosso diretor para dizer algo sobre 'Martins Fontes', poeta santista, há pouco falecido...". Este trecho permite ainda a percepção das relações mais amplas, na perspectiva das redes de sociabilidade, que João Penteado estabelecia com alguns alunos; afinal, Adolfo Afonso, convidado pelo

---

49 Segundo Marly e Álvaro Alfarano, o jornal *O Início* era feito por João Penteado com a colaboração dos alunos. *Entrevista de Marly Aurora Penteado Arruda e Álvaro Alfarano ao CME/FEUSP. 19/05/2005.*

diretor para dissertar sobre Martins Fontes, tornar-se-ia depois professor (em 1941) e secretário (1946) da escola de comércio.[50]

Este estímulo para que o aluno praticasse a arte de escrever e publicar seus escritos parece ter sido um objetivo muito importante, permanente e recorrente em João Penteado. Ilustra esta afirmação outro caso, o do jornal *O Ensaio*, obra de alunos da escola de comércio que seu diretor preservou em seu arquivo pessoal por quase trinta anos.

O Ensaio veio à luz em 1930. Tratava-se de uma publicação de dois alunos do "Saldanha Marinho", Raphael Chaparro e Gabriel Cianflone, respectivamente, diretor da publicação e seu impressor, que foram alunos do curso anexo primário do "Saldanha Marinho" em 1927 e do curso comercial de 1928 a 1930.[51]

O Ensaio trazia colaborações de alunos do "Saldanha Marinho", assinadas com seus nomes ou pseudônimos. Só eram aceitos textos que não ferissem os preceitos morais, fossem originais e estivessem escritos em português. A maioria dos artigos era bastante semelhante ao que se publicava n'*O Início* mas na edição de número 4 havia um editorial sobre o dia 1º de Maio, intitulado "O Massacre de Chicago", que transcrevo na íntegra:

> No dia 1 de Maio, comemora-se o Massacre de Chicago, e não o dia do Operário como muita gente pensa erroneamente.
> Foi nesse dia há 44 anos que os operários de Chicago fizeram um protesto veemente contra o antigo horário.

---

50   *O Início*, setembro/1938.

51   D'*O Ensaio* foram preservadas as edições de número 2, 3 e 4, respectivamente de 1º de março, 1º de abril e 1º de maio de 1930. Não se sabe se houve outras. As edições preservadas eram mimeografadas a partir de laudas datilografadas, em duas folhas sem utilização do verso, no formato 26 por 40 cm. Após o título, lia-se: "É errando que se aprende". *Livro de matrícula*. AJP.

> Esse horário obrigava os operários a trabalharem mais de 8 horas, e todos sabem que isso está em antagonismo com as leis de higiene.
>
> A polícia chicaguense [sic] achando que os proletários não tinham o direito de protestar, começou agir usando toda sorte de violências.
>
> Muitos foram presos, inúmeros feridos.
>
> Mas não foi só. Como se tudo aquilo não bastasse, ainda sete destes heroicos revolucionários foram mortos pela justiça ianque.
>
> Diante dessa monstruosidade o proletário deixou de trabalhar nesse dia como sinal de protesto.[52]

Esta mesma edição trazia uma notícia sobre uma conferência pública promovida por um aluno do "Saldanha Marinho", Reinero Vicentini, no Largo São José do Belém em 21 de abril de 1930, alusiva a Tiradentes. Esta conferência foi precedida pelo canto do Hino Nacional, a cargo de alguns alunos do "Saldanha Marinho".

Estas duas matérias, publicadas em um jornal editado pelos alunos, indiciam que João Penteado continuava a divulgar conteúdos de caráter emancipador na escola que dirigia, através das práticas da imprensa e das conferências públicas.

Além da imprensa escolar, também se processava na escola de comércio a prática "do manejo da pena", isto é, da *produção literária*. Raphael Chaparro, além de editar *O Ensaio*, também fez um poema em doze quadras, intitulado "Nossa Escola", dedicando-o "com ternura" para a Academia de Comércio "Saldanha Marinho".[53] Trata-se, talvez, do único "trabalho de aluno" preservado no arquivo pessoal de João Penteado, indício de que foi bastante apreciado. Transcrevo-o na íntegra:

---

52 *O Ensaio*, 01/05/1930.

53 *Nossa Escola*. AJP.

A nossa escola já é
Antiga e tradicional.
Teve batalhas sangrentas,
Sem ser preciso hospital.

Na batalha escolar
A bomba faz pouco dano.
O que pode acontecer?
Marcar passo mais um ano...

Durante o ano letivo,
Vem a ofensiva de paz.
A mais B é igual a C;
- Presta atenção, ó rapaz!

Olhem que não é brincadeira!
Sem sair da nossa terra,
Ensinar a língua inglesa
A quem nunca viu a Inglaterra.

Na geometria há uma coisa,
Para mim bem complicada:
Meter a teoria do círculo
Numa cabeça quadrada.

Gramática portuguesa
É uma enorme palmatória,
Só para nos castigar
Na prova eliminatória.

A língua francesa é linda!
La langue de la douce France!
Ainda mais quando a fala
A Viviane Romance!

Escrituração mercantil
É fácil de aprender;
Todo que recebe deve
Quem fornece tem haver.

Do tal Direito Civil
(Entre nós, pois acrescento)
O que mais nos interessa,
É a parte do casamento.

É o nosso diretor
O professor Penteado.
Tem o coração tão grande
Que é maior que o Corcovado.

É o sub diretor
Nosso amigo seu Joaquim.
E secretário geral,
Senhor Manoel Amorim.

Para a Saldanha Marinho,
A melhor definição:
Mil alunos endiabrados
Buscando a luz da instrução.

Além dos jornais e da produção literária, outro exemplo de práticas contraditórias com a oficialização do ensino comercial pode ser identificado no *grêmio estudantil*. Neste caso, trata-se de uma inovação sem paralelo em suas práticas escolares anteriores, mas que encontra seus antecedentes nas redes de sociabilidade constituídas até então, com os espíritas, anarquistas, protestantes e ativistas nos meios sindicais.

Retomo aqui o que destaquei anteriormente, sobre João Penteado propondo, nas páginas do órgão dos gráficos, a "organização do proletariado infantil", através de associações dos aprendizes, por ramo profissional e organizadas em cada fábrica ou oficina, que se reuniriam aos domingos para desenvolver um programa educativo baseado no canto de hinos, na recitação de poesias e outros textos literários, nas palestras e nas festividades.

João Penteado organizou o *grêmio estudantil* da Academia de Comércio "Saldanha Marinho" em 1924. O grêmio inicialmente adotou como patrono o escritor Euclides da Cunha, tomando-lhe o nome. Com o fim de "despertar o gosto literário" entre os alunos, pretendeu criar uma biblioteca escolar e um órgão de publicidade, além de promover sessões comemorativas de datas cívicas.[54]

O Grêmio Literário "Euclides da Cunha" promovia diversas atividades dirigidas aos alunos do "Saldanha Marinho": na parte esportiva, realização de jogos de pingue-pongue, futebol e peteca, além da prática de ginástica e passeios a pé; na parte instrutiva destacava-se a biblioteca escolar, a edição do jornal, a realização de torneios literários e de excursões para museus, fábricas, indústrias e estabelecimentos científicos instalados na cidade de São Paulo. A associação estudantil também havia adquirido um aparelho cinematográfico. O Grêmio tinha como membros os alunos e professores, além de convidados especiais, "os amigos de nossa instituição

---

54 *O Início*, 28/12/1924.

de ensino, mediante prévia apresentação, a critério do nosso diretor". Seu objetivo era "(...) atrair a mocidade escolar para divertimentos úteis sob os pontos de vista físico, moral e intelectual (...) desviá-la dos meios viciosos (...) [e propiciar seu] preparo e manejo da pena e da palavra". Para alcançar este objetivo, os seguintes meios eram propostos: a biblioteca escolar, um curso de oratória e declamação e o órgão de imprensa escolar. Por ocasião da posse da nova diretoria eleita, o grêmio afirmava dispor de aparelhos de ginástica e uma mesa de pingue-pongue, de um corpo cênico e da biblioteca, além de realizar comemorações de datas cívicas e passeios instrutivos, como o realizado ao Instituto Butantan.[55]

As atividades do grêmio desenvolveram-se na escola de comércio dirigida por João Penteado durante as décadas de 1920 e 1930; parte delas foi noticiada no jornal escolar. Em setembro de 1928 o Grêmio Literário e Recreativo Euclides da Cunha divulgou nas colunas do jornal *O Início* as atividades realizadas na escola, principalmente nas seções de esporte e ginástica e na biblioteca. Aos domingos e feriados, além dos "recreios", o grêmio pretendia realizar "aulas de explicações históricas e científicas e exercícios literários, orais e escritos, sobre diversos temas fornecidos pelo nosso diretor". Na década de 1930, praticava-se bola ao cesto, futebol, pingue-pongue e pelota.[56]

Em 1939 houve uma alteração na denominação da associação estudantil existente na escola: o Grêmio Literário e Recreativo "Euclides da Cunha" transformou-se no Grêmio Acadêmico "Saldanha Marinho". A assembleia realizada em 13 de maio promoveu a alteração no nome do grêmio, elegeu uma nova diretoria e aprovou os novos estatutos da associação, buscando "(...) desenvolver sua atividade para incrementar melhor a cultura

---

55   *O Início*, 18/06/1926; 21/07/1927.

56   *O Início*, 15/09/1928; julho/1934; agosto/1938.

intelectual, bem como a cultura física entre seus associados". A mudança do nome foi justificada por dois motivos: a existência de vários grêmios escolares na capital cujo patrono era Euclides da Cunha; e "(...) ficar o nosso Grêmio e o nosso educandário com a mesma denominação". A diretoria do grêmio passava então a compor-se de dois secretários, dois tesoureiros, três bibliotecários e três diretores de esportes (futebol, cestobol e pingue-pongue). Os professores Manoel Amorim, Rafael Cuofano e João Penteado compunham o conselho consultivo da associação escolar.[57]

Em 1940 o Grêmio Acadêmico "Saldanha Marinho" - ou GASM, como aparecia vez ou outra nas páginas do jornal *O Início* - ingressou na Federação Estudantina de Esportes e filiou-se à Liga Estudantina de Futebol do Estado de São Paulo. Para a prática de futebol, havia adquirido "indumentária apropriada e respectivo distintivo" e participado, com vinte e três outras associações escolares, de um torneio no Estádio do Pacaembu. Na mesma época, efetuou-se a organização da secção de futebol e do corpo cênico do grêmio, este com vistas a apresentar dramas e comédias, duas vezes por ano, nas "festas anuais de nosso educandário". Sessões periódicas para discussão de temas fornecidos pela direção, assim como a biblioteca - que apresentava "funcionamento regular" - eram as ações mais importantes da associação quanto aos seus objetivos de cunho cultural e literário.[58]

Em 1942 o grêmio estudantino, na parte esportiva, instalou uma nova sala de pingue-pongue e deu continuidade às atividades das equipes de bola ao cesto e de futebol (este já contando com dois times, um de veteranos e outro de novatos). Uma quadra feminina de voleibol foi instalada no pátio de recreio da escola em 1943. Na parte literária, a biblioteca apresentava um ótimo movimento,

---

57 *O Início*, novembro/1939.

58 *O Início*, março/1940; julho/1940.

com cerca de 60 retiradas de livros. Além disso, o grêmio recebeu dezenas de livros em doação de João Penteado, na condição de diretor do "Saldanha Marinho".[59]

Outras atividades educativas realizadas na escola de comércio eram de natureza intrinsecamente escolar, mas permitiam a extrapolação para o ambiente não escolar.

Cumpre lembrar que, como a edição dos jornais, a realização de *festividades* escolares era uma prática bastante difundida no cotidiano das Escolas Modernas de São Paulo. Tanto na escola do Belenzinho quanto na do Brás, estes festivais cumpriam dois objetivos básicos: "realizar a propaganda das iniciativas escolares e do ensino racionalista e angariar recursos financeiros", como demonstrei em estudo anterior (Peres, 2004, p. 129), que garantiam a sobrevivência das iniciativas. Assim, as festividades promovidas pelos anarquistas apresentavam, em regra, três partes: a propaganda em si, através dos hinos, das poesias, das conferências, das aulas práticas e da exposição de trabalhos, marcada sempre por uma orientação emancipadora; as atividades com vistas a arrecadar recursos, como a quermesse; e o baile familiar, momento de diversão e lazer.

Já na Academia de Comércio "Saldanha Marinho" as festas ou festivais eram realizadas para festejar o encerramento das aulas e realizar a cerimônia de entrega dos diplomas, com ampla divulgação nas páginas do jornal escolar. A festa ocorrida em dezembro de 1925 realizou-se no Salão Londres, situado na Avenida Celso Garcia, 377. Contou com duas partes: a primeira, com a fala de abertura de João Penteado, o discurso do paraninfo e do orador das turmas de formandos e a entrega dos diplomas; e a segunda, com a apresentação de hinos, cançonetas e "recitação de poesias escolares pelos alunos". O festival de 21 de junho de 1926 também ocorreu no Salão Londres, com a presença dos redatores do "São

---

59   *O Início*, ed. reduzida, setembro/1942; março/1943; ed. reduzida, setembro/1942.

Paulo Jornal" e de um representante da Casa Assumpção & Cia., que fez ao público presente uma demonstração do funcionamento da máquina de escrever elétrica vendida por aquele estabelecimento comercial. O programa do festival apresentou "recitações de poesias, canto de hinos escolares, cançonetas, coros, bailados, e representação de comédia", no caso, a peça teatral "Borboleta Negra", de Olavo Bilac. Convém mencionar que a mesma peça era apresentada pelo Grupo Dramático do Asilo e Creche da Associação Feminina e Beneficente, dirigida por Anália Franco, na década de 1910 (Monteiro, 2004).

Este formato de realização dos festivais de encerramento das aulas tornou-se modelar no "Saldanha Marinho", repetindo-se durante décadas, pelo menos no período em que João Penteado dirigiu a escola de comércio.[60] As festividades na escola centravam-se em atividades de cunho literário e musical, com uma grande ênfase nas apresentações teatrais. Vale lembrar que o grêmio estudantil também promovia apresentações teatrais; sabe-se que no primeiro semestre de 1927 havia um corpo cênico em atividade na entidade dos alunos da escola de comércio.

Além do teatro, também o *cine-educativo* foi implantado na escola de comércio, em 1933. As sessões ocorriam aos sábados, a partir das 19 horas, precedidas de contos e histórias educativas a cargo de professores do "Saldanha Marinho". Tal iniciativa foi apresentada como vantajosa aos alunos, mas com a ressalva de que não tinha como objetivo fazer concorrência aos cinemas comerciais da região – o "São José" e o "Íris". Desde então o cine-educativo fez parte, recorrentemente, da programação da Academia de Comércio "Saldanha Marinho" nas décadas de 1930 e 1940.[61]

---

60   *O Início*, 15/12/1925; 31/07/1926.

61   *O Início*, janeiro/1933; agosto/1933.

O cine-educativo do "Saldanha Marinho" utilizava-se de equipamentos da empresa "Pathé Baby" e tinha por fim "recrear e instruir a infância, atraindo-a para o ambiente escolar". Foi inaugurado solenemente em 1935; na ocasião João Penteado afirmou aos presentes que "a mocidade e a infância precisam de entusiasmo e de estímulo para poderem triunfar e vencer na vida, tornando-se a esperança da família, da nação e da humanidade", citando Thomas Edison e Luiz Gama como exemplos a serem seguidos, empregando o léxico utilizado desde o início da década de 1920. Nesta época o cinema escolar estava aberto aos alunos e aos "meninos amigos da Academia de Comércio Saldanha Marinho", mediante a posse de um cartão de ingresso permanente, a ser retirado com antecedência na secretaria da escola[62] [**Figura 11**].

Além de apresentar filmes de caráter recreativo e instrutivo, o cine-educativo também fazia o registro do cotidiano da escola. Em 1938, "diversos aspectos de nossa vida escolar, apanhados (...) no pátio de recreio de nossa instituição, nas vésperas de 13 de maio, em comemoração do 26° aniversário da Academia de Comércio 'Saldanha Marinho'" foram exibidos em suas sessões. O cine-educativo era definido como um "espetáculo bom, instrutivo e... de graça" – que via sua assistência crescer a ponto de se prever a ampliação do local em que se exibiam os filmes.[63]

Estas atividades complementares desenvolvidas na escola de comércio foram favorecidas com a ampliação de suas instalações, em 1935:

> Nesse prédio suplementar (...) ao fundo, existe um teatro-educativo (...) onde nos dias festivos e feriados se promovem espetáculos educativos e familiares com a

---

62   *O Início*, maio/1935; agosto/1935; agosto/1936.

63   *O Início*, agosto/1938.

> representação de pequenas comédias, recitativos, cânticos acompanhados de piano e conferências apropriadas ao ambiente escolar e educativo e referências às datas comemoradas. Também aí se dão aos sábados sessões cinematográficas ao ar livre, quando o tempo o permite, francas a toda a meninada que a elas queira acorrer. Quando a intempérie a isso obriga, o cinema funciona numa das salas, exclusivamente para os seus alunos.[64]

Na mesma linha de promover atividades emancipadoras, João Penteado, enquanto diretor da escola de comércio, também procurou criar e fortalecer os vínculos com outras *instituições educacionais* (não escolares), principalmente as localizadas no Belenzinho; por exemplo, a APIT para Cegos.

A Associação Promotora de Instrução e Trabalho para Cegos – *APIT para Cegos* foi fundada em 20 de maio de 1927. Sua sede situava-se bem próxima ao "Saldanha Marinho", na Rua Cajuru, 722 e 730, no Belenzinho. A entidade também possuía núcleos em Santos, Sorocaba, Piracicaba e Bauru. João Penteado foi, provavelmente, um de seus fundadores e exerceu a presidência da entidade por várias décadas, assim como teria dirigido uma escola instalada na mesma.[65] Para Ênio Rosa e Martinha Dutra (2006), que investigam a história dos deficientes visuais, a fundação desta instituição ocorreu com a participação dos maçons:

> Em 1922, um grupo de cegos educados no Instituto Benjamim Constant, residentes na cidade de São Paulo, integrado por Amadeu Moretti, Paulo Salvagnini e João

---

64   *Relatório da Academia de Comércio "Saldanha Marinho" de acordo com o Artigo 18 das Instruções.* AJP.

65   *Relato como observador da APIT no Congresso Pan-Americano de Assistência aos Cegos e Prevenção da Cegueira.* Datilografado e sem data. *Ofício do Departamento de Ensino Profissional Nº 4397.* Datado de 27/08/1951. AJP.

Salvagnini, procurou o auxílio de um líder da Loja Maçônica para a criação de um Instituto de amparo e proteção aos cegos.

Mais tarde, com o apoio da sociedade filantrópica e da imprensa paulistana, no dia 30 de maio de 1927, foi fundada a Associação Promotora de Instrução e Trabalho para os Cegos (p. 9).[66]

Mamede Freire, além de diretor técnico da APIT para Cegos e professor daquela entidade, realizou uma conferência para operários na sede do Centro de Cultura Social,[67] em 1933, sobre o tema "Por que não avançamos para a paz", indício de que havia outros anarquistas, além de João Penteado, nesta entidade de benemerência.[68]

Segundo *O Início*, jornal da escola de João Penteado, a APIT para Cegos era uma associação dirigida por professores cegos que oferecia aulas de alfabetização e oficinas de vassouras e escovas aos portadores de deficiência visual. O 15º aniversário da APIT para Cegos marcou a inauguração de suas novas instalações, na já citada Rua Cajuru, no Belenzinho. A cerimônia ocorreu à tarde, na sede da associação. Contou com a visita de alunos e professores do "Saldanha Marinho" e com a 1ª Divisão da Banda de Música da Força Policial de São Paulo. João Penteado,

---

66 Estes autores citam o livro de J. Gavronski, intitulado *Homenagem ao I Centenário do Movimento em Favor do Cego no Brasil. Associação Promotora de Instrução e Trabalho para Cegos* (São Paulo: Gráfica Editora Prelúdio, 1954), como principal fonte das informações apresentadas neste parágrafo. Esta obra não foi localizada nos arquivos e bibliotecas consultados.

67 O Centro de Cultura Social foi criado por militantes anarquistas em 1933, tendo desenvolvido diversas práticas culturais e educativas, principalmente nas décadas de 1930 e 1950, tais como conferências, palestras, festividades, sessões de leituras comentadas, teatro social, dentre outras. Também promoveu atividades de resistência e enfrentamento ao fascismo e ao integralismo, antes de ser fechado pela ditadura de Vargas (Nascimento, 2007).

68 *A Plebe*, 25/03/1933. Prontuário DEOPS nº 2.303 (A Plebe) – AESP.

apresentado então como presidente da APIT para Cegos, destacou em sua preleção a "abnegação [da associação] pela causa dos deserdados da visão". Também fizeram uso da palavra Izabel Cerruti e Mamede Freire, além do professor cego, José de Jesus Ferreira. À noite, no salão Celso Garcia, houve um festival comemorativo, composto de músicas, declamação de poesia e representação de uma comédia.[69]

A Academia de Comércio realizou em 1937 a "Semana pró--Casa dos Cegos", uma campanha para arrecadação de donativos, em resposta ao apelo da APIT para Cegos. A escola promoveu uma lista de subscrições, entre docentes e alunos de todas as classes, arrecadando 403$000 réis, prontamente encaminhados àquela entidade beneficente. João Penteado, através da escola de comércio, divulgava então qual era a sua proposta para aquela associação:

> APIT para Cegos é uma modelar instituição no gênero, cujo progresso se manifesta no desdobramento de suas atividades, mantendo pelo interior diversos núcleos de trabalho, onde, além da alfabetização em escolas pelo método Braile, os cegos aprendem igualmente um ofício, adaptando-se ao trabalho e habilitando-se para a vida independente, livres do opróbrio da esmola que os deprime e avilta.[70]

Desta forma, trinta anos após o episódio com as professoras protestantes em Bica de Pedra, João Penteado conservava seus princípios de "homem de ideias grandiosas e generosas".

---

69   *O Início*, janeiro/1935; setembro/1942.

70   *O Início*, janeiro/1938.

ANTIGAS E NOVAS REDES DE SOCIABILIDADE

As influências anarquistas e espíritas estiveram presentes – sempre de uma forma bastante *discreta* – ao longo da trajetória de João Penteado, enquanto diretor do "Saldanha Marinho". Mas a gradual institucionalização da escola, promovida em atendimento às exigências da legislação do ensino comercial no Brasil, acabaria por diluir estas influências na instituição, principalmente a partir da década de 1940.

Antes disso, até a década de 1930, a trajetória da escola criada por João Penteado sustentou-se entre dois polos: um em que se manifestava a *força aglutinadora* das influências da doutrina anarquista e da espírita, através das redes de sociabilidade criadas na perspectiva das sociedades de ideias; e o outro, dominado pela *força cristalizadora* do movimento crescente de institucionalização da experiência escolar. Neste jogo de forças, o movimento do Estado para ampliar e consolidar seu controle sobre as instituições escolares foi reforçado pela existência, no "Saldanha Marinho", de um corpo de professores recrutados dentre pessoas com formação escolar, fora das redes de sociabilidade existentes nas duas primeiras décadas do século, em função do crescimento da escola e das exigências legais.

Quem foram estes professores nas décadas de 1920 a 1940?

No círculo familiar, João Penteado valeu-se dos irmãos Sebastiana e Joaquim, que se responsabilizaram pelas aulas de datilografia. A participação de Sebastiana nas atividades educacionais de Anália Franco pode ser um indício de que ela talvez fosse espírita. Mas as fontes consultadas não trazem nenhuma outra informação sobre ideários adotados pelo irmão Joaquim.

Aliás, a identificação dos ideários adotados pelos professores do "Saldanha Marinho" torna-se uma tarefa complexa, em função da natureza das fontes consultadas. Os documentos administrativos não oferecem este tipo de informação. Portanto, busquei na literatura (sobre anarquistas, espíritas, educadores) e nas demais fontes disponíveis (jornais escolares, correspondência de João Penteado) os indícios que pudessem apontar algumas considerações sobre os professores do "Saldanha Marinho" e seus pertencimentos sociais e culturais.

Do círculo dos anarquistas, João Penteado valeu-se da colaboração de Adelino de Pinho, conforme já comentado. Dentre os espíritas, Saturnino Barbosa e Romeu de Campos Vergal trabalharam na escola. Roberto Feijó, que aparece nas fontes atuando ao lado de Saturnino em diversas atividades, também trabalhou no "Saldanha Marinho", sem que se possa afirmar se ele era anarquista, espírita ou havia aderido aos dois ideários.

Saturnino Barbosa escreveu livros de conteúdo espírita; um deles, o único a que tive acesso, intitula-se "Filosofia da morte: como se vive nos planetas, nos mundos e no céu" e traz uma descrição pormenorizada de como seria a vida em outros planetas, em conformidade com o princípio espírita da "pluralidade dos mundos habitados". Saturnino trabalhou no "Saldanha Marinho" em 1924, como lente de geografia. Neste mesmo ano, teve um artigo publicado no jornal escolar *O Início*, intitulado "Ensino de Geografia",[71] indício de sua proximidade com João Penteado, editor do periódico.

Roberto Feijó era diplomado pela Faculdade de Direito de São Paulo. Havia dirigido a Escola de Comércio Velox e lecionado, como catedrático, no Ginásio Macedo Soares, no Rio de Janeiro. Lecionou português no "Saldanha Marinho" na década de 1920.[72]

---

71   *O Início*, 28/12/1924. Não sabemos até quando Saturnino lecionou no Saldanha Marinho, mas em 1927, o professor de geografia era Sílvio de Barros (*Boletim da Academia de Comércio Saldanha Marinho*, 01/10/1927).

72   *Boletim da Academia de Comércio Saldanha Marinho*, 01/10/1927. Em 1929, o

João Penteado: o discreto transgressor de limites

Saturnino Barbosa e Roberto Feijó possuíam vínculos estreitos entre si e com a escola de comércio dirigida por João Penteado. Além disso, em 1915, eles efetuaram conferências na "Escola Nova" ou Escola Moderna da Rua da Mooca, dirigida por Florentino, conforme visto anteriormente.[73]

Zeferino Oliva – que segundo Felici (1994) foi diretor do jornal *Il Ribelle* e colaborador do jornal *La Barricata*, ambos anarquistas e editados na capital paulista na primeira década do século XX – ao comentar a morte de Roberto Feijó, traçou seu perfil: "Ele, naqueles tempos saudosos e longínquos de nossa juventude foi nosso companheiro em ideias na luta pela emancipação humana. Mas, há muitos anos já que não compartilhava mais das nossas ideias e se achava em campo ideológico diametralmente oposto".[74] O autor desta carta também lamentou a morte de Saturnino Barbosa, professor e literato, que conheceu em Santos em 1912, cuja notícia lera nos jornais, O que significa a expressão "companheiro em ideias na luta pela emancipação humana", que Oliva atribui ao passado de Roberto Feijó? E o que significaria estar no "campo diametralmente oposto" em 1950? A qual campo se referia: o liberal, o católico, o comunista ou o fascista?

De qualquer forma, principalmente por causa da legislação, que exigia (desde 1926) 28 cadeiras para o curso geral de comércio (além das aulas práticas), João Penteado teve que ampliar seus círculos de convivialidade, recrutando seus docentes dentre outros grupos, além dos anarquistas e espíritas. Aliás, desde o princípio da década de 1920, quando a escola de comércio foi implantada como um estabelecimento de ensino livre, o ex-diretor da Escola

---

professor de português na escola de João Penteado era Sebastião Aparecido (*O Início*, 18/06/1929).

73   *A Lanterna*, 13/02/1912.

74   *Carta de Zeferino Oliva para João Penteado*. Datada de 20/02/1950. AJP.

Moderna N. 1 precisou de professores na área comercial, já que seus (eventuais) conhecimentos práticos sobre contabilidade – e não há como afirmar se os possuía – seriam de toda sorte insuficientes para a tarefa.

Desta forma, João Penteado valeu-se de um contador diplomado pela conceituada Escola de Comércio Álvares Penteado.[75] René Hugeneyer foi apresentado, em 1922, como professor de escrituração mercantil da escola de comércio, quando esta ainda se chamava "Escola Nova". Não se sabe quando foi contratado, mas dois anos depois, em 1924, o professor de contabilidade e escrituração mercantil era Paulo Barbosa de Campos. Anos depois, em 1943, Hugeneyer receberia homenagens porque foi o primeiro professor de contabilidade e matemática da escola de comércio dirigida por João Penteado.[76]

Hugeneyer, portanto, era um contador formado há pouco mais de cinco anos quando trabalhou na escola de João Penteado, presumindo-se que tenha ingressado no curso geral da Álvares Penteado com a idade mínima exigida (15 anos), formando-se em

---

75 A Escola de Comércio Álvares Penteado foi fundada em 1902, como iniciativa de um grupo constituído de membros da elite comercial, financeira e industrial de São Paulo na época. Seu corpo docente foi formado com professores da Faculdade de Direito e da Escola Politécnica e com profissionais da área de comércio. Em 1910, possuía três cursos noturnos, para rapazes maiores de 15 anos: o preliminar (de um ano), preparatório para o curso geral; o geral (de três anos), que formava contadores; e o superior (de dois anos), para formação de agentes consulares, atuários na área de seguros e chefes contadores. No ano anterior, foi criado um curso especial feminino, no turno da tarde, para formação de guarda-livros e auxiliares de comércio. Até 1907, era chamada de Escola Prática de Comércio; mudou de nome em homenagem a Antônio de Álvares Leite Penteado, que doou um terreno no Largo de São Francisco e nele construiu o prédio da instituição (FECAP, 2002; Polato, 2008).

76 *O Início*, 12/10/1922; 28/12/1924; junho/1943. A homenagem foi póstuma, pois Hugeneyer morreu no mês anterior, aos 44 anos de idade. Em 1943, ele lecionava no Liceu Coração de Jesus e no Instituto 15 de Novembro.

1916 ou 1917. Não encontrei indícios, no entanto, de que ele fizesse parte do círculo de espíritas ou anarquistas, o que confirma a hipótese acima, de que João Penteado precisou lançar mão de outros círculos para compor o corpo docente de sua escola a partir de 1920.

Paulo Barbosa de Campos assumiu as aulas de contabilidade e escrituração mercantil em 1924, em substituição a Hugeneyer. Nascido em 1874, na cidade paulista de Pirassununga, era professor e contador e foi apresentado à comunidade escolar do "Saldanha Marinho" como ex-secretário e lente da Escola de Agricultura Luiz de Queiroz,[77] ex-lente da Escola de Comércio José Bonifácio, ex-administrador da Associação Beneficente da Companhia Docas de Santos, e alto funcionário do Banco Comercial do Estado de São Paulo. Em 1929, assumiu também as aulas de educação moral e cívica.[78]

Paulo Barbosa de Campos lecionou na escola de comércio dirigida por João Penteado por duas décadas. Em março de 1943, com 69 anos, ele solicitou demissão por razões de saúde. Recebeu homenagens do jornal escolar *O Início*, que o apresentou como "veterano de nosso educandário", e o título de "professor honorário" das cadeiras de contabilidade da escola. Segundo o jornal escolar, Paulo foi

> (...) o segundo e o mais *eficiente* e *devotado* professor de contabilidade de nosso educandário até o findar do ano de 1942 e, também, porque não dizê-lo, um dos seus mais dedicados *amigos*, tendo, junto de nosso diretor, assistido às diversas fases de seu desenvolvimento

---

77 Segundo Marly Perecin (2004), Paulo de Campos assumiu em 1910 as aulas de contabilidade agrícola, estabelecidas pelo Regimento de 1908.

78 *O Início*, 28/12/1924; 18/06/1929. *Boletim da Academia de Comércio Saldanha Marinho*, 01/10/1927. *Relatório da Academia de Comércio "Saldanha Marinho" de acordo com o Artigo 18 das Instruções*. Referente a 1936. AJP.

> crescente através das *lutas* e das *vitórias* alcançadas durante os anos de sua já longa existência (grifos meus).[79]

Para qualquer escola de comércio, a cadeira de contabilidade era de fundamental importância, tanto que João Penteado chamara um contador formado pela Escola de Comércio Álvares Penteado, a principal de São Paulo. E, para substituí-lo, um professor e contador, que permaneceu por vinte anos na escola. Paulo era um professor experiente com passagens pela Escola de Agricultura Luiz de Queiroz e estabelecimentos de ensino comercial; trabalhou também em uma associação beneficente empresarial e foi ainda funcionário graduado de um banco. Ele e João Penteado tinham em comum a idade e a cidade de Pirassununga, onde um nasceu e o outro havia aprendido a arte da tipografia. Conheceram-se naquela localidade, quando ainda jovens? Ou a aproximação ocorreu em outros círculos, pela via das escolas em que trabalhou ou da associação beneficente em que atuou? João Penteado, pelas colunas do jornal escolar, atribuiu-lhe eficiência e devoção (na condução das aulas de contabilidade) e, principalmente, amizade, sugerindo que ambos haviam participado de "lutas", das quais se saíram "vitoriosos". Referia-se a lutas pela consolidação da escola de comércio no Belenzinho, no sentido da oficialização do ensino comercial? Ou foram lutas de outro tipo?

O banco comercial em que Paulo Barbosa de Campos trabalhou também pode ser um indício da constituição de outras redes de sociabilidade. Afinal, também em 1927, José de Oliveira, outro funcionário graduado daquela casa bancária lecionou línguas estrangeiras (francês e inglês) no "Saldanha Marinho". José de Oliveira era diplomado pela Escola Normal da Capital. Em 1937, ainda lecionando na escola de comércio, José de Oliveira publicou

---

79 *O Início*, março/1943.

no jornal *O Início* um artigo intitulado "O método direto do ensino da língua inglesa".[80]

Em fins da década de 1920, vários docentes do "Saldanha Marinho" eram formados pela Escola Normal da Capital: Sílvio de Barros, professor de geografia e história; Norberto Araujo e Antônio José Bonifácio de Moraes, professores das aulas de preparatórios. Alguns deles também lecionavam em outras escolas: Sílvio de Barros era também diretor do Grupo Escolar de Perdizes e Norberto Araujo, adjunto do Grupo Escolar do Cambuci. Bonifácio Martins, que substituiu Sílvio de Barros nas aulas de geografia e história, também era diplomado pela Escola Normal de São Paulo e professor do Grupo Escolar do Cambuci. Já Sebastião de Oliveira Aparecido, lente de aritmética e álgebra, nascido em 1893, era diplomado pela Escola Normal de Campinas e havia dirigido o Instituto Oswaldo Cruz, de Taquaritinga.[81] Em meados da década de 1930, ainda havia normalistas na regência das aulas da escola de comércio: José Manoel Dias de Oliveira (nascido em 1894 na capital) e José Bonifácio Ramos Pinto (nascido em 1888 em Jacareí).[82]

João Ortali, farmacêutico formado pela Escola de Farmácia e Odontologia de São Paulo lecionava física e química no "Saldanha Marinho". Também era professor do Liceu Sagrado Coração de Jesus.[83] Havia também os bacharéis em direito: José Nelo Lorenzon (nascido em 1909, na cidade paulista de Ribeirão Preto) e Francisco Wodzik (nascido em 1905, na capital gaúcha). Luiz Contier (nascido em 1915, na então cidade paulista de Santo Amaro) e Renato Stempniewski

---

80 *Boletim da Academia de Comércio Saldanha Marinho*, 01/10/1927. *O Início*, maio/1937.

81 *Boletim da Academia de Comércio Saldanha Marinho*, 01/10/1927. *O Início*, 18/12/1927.

82 *Relatório da Academia de Comércio "Saldanha Marinho" de acordo com o Artigo 18 das Instruções*. Referente a 1936. AJP.

83 *Boletim da Academia de Comércio Saldanha Marinho*, 01/10/1927.

(nascido em 1915, na cidade paulista de Cravinhos) tinham formação ginasial. Por fim, os paulistanos Manoel Augusto Amorim (nascido em 1914), Rafael Cuofano (nascido em 1910) e Carmo Rampazzo (nascido em 1914) tinham formação de guarda-livros ou de contador.[84] Aliás, os jovens professores Amorim e Rampazzo formaram-se em cursos de comércio no "Saldanha Marinho".

Parte do corpo docente apresentado acima apareceu na fotografia publicada na primeira página do jornal escolar por ocasião das comemorações pelo 25º aniversário de fundação da escola[85] [**Figura 12**].

Ou seja, desde fins da década de 1920, momento em que João Penteado solicitava ao governo federal o reconhecimento da escola de comércio, os professores apareciam nas páginas dos jornais tendo formação escolar, a exceção do irmão Joaquim, que exercia uma função administrativa e lecionava caligrafia, uma matéria prática.[86] Muitos de seus professores eram normalistas. Entre todos, no curso comercial, João Penteado era o único *autodidata*.

O círculo de sociabilidade que se formava pode ser considerado como um círculo masculino? Afinal, dos docentes que lecionavam no "Saldanha Marinho" em 1930, havia treze professores para

---

84   *Relatório da Academia de Comércio "Saldanha Marinho" de acordo com o Artigo 18 das Instruções*. Referente a 1936. AJP.

85   *O Início*, maio/1937.

86   Dados de 1956 indicam a intensificação deste processo. A formação do corpo docente dos cursos técnicos da escola de comércio naquele ano era bastante diversificada e muitos possuíam diplomas de mais de um curso, fosse de grau médio ou superior. A maioria tinha formação na área contábil: dez eram contadores; oito, técnicos em contabilidade e havia um economista. Quatro dos professores eram normalistas, quatro fizeram o curso científico e quatro apresentavam formação em filosofia. Três haviam passado pelo "seminário" e dois eram formados em Direito. Havia também professores com a formação nos seguintes cursos: propedêutico; ginasial; industrial; clássico; de maestria; de parteira e enfermeira; de odontologia e de engenharia agronômica. Nenhum era apresentado como autodidata. (*Relatório de 1956*. AJP).

apenas três professoras, sendo duas no curso primário e uma nas aulas de datilografia. Dos professores, três lecionavam no curso primário, dois no curso de preparatórios, sete no curso comercial e um nas aulas de datilografia.[87] Ou seja, como afirmado anteriormente em relação ao alunado, também em relação ao corpo docente havia uma prevalência do "naipe masculino".

Os professores do "Saldanha Marinho" formaram círculos de sociabilidade estáveis? Certamente não, pois a maioria dos docentes permanecia por curto espaço de tempo na instituição; geralmente, apenas um ano, conforme sugerido pela leitura dos jornais. Entre 1937 e 1943, período em que há documentação institucional disponível, confirma-se grande movimentação de professores na escola de comércio.[88]

Mas a escola efetuava uma avaliação positiva do trabalho realizado por estes docentes que permaneciam pouco tempo em suas cadeiras; para o ano de 1936, os professores "(...) demonstraram merecer louvores pela aplicação aos trabalhos escolares e pelo interesse no aproveitamento dos seus alunos, além de terem comprovado seus amplos conhecimentos das disciplinas que lecionam e verdadeiro espírito pedagógico".[89]

Quando alguns deles saíam da escola, eram publicamente homenageados. Foi o caso de Adelino Tavares de Pinho, que se afastou do corpo docente da Academia de Comércio em 1938, depois

---

87   *Dados estatísticos referentes ao ano letivo de 1930.* AJP.

88   *Estatística do ensino secundário, profissional e superior no Estado de São Paulo referente ao ano de 1937.* AJP. *O Início*, novembro/1939; março/1941; julho/1942; março/1943; setembro/1943. A documentação administrativa sobre os docentes neste período é bastante lacunar. Mesmo para as décadas seguintes, o livro de registro dos professores traz informações sumárias sobre os mesmos: nome, filiação, data e local de nascimento, formação e as matérias que lecionavam.

89   *Relatório da Academia de Comércio "Saldanha Marinho" de acordo com o Artigo 18 das Instruções.* AJP.

de "valiosa cooperação prestada a esta casa de ensino". Em meados da década de 1950, escrevendo de Poços de Caldas, Adelino agradeceria pelos livros recebidos e faria elogios a dois companheiros (cujos nomes não são citados) que

> (...) sempre nos acompanharam no *combate aos exploradores do povo* e nos auxiliaram com o seu apoio moral e econômico na divulgação de *nossos caros ideais* (...). Gente que mal sabe ler ou analfabeta de todo, mas que é capaz de dar [ilegível] nos *doutores* e melhor que tudo, gente que não se deixa embrulhar pelos *padres*, nem enganar pelos *políticos* nem engodar pelos *patrões* (grifos meus).[90]

Anos depois, Adelino de Pinho escreveria para João Penteado, de Portugal. Estava com problemas de saúde e fez um melancólico desabafo para o amigo brasileiro, sem entretanto abdicar dos valores que os unia desde o início do século:

> A escola agora não é risonha e franca como me aparecia quando eu era menino e desejava transpor todos os cumes, galgar todas as serranias, palmilhar todas as estradas, subir a todas as árvores, comer de todos os frutos, viajar por todos os países, à procura de *panoramas*, de *lições*, de *experiências* que me ajudassem a *compreender o mundo e a vida*, para poder desempenhar *o meu papel na existência em meio à humanidade*. Mas as lições que colhi e que me esforço até ao esgotamento por *espalhar, propagar e difundir*, ninguém as quis ouvir, raça de ouvidos moucos, – surdos de nascença a todos os *chamamentos de libertação e de combate* – só

---

90 *O Início*, janeiro/1938. *Carta de Adelino de Pinho para João Penteado*. Datada de 30/10/54. AJP.

vive em função de três necessidades orgânicas: comer, digerir e sexo. O resto não lhe interessa. Pois que seja: sua alma sua palma (grifos meus).[91]

Da mesma forma, Renato Stempniewski foi homenageado após cinco anos de trabalho, ao se transferir para a Escola Normal (estadual) da cidade de Santa Cruz do Rio Pardo. Ele se despediu da escola de comércio em 1940, através de uma carta endereçada a João Penteado: "Com princípios pedagógicos e administrativos, orientados em grandioso ponto de vista social, V.S. sempre conseguiu a admiração dos professores e tem mesmo em cada colaborador um amigo que jamais o esquecerá". Três anos depois, Renato foi recontratado. Similarmente, Manoel Augusto Amorim, ex-aluno dos cursos primário e técnico da Academia de Comércio "Saldanha Marinho", onde se formou contador em 1928, nele exercendo depois os cargos de secretário e de professor de inglês, ao mudar-se para a cidade catarinense de Joinville, recebeu homenagens.[92]

João Penteado detinha o controle da composição destes círculos, pois a substituição dos professores era feita a seu juízo.

Carmo Rampazzo, que havia estudado na escola de comércio (formou-se em 1931) e nela lecionado nas décadas de 1930 e 1940, escreveria a João Penteado, em 1958, da cidade paulista de Americana (onde então residia) a fim de indicar-lhe o professor Walter José Faé, para ocupar a cadeira vaga de português. A carta foi motivada por um anúncio publicado num jornal, cujo nome não é citado. Rampazzo afirmava que o professor Faé era um

---

91   *Carta de Adelino de Pinho para João Penteado*. Datada de 10/10/1957. AJP.

92   *O Início*, março/1940; março/1943; junho/1943.

"jornalista experimentado" e autor de dois livros de poesia.[93] Faé foi contratado por João Penteado.

Este episódio, apesar de ocorrido em 1958, pode indicar que a escola de comércio dirigida por João Penteado publicava anúncios, provavelmente na grande imprensa, divulgando a existência de cadeiras vagas. Além disso, alguns critérios de contratação aparecem naquela ocasião; Rampazzo, que foi aluno e professor na Academia de Comércio "Saldanha Marinho" (portanto, conhecia os métodos de João Penteado), destaca em Faé a condição de "jornalista experimentado" e de escritor. Além de descrever de forma bastante plausível o mecanismo de contratação de novos docentes, este episódio evidencia a manutenção de círculos de convivialidade, entre João Penteado e os ex-alunos e ex-professores da escola que dirigia.

Em suma, a instituição escolar conformou-se aos princípios de fiscalização e regulamentação do ensino comercial, nos moldes preconizados pelo Estado. Neste contexto, João Penteado, a partir das redes de sociabilidade das quais participava desde a juventude, procurou estimular a produção de textos entre os alunos, difundir ideias e ideais avançados e promover a comemoração de datas cívicas. Empregou mecanismos dotados de relativa originalidade: o grêmio estudantil, o teatro, o cinema educativo e a aproximação com outras instituições educacionais do Belenzinho. Para tanto, criou e sustentou outros círculos de convivialidade, buscando professores nas escolas normais e secundárias e nas faculdades, de Direito e de Farmácia.

João Penteado conservou algumas das práticas anarquistas emancipatórias, na escola de comércio que criou no Belenzinho, após o fechamento das Escolas Modernas. Podemos encontrá-las: na edição dos jornais escolares – sobretudo n'*O Início* – e nos

---

93   *Carta de José Rampazzo para João Penteado.* Datada de 05/03/1958. AJP.

João Penteado: o discreto transgressor de limites

exercícios de descrição, neles publicados; no método de ensino direto, moderno, "rápido, intuitivo e racional"; na supressão dos castigos físicos como regime disciplinar; nos passeios campestres e nas excursões; nas sessões cívicas; no cinema e no teatro educativo; na organização das bibliotecas escolares, tanto a da escola propriamente dita quanto a do grêmio estudantil; e na posição central exercida pelo conhecimento científico como elemento norteador da escola. Estas práticas constituem a manifestação da face anarquista de João Penteado e demonstram uma linha de continuidade entre a Escola Moderna N. 1 e a Academia de Comércio "Saldanha Marinho".

Outros elementos da escola de comércio dirigida por João Penteado aproximavam-se das práticas educacionais anarquistas pelo seu *caráter moderno*, como foi o caso da presença dos esportes no cotidiano escolar. Os anarquistas defendiam a educação integral, nela contemplada a formação física dos seres humanos, mas rejeitavam as práticas competitivas. Na escola dirigida por João Penteado, os passeios campestres, as corridas pedestres e o contato com a natureza mesclaram-se com a prática de *esportes* coletivos, tais como o futebol, o basquetebol, o voleibol, que estavam assumindo gradualmente um lugar de destaque nas práticas escolares e nos quais, por se situarem no campo esportivo, seu caráter competitivo acabava por prevalecer.

Estas considerações apontam para a permanência das práticas educacionais anarquistas na escola de comércio, confirmando as conclusões de Calsavara e de Fregoni. Mas João Penteado se propôs a ir além das influências pedagógicas libertárias, a elas acrescentando elementos da doutrina espírita. Suas práticas educacionais escolares e não escolares traziam as marcas dos fios entrelaçados destas duas doutrinas. João Penteado era, simultaneamente, anarquista e espírita; pode, portanto, ser enxergado sob estas duas perspectivas, sem que haja contradição entre ambas.

De modo muito visível, a doutrina espírita manifestou-se na "Escola Nova" e na Academia de Comércio "Saldanha Marinho" pela tradicional prática da benemerência, promovida na APIT para Cegos. Além disso, João Penteado participou de grupos e de atividades espíritas durante toda a sua vida. No Belenzinho, há evidências de sua participação em dois centros: o "Paz, Amor e Caridade" e o "Nova Era", ambos situados na Rua Martim Afonso, nas vizinhanças do "Saldanha Marinho".[94] Além disso, no arquivo pessoal de João Penteado e mesmo no arquivo das correspondências recebidas pela escola que dirigiu, há prospectos da Livraria Allan Kardec, importante casa editora de obras espíritas em São Paulo.

João Penteado, que se conservou anarquista e espírita, optou por evitar a vinculação da escola que dirigia com quaisquer rótulos ao qualificá-la sempre como um estabelecimento dedicado "ao ensino comercial". Desta forma, amparado nas leis federais, garantia sua conservação e expansão e poupava-se de assistir à repetição do trauma de ter a escola fechada pelas autoridades governamentais, como ocorreu em 1919. Aliás, a aproximação pela via das sociedades de ideias explica parte do comportamento de João Penteado, pois anarquistas e espíritas não precisavam necessariamente concordar em todos os pontos da tábua de valores que adotavam para nortear suas práticas.

Desta forma, ainda que com pouco espaço de manobra, a escola de comércio não cerceou João Penteado e deve ser percebida

---

94 O primeiro centro foi fundado em 1910, localizava-se no número 204 da citada rua e tinha Romualdo Antonio de Seixas como patrono. *Carta*. AJP. Esta carta, assinada por João Augusto Ferreira, era destinada ao "consócio" João Penteado. O outro centro situa-se no número 78 da mesma rua (casa 6) e foi fundado em 1947. Segundo informação prestada por Marly Aurora Penteado Arruda em 05/04/2008, João Penteado havia participado do Centro Espírita Nova Era.

também como um campo de possibilidades, de natureza cognitiva e social, que resultou das redes criadas desde o princípio do século e permitiu a criação de outras, organizadas em novas bases.

As redes de convivialidade criadas por João Penteado preservaram-se durante toda a sua vida. Tal pode ser percebido no círculo de anarquistas em São Paulo, cujos membros estavam atados pelos vínculos afetivos, propiciando-lhes sustentar uma ambiência libertária na capital paulista.

A pequena parcela da correspondência particular de João Penteado, preservada em seu arquivo pessoal, evidencia que ele permaneceu anarquista até o final da vida e que conservou as redes de convivialidade firmadas desde a virada do século, formando um círculo libertário composto, além dele, por Rodolfo Felipe, Adelino Tavares de Pinho, Edgar Leuenroth, Pedro Catalo, João Valente, Gumercindo Fernandes, José Oiticica, Pedrinho Galo, Nicola Albense, dentre outros, referidos nas cartas muitas vezes apenas pelo primeiro nome.

Das cartas trocadas com seus companheiros de ideal, foram preservadas, principalmente, as da década de 1950, o que pode significar que as produzidas nas décadas anteriores foram descartadas no interior do próprio círculo, por motivo de segurança, pois a repressão governamental poderia utilizá-las como prova da participação em atividades consideradas (pelo governo) como ilegais e criminosas ou mapear a rede de militantes. Lucia Silva Parra (2003), que estudou o movimento anarquista a partir da documentação produzida pelo DEOPS/SP e preservada no Arquivo do Estado, faz um levantamento das medidas repressivas adotadas contra os anarquistas, desde os primeiros anos do século XX: leis para expulsar qualquer estrangeiro considerado "indesejável" ou "perturbador da ordem social"; repressão policial contra trabalhadores em greve; prisão dos trabalhadores e dos líderes operários;

dissolução de sindicatos e de associações de trabalhadores (como a UGT em 1918); proibição das reuniões de classe; confisco e fechamento de jornais e criminalização das manifestações que incentivassem "a população a subverter a ordem da sociedade" (p. 19). Para esta autora, neste processo repressivo, principalmente após o estabelecimento da polícia política em 1924, "cidadãos eram presos e condenados, simplesmente por possuírem jornais libertários em sua residência, mesmo não ficando provado qualquer outro envolvimento com grupos anarquistas" (p. 21). Desta forma, justifica-se a prudência dos anarquistas na conservação de suas correspondências particulares, principalmente nos momentos de maior perseguição, como nas décadas de 1930 e 1940.

Mesmo diante deste quadro repressivo, pelas cartas preservadas, o círculo anarquista permaneceu ativo em São Paulo. Através delas, percebe-se que os membros deste círculo, na década de 1950, efetuavam análises da realidade, liam e criticavam obras literárias, externavam reflexões sobre a trajetória pessoal de antigos militantes das causas libertárias, promoviam o combate aos exploradores do povo e divulgavam os ideais anarquistas. Este círculo também colaborou e participou ativamente de diversos jornais publicados em São Paulo – principalmente *A Plebe* e *A Lanterna*, nas condições já referidas acima – e também do jornal *Ação Direta*, publicado no Rio de Janeiro por José Oiticica. Com a morte deste em 1957, o jornal passou a ser editado por Edgar Leuenroth, a partir de São Paulo.

Além de publicar diversos artigos sobre educação na perspectiva anarquista,[95] o jornal *Ação Direta* iniciou um debate

---

95   Por exemplo, "O racionalismo que preconizamos" (extraído do livro *Educação e ensino*, do educador português Adolfo Lima); "Sobre a educação social dos jovens"; "À memória de Ferrer"; "A juventude universitária e o problema social"; "Crianças sem escolas"; "A condenação de Ferrer"; "Francisco Ferrer".

João Penteado: o discreto transgressor de limites

público, no final da década de 1950, que interessa a este estudo, ao questionar se uma pessoa podia ser anarquista *e* maçom. Ao longo de um ano, o jornal publicou artigos a favor e contrários à aproximação entre anarquistas e maçons, alguns admitindo e outros negando a possibilidade de se atuar, simultaneamente, nos dois movimentos.[96]

Como visto, João Penteado também permaneceu espírita até sua morte, ao participar de centros localizados no Belenzinho e atuar na direção de uma associação benemerente para cegos. Mas isto não constituiu um limite para ele.

Há indícios de que ele também se aproximou do *espiritualismo* através da teosofia. David Antunes, em 1955, recomendou a João Penteado a leitura da última obra literária de Krishnamurti, "Da insatisfação à felicidade", com o seguinte reparo:

> Krishna é, quanto a mim, um autêntico revolucionário, libertário, anarquista – o nome não importa. Mas um libertário que realizou todas as experiências imagináveis. Sabe e sente o que diz, sabe e sente o que quer. Muito diferente de nós, de você e de mim, que somos apenas... teóricos.[97]

Anos antes, *A Plebe* havia noticiado como positiva a visita de Krishnamurti a São Paulo, afirmando que sua filosofia estava baseada no não-conformismo, na fraternidade universal e na supressão dos privilégios de classe e de castas, dos preconceitos religiosos e patrióticos e, principalmente, dos "sentimentos de domínio do homem sobre o homem". Também aproveitara para

---

96   *Ação Direta*: 15/10/1947; nov./1955; mar., mai., jul., ago., set., nov. e dez./1956; mai. e nov./1957; nov./1958.

97   *Carta*, datada de 13/04/1956. AJP.

fazer uma crítica aos teósofos, que julgavam, como Annie Besant, que Krishnamurti era um "novo messias".[98] Portanto, o jornal valorizou as ideias de Krishnamurti mas rejeitou sua transformação em um líder religioso. Aqueles pontos comuns entre o espiritualismo de Krishnamurti, o espiritismo e o anarquismo, podem ter justificado a aproximação em meados da década de 1930 tanto quanto permitido que João Penteado, quase octogenário, ainda transpusesse limites em busca de novos campos de possibilidades.

---

98 *A Plebe*, 17/04/1935. No arquivo de correspondências recebidas pela escola de comércio dirigida por João Penteado, há uma carta da Instituição Cultural Krishnamurti, do Rio de Janeiro. Jiddu Krishnamurti (1895-1986), pensador nascido na Índia em uma família brâmane, foi apresentado por Annie Besant, presidente da Sociedade Teosófica Mundial, como um grande líder espiritual. Krishnamurti percorreu o mundo, tentando libertar os homens do medo e das limitações, das religiões e das doutrinas. Publicou, dentre outras, as seguintes obras: *A primeira e a última liberdade* (1954) e *O nascimento da inteligência* (1973). Annie Wood Besant (1847-1933), militante socialista britânica, havia participado da Sociedade Fabiana. Em 1889 conheceu H. P. Blavatsky e aderiu à teosofia. Besant presidiu a Sociedade Teosófica de 1907 a 1933, sendo autora de diversas obras sobre teosofia (*Enciclopédia Larousse*).

CONSIDERAÇÕES FINAIS

Entre os papéis conservados no arquivo pessoal de João Penteado, encontra-se um texto surpreendente. Ao mesmo tempo em que ele parece destoar de outros escritos de sua autoria, também dá algumas pistas sobre questões por ele trabalhadas ao longo de sua trajetória. Neste sentido, podemos considerar suas afirmações de que a *instrução* era um poderoso fator de progresso e instrumento para dotar as pessoas de capacidade para compreender tanto a liberdade quanto a vida e, simultaneamente, garantir o sustento do indivíduo e das nações:

> Não há, por certo, o que de modo melhor e mais eficaz que a instrução possa servir para o alevantamento moral e intelectual de um povo. Ela nos descortina amplos horizontes à inteligência e prepara os corações para a luta civilizada e nobilitante do homem moderno, cuja principal ambição consiste em disputar com a natureza [e] com os elementos dos quais procura subtrair recurso[s] abundantes de vida para si e para a humanidade.

> O analfabetismo, pelo contrário, é a mais flagrante negação da verdade e do progresso, bem como da civilização e da liberdade/que aspiramos/.
>
> É a treva com seu cortejo de desolação e de misérias! É a escravidão com as cenas de revoltante iniquidade! É a morte da consciência e da razão!
>
> A solidariedade humana e a paz internacional, que constituem a suprema aspiração moderna/do nosso povo/, dependem apenas de uma/só/ coisa,/que é a/ instrução, não porém dessa instrução que se destina somente aos privilegiados, mas sim da que traz consigo o grande objetivo de iluminar as consciências das classes menos favorecidas da fortuna.[1]

Ao comentar a instrução pública paulista como a melhor do Brasil (em comparação com a dos outros estados), o texto traz uma argumentação inédita, pois prossegue apontando dois problemas: o número insuficiente de escolas e grupos escolares para atender a todas as crianças e o fato de que, quando existiam as escolas, estas eram quase sempre "mal dirigidas e não suficientemente fiscalizadas", apesar da existência de inspetores escolares estaduais. Por causa disto, o Estado despendia muitos recursos, mas não alcançava o objetivo devido a "improfícua administração". Ou seja, são problemas circunscritos à ordem da administração do Estado.

Ao mesmo tempo, a argumentação de João Penteado defende que a *instrução pública*, "bem organizada e inteligente", a "instrução do povo", constitui tarefa dos poderes públicos (principalmente dos estaduais e municipais). Assim, o analfabetismo é apontado como o maior entrave ao progresso; e descuidar dele

---

1   *A instrução pública.* Texto datilografado de João Penteado, sem data. AJP. Santos (2009, p. 239-40). Poderia ser um artigo ou mesmo o texto de um discurso. Os trechos entre barras constam em suas entrelinhas.

era "falta muito grave", "delito de lesa-patriotismo" e "ofensa à civilização". Já a instrução era "fonte perene de luz".

Neste ponto, para confirmar sua análise, ele invoca o nome de Cesário Mota,

> (...) esperando que nessa contingência se levante algum espírito inspirado pelo patriotismo daquele benemérito propulsor do ensino e continue a sua grande obra de iluminação e de progresso. Assim, só assim é que poderemos ufanar da civilização desse glorioso Estado, que será justamente engrandecido e admirado pelo mundo.
>
> (...) A demora só depende do modo como procedem ao trabalho de melhorar a instrução popular. Se o fizerem com verdadeiro devotamento e amor; se empregarem toda a abnegação e patriotismo nessa ingente tarefa; se para isso, afinal, não pouparem esforços nem sacrifícios, então, cremos sinceramente, tudo contribuirá para abreviar o dia em que poderemos gozar os salutares frutos de uma civilização admiravelmente consolidada pela ciência e pela razão.

A visão que o texto traz é intrigante, afinal, João Penteado atuava em iniciativas particulares, à margem do Estado. Por que, então, esse empenho em apontar um projeto de erradicação do analfabetismo que passava pela instrução pública? Será que João Penteado, diante do problema do analfabetismo, pôs de lado suas concepções anarquistas e vislumbrou a solução do problema apenas pela via proposta pelos republicanos históricos, nos tempos áureos de Caetano de Campos e Cesário Mota (Carvalho, 1989)?

Enfim, como devemos compreender este texto: manifestação de passadismo ou resgate da proposição compreendida como a mais adequada diante do gravíssimo problema do analfabetismo?

João Penteado parece considerar a existência de escolas como um fator de progresso para a humanidade, mesmo que fossem escolas nos moldes da que frequentara na infância, regida por Caetano Lourenço de Camargo e caracterizada pela já comentada precariedade e "férrea disciplina". Se a escola existente estivesse a salvo dos preconceitos religiosos ou patrióticos, tanto melhor, pois permitiria que o professor colocasse em prática a educação moral, racional e emancipadora, cumprindo seu dever.

Como vimos nos capítulos, João Penteado trabalhou para que esse ideal fosse atingido tanto nas Escolas Modernas de São Paulo quanto na escola de comércio que ele havia criado e dirigido, de 1920 a 1958.

Para fazê-lo, João Penteado valeu-se de doutrinas extraídas dos livros que leu e apropriadas dos mentores que adotou ao longo da vida, que constituíam uma ambiência, permitindo-lhe práticas coerentes com esses ideários. Círculos de convivialidade foram postos a funcionar, alimentados pelas sociedades de ideias das quais ele participou. Mas sua trajetória não previa a concretização destes ideários pela via da escola pública estatal; ao contrário, em muitos momentos esta escola foi considerada como um quartel, portanto, rejeitada. O que havia mudado?

O texto sugere a ocorrência de três mudanças na posição de João Penteado: o analfabetismo aparecia como o maior problema; a instrução pública como sua solução; e o Estado como o provedor deste.

Esta posição pode ser vista como inédita no quadro da história da educação, como era para sua trajetória pessoal?

Na verdade, João Penteado estava assumindo uma posição que foi predominante no passado: o entusiasmo pela educação.

Este *entusiasmo* constitui marca da modernidade e, no caso da história da educação brasileira, refere-se a um período específico, a Primeira República.

No primeiro ponto, é possível fazer uma aproximação pela via conceitual.

Entusiasmo, segundo o *Dicionário Houaiss de Língua Portuguesa*, é o "ato ou efeito de entusiasmar(-se)". Nas religiões não cristãs da Antiguidade, a palavra era definida como o "estado de exaltação do espírito, de comoção profunda da sensibilidade de quem recebe, por inspiração divina, o dom da profecia ou da adivinhação". Por extensão de sentido, segundo o mesmo dicionário, pode ser: 1) estado de fervor, de emoção religiosa intensa, que leva à intuição das verdades religiosas ou sobrenaturais (por oposição à *razão* e à *inteligência*); 2) estado de exaltação da alma que vivencia o poeta ou o artista, arrebatado pela inspiração (por oposição à *arte*, *habilidade* e *técnica artística*); 3) excitação, exaltação criadora, inspiração, estro; 4) força natural ou mística que impele a criar ou a agir com ardor e satisfação; 5) movimento violento e profundo da sensibilidade que leva ao amor ou à admiração apaixonada, às vezes excessiva ou paroxística, por alguém ou algo; 6) caráter apaixonado de um fenômeno afetivo; 7) ardor, veemência manifestada na realização de algo; 8) dedicação fervorosa, ardor, paixão; 9) vigor, ímpeto, veemência, especialmente no falar e no escrever; flama; 10) sentimento de prazer, de enlevação diante de (alguém ou algo) considerado extraordinário, incomum, e que tende a exteriorizar-se, manifestando uma completa aprovação; admiração, arrebatamento; 11) alegria intensa, viva; júbilo. Tem relação com a sinonímia de *exultação*, *impulso* e *inspiração* e com a antonímia de *desleixo* e *indiferença*. Etimologicamente, deriva do grego *enthousiasmós*, ou, com o significado de "transporte divino".

Nicola Abbagnano (1963), no campo da filosofia, aponta o conceito de entusiasmo pelo seu sentido estrito, "a inspiração divina, portanto, o estado de exaltação que produz e a certeza de possuir a verdade e o bem". Criticado por Platão, para quem "toda (...) atividade que depende exclusivamente da inspiração divina não é uma arte porque, em efeito, não faz conhecer nada", o entusiasmo foi resgatado pelos neoplatônicos (para Plotino, era "o caminho para alcançar o estado final de visão perfeita, ou seja, o êxtase"), inclusive os do Renascimento, como Ficino e Pico della Mirandola. Giordano Bruno "fez dele um dos principais conceitos de sua filosofia". Para Bruno, o entusiasmo "dá aos sentidos e ao pensamento uma potência sobre-humana, chega a abolir os limites nos quais o homem se vê 'ordinariamente' recluso e é tomado como justificação da infalibilidade e da impecabilidade do homem mesmo". Portanto, afirma Abbagnano, a doutrina do entusiasmo é incompatível com "o reconhecimento dos limites próprios do homem" (p. 414-5).

A partir da segunda metade do século XVII, ainda segundo Abbagnano, com o empirismo e a Ilustração, o entusiasmo é reconhecido como a justificação do dogmatismo e da intolerância. Tal é a posição de Locke, para quem "o entusiasmo, que não se funda nem na razão nem na revelação divina, não passa de uma presunção de infalibilidade". Em concordância com Locke encontram-se Leibniz, Shaftesbury, Voltaire (o entusiasmo é "a herança da devoção mal entendida"), Montesquieu e Kant. Para Abbagnano, o conceito foi resgatado pelo romantismo, constituindo-se este numa das "maiores explosões de entusiasmo fanático da história da filosofia" (p. 415).

Para mim, o mais importante é situar o *homem entusiasmado* como um homem sem limites, portanto, aberto aos campos de possibilidades.

Na sociedade brasileira, em termos historiográficos, o conceito de entusiasmo, referido à educação, foi posto em circulação por Jorge Nagle em seu clássico livro do início dos anos setenta e reeditado recentemente.

Nagle (2001) aponta o *entusiasmo pela educação* como uma característica da Primeira República como um todo, culminando na década de 1920, a partir da "inclusão sistemática dos assuntos educacionais nos programas de diferentes organizações" (p. 135), não só dos anarquistas, como também dos socialistas, dos maximalistas, dos nacionalistas e mesmo de parcela dos católicos. Muitos passaram a ultrapassar os limites e animaram-se a formular propostas para o campo educacional.

O entusiasmo pela educação foi definido por Nagle, portanto, como "a crença de que, pela multiplicação das instituições escolares, da disseminação da educação escolar, será possível incorporar grandes camadas da população na senda do progresso nacional, e colocar o Brasil no caminho das grandes nações do mundo" (p. 134). Ao lado do entusiasmo pela educação, este autor introduz outra característica marcante da década de 1920, o otimismo pedagógico, apresentando-o como "a crença de que determinadas formulações doutrinárias sobre a escolarização indicam o caminho para a verdadeira formação do novo homem brasileiro (escolanovismo)". Neste sentido, entusiasmo pela educação e otimismo pedagógico foram fatos característicos da década de 1920, resultantes das transformações sociais ocorridas no período (constituição do sistema urbano-industrial e da sociedade de classes) e originários, no decênio anterior, de uma "atitude que se desenvolveu nas correntes de ideias e movimentos político-sociais e que consistia em atribuir importância cada vez maior ao tema da instrução, em seus diversos níveis e tipos" (p. 135). De um mesmo contexto social, econômico e cultural emergiu um "par de

Fernando Antonio Peres

fenômenos": a difusão do modelo predominante de escolarização – a escola republicana – ao lado da opção pelo modelo pedagógico do escolanovismo.

Vanilda Paiva, em sua obra clássica intitulada "Educação popular e educação de adultos" (1973), estabelece um diálogo com Nagle, ao resgatar seus conceitos[2] e tentar compreendê-los numa outra perspectiva, acompanhando a "estreita vinculação do movimento educativo com a sociedade como um todo" e colocando, como problema crucial, "[os] limites e [as] possibilidades da educação como instrumento de conservação e de mudança social". Neste sentido, buscando superar uma interpretação unilateral dos problemas educacionais, esta autora aponta duas perspectivas de análise então existentes no campo dos estudos em educação: a interna, que analisa os sistemas e os movimentos educativos privilegiando seus aspectos metodológicos, administrativos e técnicos, com ênfase no processo de aprendizagem, de transmissão de conteúdos; e a externa, que privilegia a função dos sistemas e dos movimentos educativos dentro da sociedade, suas consequências em termos de vida política, social e econômica. Para ela, o conceito de "entusiasmo pela educação" é apresentado como uma perspectiva externa, localizada cronologicamente na segunda década do século XX, no contexto da Primeira Guerra Mundial e da onda de nacionalismo que a acompanha, preocupada principalmente com as escolas germânicas no sul do país.[3] O foco das preocupações era quantitativa,

---

2   Paiva afirma que Nagle criou o conceito de "entusiasmo pela educação", tomando de empréstimo a Karl Mannheim a expressão "otimismo pedagógico".

3   Vanilda Paiva situa historicamente o "entusiasmo pela educação" no momento em que as contradições entre o grupo agrário-exportador e o industrial-urbano "pareciam ter se acirrado, em virtude do fortalecimento da indústria na década de 10, sem o correspondente crescimento da influência do grupo industrial--urbano nos centros mais importantes de decisão política" (p. 37). A partir daí, explica-se sua difusão como um mecanismo de conquista do poder político num contexto de recomposição dentro do sistema. Oabandono desta posição

com a expansão dos sistemas educacionais existentes ou com programas paralelos, públicos ou privados, "abstraindo os problemas relativos à qualidade do ensino ministrado" (p. 21 e 27).

Com o aparecimento dos profissionais da educação, prossegue a autora, "preocupados com a qualidade do ensino e opondo-se à difusão quantitativa imediata de instrução de baixa qualidade", inicia-se o fenômeno denominado "otimismo pedagógico", através da ação de reforma dos sistemas de ensino existentes. O "otimismo pedagógico" preocupou-se fundamentalmente com o "funcionamento eficiente" e com a "qualidade dos sistemas de ensino ou dos movimentos educativos", enfatizando os problemas de administração do ensino, preparação de professores, reformulação e aprimoramento de currículos e métodos. Trata-se da ação de técnicos que passaram a defender seu campo de trabalho da intervenção de políticos e diletantes, "isolando-se no tratamento de problemas concernentes ao aspecto pedagógico do ensino" (p. 29 e 30).

Marta Maria Chagas de Carvalho (1989) percebe que Nagle, mesmo afirmando a anterioridade temporal do entusiasmo pela educação em relação ao otimismo pedagógico, não considera relevante o critério cronológico na distinção entre os dois movimentos, enquanto Vanilda Paiva estabelece um limite temporal rígido entre eles: até 1925, entusiasmo pela educação; depois desta data, otimismo pedagógico. Marta de Carvalho, atenta à leitura que se faz de Nagle, afirma que "o abandono da ênfase na difusão

---

resultou, para esta autora, da percepção do tempo a ser despendido para sua concretização, através do aumento da massa de eleitores em quantidade necessária para derrotar, eleitoralmente, as oligarquias tradicionais. No momento histórico seguinte, apesar de muitos ainda continuarem como entusiastas pela educação, os que estavam mais preocupados com a tomada do poder político voltaram-se para o caminho das armas, originando as revoltas que marcaram a década de 1920. "Aos entusiastas ingênuos sucederam os otimistas, detentores das técnicas pedagógicas" (p. 107).

do ensino, registrado por Vanilda Paiva, não significou uma despolitização do campo educacional mas, ao contrário, sua politização em novos termos" (p. 52).

Portanto, a meu ver, enquanto Vanilda Paiva toma os conceitos de entusiasmo pela educação e otimismo pedagógico como categorias explicativas e, simultaneamente, como movimentos históricos que se sucedem no tempo, Nagle parece preocupar-se em descrever os fenômenos para apreendê-los em sua historicidade. E também Marta de Carvalho aponta para uma perspectiva ampliada, ao perceber as mudanças que se processavam na passagem do entusiasmo para o otimismo, enquanto uma politização do campo educacional em outros termos, com a educação de qualidade aparecendo como instrumento político de controle social.

Qual foi então, a posição de João Penteado diante deste contexto analisado pelos autores?

Seu entusiasmo pela educação não se processou pela via dos "velhos sonhos do republicanismo histórico (...) a perturbar a mente dos republicanos quase desiludidos" (Nagle, 2001, p. 134). Também não o foi segundo a perspectiva assumida por Heitor Lyra da Silva, da Escola Regional de Meriti, que em 1925 alertou para os perigos da "instrução pura e simples", com a educação servindo como fermento da "anarquia" e do "caos social", num quadro geral que compreendia a escola como instância de homogeneização cultural da sociedade urbana (Carvalho, 1998, p. 150).

Em João Penteado não havia lugar para "desilusões"; através de suas ações parece concretizar-se o "sonho da República espargindo as luzes da instrução para todo o povo brasileiro e democratizando a sociedade", empregando-se a instrução para "formar o cidadão cívica e moralmente, de maneira a colaborar para que o Brasil se transforme numa nação à altura das mais progressivas civilizações do século" (Nagle, 2001, p. 134-5). Neste sentido, ele também não via "perigos" na instrução, muito pelo contrário. Além disso, sem aderir ao que viria a se tornar um verdadeiro paradigma escolar no Brasil a partir da década de 1920 – o escolanovismo –, João Penteado parece muito mais um entusiasta da educação que reatou, em sua prática, os fios do republicanismo histórico (que não se concretizou) com a realidade de seu tempo. Mas o fez de uma forma totalmente inusitada, *atualizando* a "promessa republicana" através de ideias originárias de outras matrizes, para muito além do liberalismo. Utilizou-se, para tanto, dos ideais de doutrinas difundidas no cenário brasileiro na segunda metade do século XIX, as ideias de *Kardec* e dos *anarquistas*, obtidas através dos *livros* que leu e colecionou durante sua longa vida, através das *redes de sociabilidade* e das *sociedades de ideias*, valendo-se da *ambiência propícia* que encontrou, usufruiu e alimentou, nos lugares em que viveu, reforçando sua prática *autodidata*.

Em suma, a investigação da trajetória de João Penteado contribui para iluminar o período, ao destacar os movimentos que se processaram na Primeira República e nos primeiros anos da Era Vargas, resgatando a efervescência da época. Longe de ser um "platô de estabilidade e rotina", o período considerado, que abarca cerca de cinquenta anos, de 1890 a 1940, revela-se como um campo de múltiplas possibilidades, que foram cerceadas pelo triunfo de um dos projetos que se colocavam naquele momento: a proposta de Vargas.

João Penteado, assim como outros que viveram na mesma época, cada vez mais limitado em sua ação pública, entre o caminho escolhido pelos espíritas, da legitimação social pela caridade, e o caminho ao qual foram empurrados os anarquistas, isolados, combatidos, reprimidos e esquecidos, conservou em seu íntimo os ideários que adotara na juventude, as redes de sociabilidade das quais participara e, sempre que pôde, manifestou-os em práticas emancipatórias. Diante deste quadro, João Penteado permaneceu, nas décadas de 1930 e 40, como um entusiasta pela educação, preservando a mentalidade forjada nas décadas iniciais do século.

Em síntese, João Penteado foi um entusiasta da instrução, da educação e da ciência, que não aceitou o repto dos limites. Mesmo quando os rastros de sua atuação nos meios libertários pareciam ter se apagado – pois o círculo mais íntimo do qual participava, de seus familiares e sucessores, afirmava desconhecer sua face anarquista[4] – este entusiasmo pela educação continuava se manifestando. Afinal ele, já octogenário e conforme relato de seus familiares,[5] ainda encontrava forças para superar a enfermidade incapacitante e lançar-se pelos corredores da escola que fundou e que dirigiu por cinco décadas, para fazer preleções aos "mil alunos endiabrados", que ele ainda acreditava que estavam "buscando a luz da instrução".

---

4   Entrevista de Marly Aurora Penteado Arruda e Álvaro Alfarano ao CME/FEUSP. 19/05/2005. A militância anarquista de Penteado foi "descoberta" pelos seus familiares na década de 1980 a partir das pesquisas de Flávio Luizetto. Seus herdeiros desconheciam (ou haviam esquecido...) uma das facetas mais marcantes da atuação de João Penteado, o que nos leva a pensar sobre as conflitantes relações entre memória e história.

5   No final da vida, "ninguém o segurava na cama, ele saía e ia para a sala de aula" (Entrevista de Marly Aurora Penteado Arruda e Álvaro Alfaramo ao CME – FEUSP. 19/05/2005).

CADERNO DE IMAGENS

[Figura 1]: João de Camargo Penteado (1877–1965). Sem data.
Fonte: Centro de Memória da Educação – FEUSP.

[Figura 2]: Planta Geral da Cidade de São Paulo – 1905.
Adotada pela Prefeitura Municipal para uso de suas repartições (parte).
Fonte: Passos e ,, 2009, p. 51.

[Figura 3]: Escola Moderna do Brás – 1918.
Fonte: Hilsdorf, 2003, p. 69

Caderno de Imagens

[Figura 4]: Irmãos Penteado. Sem data.
A partir da esquerda: João, Sebastiana, Jônatas e Joaquim.
Fonte: Acervo João Penteado – CME – FEUSP.

[Figura 5]: Grupo de alunos da "Escola Nova" – Curso Comercial – 1922.
João Penteado está na primeira fila, sentado, à direita.
Fonte: Acervo João Penteado – CME – FEUSP.

[Figura 6]: Academia de Comércio de Juiz de Fora. Início do século XX. Fonte: Domínio Público.

[Figura 7]: Instituto Granbery (Juiz de Fora). Princípios do século XX. Fonte: Domínio público.

Caderno de Imagens

[Figura 8]: Prédio da Academia de Comércio "Saldanha Marinho" em 1928. Avenida Celso Garcia, 368 (numeração antiga).
Fonte: Acervo João Penteado – CME – FEUSP.

[Figura 9]: Segundo edifício da Academia de Comércio "Saldanha Marinho", em 1935. Avenida Celso Garcia, 372 (numeração antiga).
Fonte: Acervo João Penteado – CME – FEUSP.

[Figura 10]: Prédio do Ginásio e Escola Técnica de Comércio "Saldanha Marinho" após reforma arquitetônica na década de 1950. Sem data.
Fonte: Acervo João Penteado – CME – FEUSP.

Caderno de Imagens

[Figura 11]: Cine-teatro Educativo da Academia de Comércio "Saldanha Marinho". Sem data.
Fonte: Acervo João Penteado – CME – FEUSP.

[Figura 12]: Professores da Academia de Comércio "Saldanha Marinho" em 1937.
Fonte: O Início, maio/1937.

REFERÊNCIAS BIBLIOGRÁFICAS E FONTES

FONTES

1. Jornais e outros periódicos

A Lanterna, 1909-1916

A Terra Livre, 1910

A Voz do Trabalhador, 1909-1915

Ação Direta, 1946-1958

Almanach de Pirassununga para o ano de 1884

Almanach Litterário de São Paulo, 1876

Almanak da Província de São Paulo para 1873

Boletim da Academia de Comércio Saldanha Marinho, 1927

Boletim da Escola Moderna, 1918

Comércio do Jahu, 1953; 2006

Commercio do Jahu, 1909-1910

Jahu Moderno, 1913-1915

Natalício de Jesus, 1910-1911

Nova Revelação, 1911

O Ensaio, 1930

O Início, 1922-1958

O Íris, 1931

O Trabalhador Gráphico, 1920

2. Acervo João Penteado (AJP)

Arquivo Institucional

Arquivo Pessoal

Inventário de fontes (CD-ROM)

3. Entrevista de Marly Aurora Penteado Arruda e Álvaro Alfarano ao CME/FEUSP. 19/05/2005

4. Relatórios e outras fontes impressas

Autobiografia de Luiz Gama.

Relatório do Ministro da Agricultura, Indústria e Comércio, 1926, 1927, 1928 e 1929

Relatório do Ministro da Educação e Saúde Pública, 1932

BIBLIOGRAFIA

ABBAGNANO, Nicola. *Diccionario de filosofia*. México/Buenos Aires: Fondo de Cultura Económica, 1963.

ABREU, Jayme e CUNHA, Nádia. "Alguns aspectos na expansão do ensino médio brasileiro". *Revista Brasileira de Estudos Pedagógicos*. Rio de Janeiro, 44(99): 133-140, jul.-set., 1965.

AGULHON, Maurice. "As sociedades de pensamento". In: VOVELLE, Michel (org.). *França revolucionária (1789-1799)*. São Paulo: Brasiliense, 1989.

ALEXANDRE, Fernando Luiz. *Literatura e educação na memória de uma cidade: um olhar sobre Thales Castanho de Andrade*. São Paulo: [s.n.], 2007.

ANTUNES, David. No primeiro centenário do Jahu (achegas para uma futura monografia histórica). [S.l.] *Jornal de Piracicaba*, 1953.

AUBRÉE, Marion e LAPLANTINE, François. *La table, le livre et les sprites*. [s.l.]: Jean Claude Lattès, 1990. Trad. port. *A mesa, o livro e os espíritos*. Maceió: UFAL, 2009.

AYMARD, Maurice. "Amizade e convivialidade". In: CHARTIER, Roger (org.). *História da vida privada, 3: da Renascença ao Século das Luzes*. São Paulo: Companhia das Letras, 1991.

BARATA, Alexandre Mansur. *Luzes e sombras: a ação da maçonaria brasileira (1870-1910)*. Campinas: Editora da Unicamp/Centro de Memória - Unicamp, 1999.

BARBOSA, Daniel da Silva. *João Penteado entre o movimento libertário paulista e o tradicionalismo jauense - polo Jaú*. Jaú: [s.n.], 2008. Trabalho de conclusão de curso - Faculdades Integradas de Jaú.

BASTIAN, Jean-Pierre (org.). *Protestantes, liberales y francmasones - Sociedades de ideas y modernidad en América Latina*. México: Fondo de Cultura Económica/CEHILA, 1990.

BASTIAN, Jean-Pierre. *Los disidentes: sociedades protestantes y revolución en México, 1872-1911*. México: Fondo de Cultura Económica/El Colegio de México, 1989.

_____. *Protestantismos y modernidad latinoamaericana - Historia de unas minorías religiosas activas en América Latina*. México: Fondo de Cultura Económica, 1994.

BASTOS, Wilson de Lima. *Academia de Comércio de Juiz de Fora: o primeiro instituto superior de comércio no Brasil. Subsídios para a história e a* historiografia. Juiz de Fora: Edições Paraibuna, 1982.

BELINTANE, Claudemir. "Por uma ambiência de formação contínua de professores". *Cadernos de Pesquisa*. São Paulo, nº 117: 177-193, novembro/ 2002, p. 185.

BIGHETO, Alessandro Cesar. *Eurípedes Barsanulfo: um educado de vanguarda na Primeira* República. Bragança Paulista: Comenius, 2006.

CALSAVARA, Tatiana da Silva. *Práticas de educação libertária no Brasil: a experiência da Escola Moderna em São Paulo*. São Paulo: [s.n.], 2004. Dissertação de mestrado – FEUSP.

CAMARGO, Marilena Aparecida Jorge Guedes de. *"Coisas velhas": um percurso de investigação sobre cultura escolar no Instituto de Educação "Joaquim Ribeiro" de Rio Claro (1928-1958)*. São Paulo: Unesp, 2000.

CAMURÇA, Marcelo Ayres. "Fora da caridade não há religião! Breve história da competição religiosa entre catolicismo e espiritismo kardecista e de suas obras sociais na cidade de Juiz de Fora: 1900-1960". *LOCUS: Revista de História*. Juiz de Fora, vol. 7, nº 1, 2001, p. 131-154.

CANDIDO, Antonio. *Teresina e seus amigos*. 2ª ed. Rio de Janeiro: Paz e Terra, 1996.

CARVALHO, Marta Maria Chagas de. *A escola e a república*. São Paulo: Brasiliense, 1989.

_____. *Molde nacional e fôrma cívica: higiene, moral e trabalho no projeto da Associação Brasileira de Educação (1924-1931)*. Bragança Paulista: EDUSF, 1998.

CARVALHO, Manuel Marques de. "Situação atual e tendências do ensino técnico comercial no Brasil". *Revista Brasileira de Estudos Pedagógicos*, Brasília: vol. 44, nº 99, p. 72-98, jul./set. 1965.

CATANI, Denice Barbara. *Educadores à meia-luz (um estudo sobre a "Revista de Ensino" da Associação Beneficente do Professorado Público de São Paulo: 1902-1918)*. São Paulo; [s.n], 1989. Tese de doutorado – FEUSP.

CHAVES, Hamilton. *Dos farrapos à urna eletrônica: tramas e alianças na política jauense*. Jaú: VHK Editora, 2006.

COLOMBO, Cleusa Beraldi. *Ideias sociais espíritas*. São Paulo, Salvador: Comenius/Ideba, 1998.

COSTA, Ana Maria Catelli Infantosi da. *A escola na República Velha: expansão do ensino primário em São Paulo*. São Paulo: EDEC, 1983.

COSTA, Emília Viotti da. *Da senzala à colônia*. São Paulo: Brasiliense, 1966.

CUEVAS NOA, Francisco José. *Anarquismo y educación: La propuesta sociopolítica de La pedagogía libertária*. Madrid: Fundación de Estudios Libertarios Anselmo Lorenzo, 2003.

DEAECTO, Marisa Midori. *Comércio e vida urbana na cidade de São Paulo (1889-1930)*. São Paulo: SENAC, 2002.

DIAS, Everardo. *História das lutas sociais no Brasil*. 2ª ed. São Paulo: Alfa-Ômega, 1977.

DIAS, Marcia Hilsdorf. *Professores da Escola Normal de São Paulo (1846-1890): a história não-escrita*. São Paulo: [s.n.], 2002. Dissertação de mestrado – FEUSP.

Dicionário Houaiss da Língua Portuguesa.

Enciclopédia Larousse.

FECAP (Fundação Escola de Comércio Álvares Penteado). *FECAP : 100 anos*. São Paulo : Marca D'Água, 2002.

FELICI, Isabelle. *Les italiens dans le mouvement anarchiste au Brésil : 1890-1920*. Paris: [s.n.], 1994. Tese de doutorado, Université de La Sorbonne Nouvelle.

FERNANDES, José. *Vultos e fatos da história de Jaú: capital da terra roxa.* [s.l.]: [s.n.], 1955. Ed. conjunta do *Correio do Noroeste*, *Correio da Capital* e *Correio de Garça.*

FERREIRA, Maria Nazareth. *A imprensa operária no Brasil. 1880-1920.* Petrópolis: Vozes, 1978.

FERREIRA, Solange Carneiro Molinaro. *Texto e contexto das leis orgânicas dos ensinos industrial, comercial e agrícola, 1942-1946.* Rio de Janeiro: [s.n.], 1980. Dissertação de mestrado, FGV/RJ.

FORTUNATO, Marinice da Silva. *Uma experiência educacional de autogestão: a Escola Moderna Nº 1 na sua gênese.* São Paulo; [s.n.], 1992. Dissertação de mestrado, PUC/SP.

FREGONI, Olga Regina. *Educação e resistência anarquista em São Paulo: a sobrevivência das práticas de educação libertária na Academia de Comércio Saldanha Marinho (1920-1945).* São Paulo: [s.n.], 2007. Dissertação de mestrado – PUC/SP.

FREITAS, Zoraide Rocha de. *História do ensino profissional no Brasil.* São Paulo: [s.n.], 1954.

FURET, François. *Pensando a Revolução Francesa.* Rio de Janeiro: Paz e Terra, 1989.

GIGLIO, Célia Maria Benedicto. *A Voz do Trabalhador: sementes para uma nova sociedade.* São Paulo: [s.n.], 1995.

GINZBURG, Carlo. *O fio e os rastros: verdadeiro, falso, fictício.* São Paulo: Companhia das Letras, 2007.

GIUMBELLI, Emerson. *O cuidado dos mortos: uma história da condenação e legitimação do espiritismo.* Rio de Janeiro: Arquivo Nacional, 1997.

GOMES, Ângela de Castro (coord.). *Engenheiros e economistas: novas elites burocráticas.* Rio de Janeiro: FGV Editora, 1994.

_____. *Essa gente do Rio: modernismo e nacionalismo.* Rio de Janeiro: Edª FGV,1999.

GONÇALVES, Adelaide e SILVA, Jorge E. *A bibliografia libertária: o anarquismo em língua portuguesa*. São Paulo: Imaginário, 2001.

HALLEWELL, Laurence. *O livro no Brasil (sua história)*. São Paulo: T. A. Queiroz/Edusp, 1985.

HARDMAN, Francisco Foot. *Nem pátria, nem patrão: vida operária e cultura anarquista no Brasil*. São Paulo: Ed^a Brasiliense, 1983.

HESSEN, Jorge. "História do espiritismo em Mato Grosso". In: MONTEIRO, Eduardo Carvalho (org.). *Anuário histórico espírita 2003*. São Paulo: Madras/USE, 2003.

HILSDORF BARBANTI, Maria Lucia Spedo. *Escolas americanas de confissão protestante na Província de São Paulo: um estudo de suas origens*. São Paulo: [s.n.], 1977. Dissertação de mestrado, FEUSP.

HILSDORF, Maria Lucia Spedo (1986). *Francisco Rangel Pestana: jornalista, político, educador*. São Paulo: [s.n.], 1986. Tese de doutorado, FEUSP.

_____. "Lourenço Filho em Piracicaba". In: SOUSA, Cynthia Pereira de. *História da educação: processos, práticas e saberes*. São Paulo: Escrituras, 1998.

_____. "O ensino mútuo na província de São Paulo: primeiros apontamentos". In: BASTOS, Maria Helena Câmara e FARIA FILHO, Luciano Mendes de. *A escola elementar no século XIX: o método monitorial/mútuo*. Passo Fundo: EDIUPF, 1999.

_____. *História da educação brasileira: leituras*. São Paulo: Pioneira Thomson Learning, 2003.

ISAIA, Artur César. "Mensagens do alem, imagens do aquém: o espiritismo no discurso da Faculdade de Medicina do Rio de Janeiro nas primeiras décadas do século XX". In: RAMOS, Alcides Freire, PATRIOTA, Rosangela e PESAVENTO, Sandra Jatahy (orgs.). *Imagens da história*. São Paulo: Aderaldo & Rothschild, 2008.

Fernando Antonio Peres

IBGE. *Enciclopédia dos municípios brasileiros.* Vol. XI. Rio de Janeiro: IBGE, 1960.

INCONTRI, Dora. "Tolstoi e a anti-pedagogia (uma proposta de educação libertária). *Revista da Faculdade de Educação.* São Paulo, vol. 17, n° 1/2: 102-120, jan./dez. 1991.

_____. *Pedagogia espírita: um projeto brasileiro e suas raízes histórico-filosóficas.* São Paulo: [s.n], 2001. Tese de doutorado – FEUSP.

KARDEC, Allan. *O evangelho segundo o espiritismo.* 64ª ed. São Paulo: LAKE, 2007.

_____. *O livro dos espíritos.* 66ª ed. São Paulo: LAKE, 2009.

_____. *O livro dos médiuns.* 27ª ed. São Paulo: LAKE, 2007.

_____. *Obras póstumas.* 13ª ed. São Paulo: LAKE, 2005.

_____. *A gênese.* 22ª ed. São Paulo: LAKE, 2005.

KISHIMOTO, Tizuko Morchida. *A pré-escola em São Paulo (1877 a 1940).* São Paulo: Editora Loyola, c. 1988.

LEME, Marisa Saenz. *Aspectos da evolução urbana de São Paulo na Primeira República.* São Paulo: [s.n.], 1985. Tese de doutorado – FFLCH USP.

LEONARDI, Paula. *Puríssimo Coração: um colégio de elite em Rio Claro.* Campinas: [s.n.], 2002. Dissertação de mestrado – FE Unicamp.

LESAGE, Pierre (1999). "A pedagogia das escolas mútuas no século XIX". In: BASTOS, Maria Helena Câmara e FARIA FILHO, Luciano Mendes de. *A escola elementar no século XIX: o método monitorial/mútuo.* Passo Fundo: EDIUPF.

LESSA, Vicente Themudo. *Annaes da Primeira Igreja Presbiteriana de São Paulo (1863-1903).* São Paulo: Edição da Primeira Igreja Presbiteriana Independente de São Paulo, 1938.

LEVORATO, Adão Valdemir. *O Jahu... encontros, cantos e encantos. A cidade em cores.* Jaú: Dom Bosco, 2003.

LOPREATO, Christina Roquette. *O espírito da revolta: a greve geral anarquista de* 1917. São Paulo: Annablume, 2000.

LORIGA, Sabina. "A imagem do historiador, entre erudição e impostura". In: RAMOS, Alcides Freire, PATRIOTA, Rosangela e PESAVENTO, Sandra Jatahy (orgs.). *Imagens da história.* São Paulo: Aderaldo & Rothschild, 2008.

LUIZETTO, Flávio Venâncio. *Presença do anarquismo no Brasil: um estudo dos episódios literário e educacional.* São Carlos: [s.n.], 1984. Tese de doutorado, USP-São Carlos.

MACHADO, Ubiratan Paulo. *Os intelectuais e o espiritismo: de Castro Alves a Machado de Assis.* 2ª ed. Niterói, RJ: Publicações Lachâtre, 1997. 1ª ed.: Rio de Janeiro: Antares, 1997.

MALARD, Maria Lúcia. "Os objetos do quotidiano e a ambiência". *Anais do 2º Encontro Nacional de Conforto no Ambiente Construído.* Florianópolis, SC: ANTAC, 1993.

MARCILIO, Maria Luiza. *História da escola em São Paulo e no Brasil.* São Paulo: IMESP/Instituto Fernand Braudel, 2005.

MATOS, Alderi Souza de. *Os pioneiros presbiterianos do Brasil.* São Paulo: Cultura Cristã, 2004.

MATTOS, Virgínia Bastos de (coord. e red.). *Léo Vaz: o cético e sorridente caipira de Capivari.* Capivari/Ribeirão Preto: Movimento Capivari Solidário/Migalhas, 2009.

MELO, Luís Correia de. *Dicionário de autores paulistas.* São Paulo: Comissão do IV Centenário da Cidade de São Paulo, 1954.

MENEZES, Roni Cleber Dias de. *O grupo do Almanaque Literário em São Paulo:paradigmas da sociabilidade republicana nos tempos de propaganda (1876-1885).* São Paulo: [s.n.], 2006. Dissertação de mestrado - FEUSP.

MICELI, Sérgio. *A elite eclesiástica brasileira.* Rio de Janeiro: Bertrand Brasil, 1988.

Moacyr, Primitivo. *A instrução e as províncias (subsídios para a história da educação no Brasil), 1835-1889*. 2º vol. São Paulo: Companhia Edᵃ Nacional, 1939.

Monteiro, Eduardo Carvalho e D'olivo, Natalino. *USE: 50 anos de unificação*. São Paulo: Edições USE, 1997.

Monteiro, Eduardo Carvalho. *100 anos de comunicação espírita em São Paulo*. São Paulo: Madras, 2003.

_____. *Anália Franco: a grande dama da educação brasileira*. São Paulo: Madras, 2004.

Motta, Miriam Hermeto de Sá. "Preservar a memória do movimento espírita: por que e como". In: Monteiro, Eduardo Carvalho (org.). *Anuário histórico espírita 2003*. São Paulo: Madras/USE, 2003.

Muniz, Josely Pereira. *Sursum! Memória da tradição: a ação pedagógica de Anfrísia Augusto Santiago (Bahia, 1927-1950)*. São Paulo: [s.n.], 2002. Dissertação de mestrado – FEUSP.

Nagle, Jorge. *Educação e sociedade na Primeira República*. 2ª ed. Rio de Janeiro: DP&A, 2001.

Nascimento, Luiz Carlos Miranda do. *Educar para a liberdade: o projeto anarquista do Centro de Cultura Social – São Paulo, 1933-1955*. São Paulo: [s.n.], 2007. Tese de doutorado – FEUSP.

Nascimento, Rogério Humberto Zeferino. *Florentino de Carvalho: pensamento social de um anarquista*. Rio de Janeiro: Achiamé, 2000.

Novaes, Xavier de. *Apontamentos sobre a cidade de Pirassununga: 1823-1904*. Pirassununga: Typ. Minerva, 1904.

Novaes Netto, Arsênio Firmino. *As crises de um ideal: os primórdios do Instituto Granbery*. Piracicaba: UNIMEP, 1997.

Oliveira, Flávia Arlanch Martins de. "Jaú no século passado". *Cadernos da F.F.C.* Marília, vol. 6, nº 1, p. 45-65, 1997.

_____. "Entre o passado e o futuro: impasses de um memorialista". In: FERREIRA, Antonio Celso; MAHL, Marcelo Lapuente (orgs.). *Letras e identidade: São Paulo no século XX, capital e interior.* São Paulo: Annablume, 2008 (a).

_____. *Impasses no Novo Mundo: imigrantes italianos na conquista de um espaço social na cidade de Jaú (1870-1914).* São Paulo: Editora da Unesp, 2008 (b).

PAIVA, Vanilda. *Educação popular e educação de adultos: contribuição à história da educação brasileira.* São Paulo: Edições Loyola, 1973.

PARRA, Lucia Silva. *Combates pela liberdade: o movimento anarquista sob a vigilância do DEOPS/SP (1924-1945).* São Paulo: Arquivo do estado/Imprensa Oficial do estado, 2003.

PASSOS, Maria Lúcia Perrone e EMÍDIO, Teresa. *Desenhando São Paulo: mapas e literatura: 1877-1954.* São Paulo: Senac/Imp. Oficial, 2009.

PENTEADO, Jacob. *Belenzinho, 1910 (retrato de uma época).* São Paulo: Livraria Martins Ed^a, 1962. 2^a ed. São Paulo: Carrenho Editorial/Narrativa Um, 2003.

PENTEADO, João. *Digressão histórica através da vida de Jaú e de seus pró-homens pelo 1º centenário de sua fundação.* São Paulo: [s.n.], 1953.

_____. *Esboço histórico da epopeia do hidroavião Jaú através do Atlântico Sul em seu sensacional reide de Gênova a Santos.* São Paulo: [s.n.], 1953.

_____. *Pioneiros do magistério primário.* São Paulo: IGC Sul, 1944.

PERECIN, Marly Therezinha Germano. *Os passos do saber: a Escola Agrícola Prática Luiz de Queiroz.* São Paulo: Edusp, 2004.

PERES, Fernando Antonio. *Estratégias de aproximação: um outro olhar sobre a educação anarquista em São Paulo na Primeira República.* São Paulo: [s.n.], 2004. Dissertação de mestrado – FEUSP.

_____. "Alguns apontamentos sobre o ensino comercial no Brasil". In: *Anais do Encontro de Estudos e Pesquisas em História, Trabalho e Educação*. Campinas: Gráfica da FE/HISTEDBR, 2007. CD-ROM.

PINHEIRO, Paulo Sérgio. "O proletariado industrial na Primeira República". In: FAUSTO, Boris. *História Geral da Civilização Brasileira*. T. III, 2º vol. Rio de Janeiro: Bertrand, 1976.

PINHEIRO, Paulo Sergio e HALL, Michael. *A classe operária no Brasil: 1889-1930 (documentos)*. Vol. I. São Paulo: Alfa-Ômega, 1979.

POLATO, Maurício Fonseca. *A Fundação Escola de Comércio Álvares Penteado (Fecap)e o ensino comercial em São Paulo (1902-1931)*. São Paulo: [s.n.], 2008. Dissertação de mestrado – PUC/SP.

PRADO, Antonio Arnoni. *Libertários no Brasil: memórias, lutas, cultura*. Campinas: Editora da Unicamp, 1985.

RIZZINI, Carlos. *O livro, o jornal e a tipografia no Brasil, 1500-1822; com um breve estudo geral sobre a informação*. São Paulo: IMESP, 1988. Ed. Fac-similar. Rio de Janeiro: Kosmos, 1946.

RODRIGUES, Alberto Almada. "Legislação sobre o ensino comercial, contábil, atuarial, administrativo e econômico no Brasil no século XIX". *Revista Brasileira de Contabilidade*, Rio de Janeiro, vol. 14, nº 50: 8-12, jul./set. de 1984.

RODRIGUES, Edgar. *Os companheiros*. Vol. 1. Rio de Janeiro: V.J.R., 1994.

ROMANI, Carlo. *Oresti Ristori: uma aventura anarquista*. São Paulo: Annablume/Fapesp, 2002.

ROSA, Enio Rodrigues da e DUTRA, Martinha Clarete. "Pessoas Cegas: trabalho, história, educação e organização no Brasil". In: HISTEDBR – História, Sociedade e Educação no Brasil. *VI Seminário de Estudos e Pesquisas - 20 Anos de HISTEDBR: Navegando pela História da Educação Brasileira*, 2006, Campinas/SP.

SAES, Flávio Azevedo Marques de. "O ensino comercial na origem dos cursos superiores de economia, contabilidade e administração". In: *Revista Álvares Penteado*. São Paulo, vol. 3, nº 6, p. 37-59, jun. 2001.

SANTOS, Luciana Eliza dos. *A trajetória anarquista do educador João penteado: leituras sobre educação, cultura e sociedade*. São Paulo, [s.n.], 2009. Dissertação de mestrado – FEUSP.

SILVA, Fábio Luiz da. *Espiritismo: história e poder (1938-1949)*. Londrina: Eduel, 2005.

SIMÕES, João Gaspar. "Breve estudo crítico-biográfico". In: TOLSTOI, Leão. *Obra completa*. 3 vol. Rio de Janeiro: José Aguilar, 1960.

SODRÉ, Nelson Werneck. *História da imprensa no Brasil*. Rio de Janeiro: Civilização Brasileira, 1966.

TANURI, Leonor Maria. *O ensino normal no estado de São Paulo, 1890-1930*. São Paulo: FEUSP, 1979.

TOLEDO, Edilene. *O Amigo do Povo: grupos de afinidade e a propaganda anarquista em São Paulo nos primeiros anos deste século*. Campinas, [s.n.], 1993. Dissertação de mestrado – IFCH Unicamp.

VALVERDE, Antonio José Romera. *Pedagogia libertária e autodidatismo*. Campinas, [s.n.], 1996. Tese de doutorado – FE Unicamp.

VIDAL, Diana Gonçalves e FARIA FILHO, Luciano Mendes de. *As lentes da história: estudos de história e historiografia da educação no Brasil*. Campinas: Autores Associados, 2005.

WOODCOCK, George. *História das ideias e movimentos anarquistas*. Vol. 1: A ideia. Porto Alegre: L&PM, 2002.

ESTA OBRA FOI IMPRESSA EM SANTA CATARINA NA
PRIMAVERA DE 2012 PELA NOVA LETRA GRÁFICA &
EDITORA. NO TEXTO FOI UTILIZADA A FONTE LEITURA
ROMAN EM CORPO 9,5 E ENTRELINHA DE 15 PONTOS.